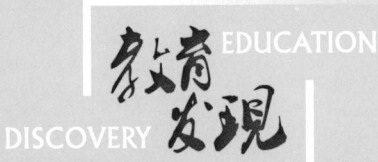

教育发现

JIAOYU YOU DAO

教育有道

田保华 著

山东文艺出版社

寻道·守道·悟道
（代序）

教育正处在一个深刻变革的年代。学校里的课堂、课程都在以渐变的方式不断改进、革新和优化。

郑州市的教育生态也一样。当我们所倡导的道德课堂走过七年之"养"，我们需要停下来回望这些年走过的变革历程，进而沉淀自己的思考，反思哪些需要不断变化，哪些是不变的。我想"变"只是手段，"变"的目的是为了守住"不变"的。有一点我们有着清醒的认识，那就是"合乎道，至于德"，这个挂在头顶始终不变的灯塔，照亮了前方的路，这已成为郑州市课堂改革与师生成长精神之"氧"、之源泉。

七年来，我深刻认识到，改革是一项旅程，一项没有终点的旅程。课堂从"违道"走向"合道"，从"失范"走向"依规"，从"背德"走向"至德"……一路走来，我看到了太多的改变和突破，越来越多的校长和一线教师成为专业的思考者、行动者，无论是课程体系还是课堂形态，无论是教学主张还是评价方式，都体现了对规律的探索与遵循。我相信，在这个过程中，更多的教育者对教育、教学都有了深刻的理解力。

七年来，我们的道德课堂建设始终没有偏离教与学方式的变革，因为教的变革最终是为了促进"学习之变"——让学习真实发生、深度发生。那么，课堂改革如何更多地助力深度学习的发生？我的理解是，要让深度学习发生在学生身上，就要坚守学生立场——以课程成全学生；把学生作为学习主体——让学习真实地发生在学生身上；把品格和能力作为学习的目标——让学习更有意义；把情境和问题带入课堂——让学习成为探索、发现、创造之旅。

其实，这里的学习也可以理解为成长，换句话说，从道德课堂出发，郑州教育变革始终遵循着教育之道，始终没有偏离过最重要的群体——学生，和学生的完整成长。

再好的船只驶过的行程，也会留下千百条"之"字形的轨迹。教育也一样。教育在不断的变化中总要遵循一个"道"。这个道要求我们不仅要做正确的事情，还要正确地做改革的事情。

老子有言："昔之得一者：天得一以清，地得一以宁，神得一以灵，谷得一以盈，万物得一以生，侯王得一以为天下贞。"教育变革守住了这个"一"，就找到了"道"。

所以，最近两年来，我一直在围绕"教育有道"这个话题来谈。2016年，我谈的是"教育有道：从'育分'走向'育人'"，2017年，我又提出"教育有道：从'补短'走向'扬长'"。这也是寻"道"、守"道"、悟"道"的过程。

最后，我想说，这本书无疑记录并见证了最近几年我的思考过程。从《教育即道德》到《课改有道》再到今天的《教育有道》，与前两本书一样，《教育有道》这本书不是我刻意去写的，而是平时工作积累下的成果。书中有不少我在学术刊物上公开发表过的文章,也有每年教学工作会议上我的发言。我想以这样的方式,来逼着自己去思考,也想以这样的方式纪念自己的教育生涯。

2018 年 4 月

CONTENTS 目录

寻道·守道·悟道（代序） ………………………… 1

上篇　审视与思辨

道德课堂内涵及实践探析 ………………………… 3
道德课堂：立德树人的区域性探索思考 ………… 13
《学记》的教育智慧与道德课堂 ………………… 22
"学在郑州"的行动诠释 ………………………… 35
道德课堂：立德树人的大舞台 …………………… 41
关于道德课堂建设的三个追问 …………………… 51
从"双基""四基"到"核心素养" ……………… 60
试论学科德育的问题与出路 ……………………… 69
评价即育人 ………………………………………… 89
评价育人理念的确立与践行 ……………………… 94
核心素养背景下国学教育的实践策略及路径 …… 104
教师学科素养现状及内涵提升路径探析 ………… 114

立德树人视域下的中学生军训变革……………… 125
郑州：向"有道德的教育"奋进……………………… 131

下篇　探索与实践

让孩子的心路历程中多一点愉悦的风景………… 139
回归本原，让学校充满"教育的味道"…………… 149
让"悦读"成为一种心常态………………………… 161
让创新成为学校生活的主旋律…………………… 173
教育有道：从育分走向育人……………………… 196
倾注洪荒之力，创造用眼睛"倾听"的可能…… 213

附录

郑州市道德课堂的构建与区域推进成果报告…… 245
河南省郑州市德育文化生态纪实………………… 259
访谈录：教育就是使人向善、向上……………… 271

■ 上篇 ■
审视与思辨

道德课堂内涵及实践探析

"道德课堂"是郑州市打造的一种高品质课堂形态,其内涵为"合乎道,至于德",即以合乎规律的途径,达到"德"之目标。它的基本特征表现为成长性、情感性、开放性和文化性。道德课堂从理念到实践有一个过程,其实践标准为有灵魂、有同理心和有诗意。实践道德课堂要特别注意三维目标的整合问题、课堂教学的高效性问题和教师的专业化成长问题。

20世纪90年代,叶澜教授针对传统课堂教学中存在的问题,发出了"让课堂焕发出生命活力"的号召,旨在改善课堂教学质量和提升师生生命品质。[1] 后来,一些优秀的教师也意识到课堂教学的品质问题,如有人认为课堂是学生生命成长的精神驿站,[2] 有人认为课堂应成为教

---

[1] 叶澜.让课堂焕发出生命活力:论中小学教学改革的深化[J].教育研究,1997(9):3—8.

[2] 吴礼明.课堂:生命成长的精神驿站[EB/OL].2004—02—25[2013—12—01].http://mypage.zhyww.cn/post/200402/15629.html.

师和学生得以激扬生命的精神家园。① 21世纪初启动的国家新基础教育课程改革已经历时十余年，郑州市对十年课改成果和多年推行素质教育的经验进行总结和升华，提出了一种旨在打造高品质课堂形态的实践性教学成果——道德课堂。道德课堂倡导的"合乎道，至于德"，以学生为主体，以提升师生生命质量为核心理念的教育主张，对传统课堂教学中道德缺失、违道德甚至反道德的教育教学行为进行了猛烈的抨击，取得了很好的效果，并产生了广泛的影响。

然而，就目前全市基础教育课堂教学的整体而言，课堂教学中仍然存在着一些违道德、反道德的教育行为。著名教育家顾明远发现的当前存在的五类反教育行为在郑州市范围内也不同程度地存在，如：把学生分成三六九等；用暴力对待"后进生"；用非人性的标语口号来督促学生拼命学习；在学习中提倡竞争；拔苗助长，对学生实施过度教育，用沉重的学习负担剥夺其幸福童年。还有一些教师对教育与道德的关系，对道德课堂内涵的理解还不够深刻与充分，对道德课堂的具体做法和实践操作还缺乏清晰的思路。本文力图就道德课堂的内涵精神与实践操作做进一步的探讨，以期有助于道德课堂理念的深化与升华。

一、道德课堂的内涵与特征

（一）道德课堂的内涵

道德课堂要求课堂要"合乎道，至于德"，就是以合乎规律的途径，达到"德"之目标。其首要含义是"为道德而教"，就是课堂教学要树立培养学生道德品质和素养的目标，强调育人，而不只是对学生进行知识

---

① 武宏钧. 课堂应成为激扬生命的精神家园［EB/OL］. 2004－02－25［2013－12－01］.
http：//www.pep.com.cn/xiaoyu/jiaoshi/xueshu/kcyi/201008/t20100824－719536.htm.

传授和方法引导。中国古代教育经典《学记》开篇就明确指出,教育的作用和价值在于"化民成俗""人不学,不知道"。前者将教育的作用归结为使民众成为具有较高道德水准的社会群体;后者将教育的价值定位于使每一个社会成员成为具有善良品格和道德素养的个人。"十八大"报告要求"把立德树人作为教育的根本任务",《国家中长期教育改革与发展规划纲要》也提出要把"育人为本"作为教育工作的根本要求。可见,不管是针对群体还是个体,我国自古至今的教育精神指向的都是受教育者的道德。

"合乎道,至于德"的第二重含义是"道德地教",即要求课堂教学的开展过程和方法本身是道德的。那种只有认知,缺乏情感的课堂是不道德的;只有枯燥,缺乏兴趣的课堂是不道德的;只有教师主导性,缺乏学生主体性的课堂是不道德的;只面向部分学生,不面向全体学生的课堂是不道德的……另外,极少数教师在教学活动中对学生的强制、压抑、言语暴力、体罚等行为也是不道德的。可以说,凡是违背儿童天性,违反长远育人目标的课堂教学行为都是缺乏道德的。

"合乎道,至于德"的第三重含义是"合乎规律地教",即合乎儿童的身心发展规律、学习规律以及教学规律。只有合乎规律的课堂教学才能促进儿童的健康成长和发展。当前教育存在的一个最大问题,就是没有把学生当人看,没有把孩子当成孩子,总是拿四十多岁、五十多岁人的思维模式来要求未成年孩子,用成人的思维框架来规范未成年孩子的行为。道德课堂认为,不尊重学生的身心发展规律和教学规律,任意加速或延缓学生的学习进程与成长速度的课堂教学都是不道德的。

(二)道德课堂的特征

道德课堂这种高品质的课堂形态,是以学生为主体呈现的一种综合化的课堂生态文化,其基本特征如下:

1. 成长性

道德课堂倡导在教学过程中,教师和学生双方实现生命质量的共同提升和成长。对学生而言,道德课堂强调以学生的发展为本,把学生"今天的健康成长"与"明天的幸福发展"有机地统一起来,让学生在充满尊重、关怀、民主、和谐的氛围中得以健康、自主地发展。对教师而言,课堂是教师生命延续的舞台,是教师追求卓越和实现幸福的过程。然而,当前人们更多地关注了学生的生命成长,而忽略了教师在教育教学过程中生命成长的意义。其原因主要是长期以来,人们往往把教师看作"蜡烛""春蚕""路灯""园丁"等,只赋予教师以付出、奉献、帮助他人、成就他人的角色特征和生命意识。针对这种现状,叶澜教授就指出:"当今必须看到的是课堂教学质量对教师个体生命质量的意义。如果一个教师一辈子从事学校教学工作,就意味着他生命中大量的时间和精力,是在课堂中和为了课堂教学而付出的。"可以说,每一堂课都是教师生命活动的组成部分。因此,课堂教学对教师而言,不只是为学生成长而付出,不只是别人交付任务的完成,同时也是教师自己生命价值的体现和自身发展的组成。

2. 情感性

在课堂教学中,如果教师能兴高采烈并满怀激情地走上讲台,那么,学生就很容易带着希望与憧憬听课;如果课堂中所要解决的问题与学生的日常生活直接相关,那么,他们就会更加快乐并满怀兴趣地参与课堂学习;如果教学富有挑战性,能激起学生的求知欲,而不仅仅是死记硬背,那么,他们就会敢于创新并逐渐善于创新……可是,如果教师冷漠、毫无激情地讲课,学生也必然会冷漠、毫无激情地听课。所以,道德课堂强调教师在课堂教学中不仅要遵循学生身心发展规律和教学规律,更要以自身为媒介使学生在学习中能体验到愉快和幸福,能感受到学业进步的价值和意义,能享受到自身全面发展的乐趣。其实,情感虽然是看不见摸不着的,但它却会弥漫在整个课堂空间中,贯穿于教学过程的始终,对教学过程起着强化的作用。如果师生共同浸润在积极情感之中,双方的情感高度一致,共处于兴奋的状态,那么,学生对教学文本的理解以及道德情感的体验就会更加深入。

3. 开放性

道德课堂更多是一种优质的教育理论,而非固定的教学模式。它是对工业化时代那种整齐划一、固定僵化、崇尚模式的教学理念的反拨。它倡导在"统一理念"下的"百花齐放",即在"通用原则"和"基本方法"之下,提倡各教师基于教学内容和学生特征探究最适合的课堂形态,各学校基于校情和学情探索各具特色的课堂教学形式。其实,关于教育教学的这种反划一、反雷同、反固定模式的理念和做法,中国传统教育思想称之为"因材施教"。"材"可以有两种理解,其一是指不同受教育者的不同素质和材质;其二是将学生的"材"扩展至不同的班级、不同的学科、不同的学校的"材"。道德课堂建设在郑州市范围内首先就表现为"统一理念"下各学校的多样化探索。比如,郑州市第一零二中学的"网络环境下的自主课堂"、第一中学的"主体课堂"、第七十四中学的"理解课堂"、第五十二中学和师院附小的"生命课堂"、第九中学的"分课型构建'道德课堂'教学模式"研究、荥阳三中的"全参与课堂"、第一零七中学和中原区的"生本课堂"、金水区纬三路小学的"情智课堂"等,都是对"道德课堂"的有效实践探索。

4. 文化性

道德课堂的文化性,不只是从教育教学的内容方面而言,更是从教师在课堂上营造的一种课堂文化氛围而言。因为,教育本身就是一种文化的传承,推进课程改革就是为了更好地实现文化的传承。每一位教师都在课堂上营造着一种课堂文化氛围,构建着一种课堂生态,学生都在进行着某种"文化适应"和自然成长。课堂中面临的问题实质上就是文化（生态）的问题。可以说，构建和谐的课堂生态是道德课堂的必然要求，也是现代学校文化的最高境界。准确地讲，此处的文化性，即课堂教学文化，它是"教师和学生作为集体主体在教学互动中构成的生活方式"。道德课堂倡导学生在这种文化氛围和生活方式中进行着某种"文化适应"和自然成长。

二、道德课堂的实践标准

道德课堂从理念到实践有一个过程，遵循的原则是"循序渐进地从理念内化到行为改善、从自我诊断到自我建构"，循序渐进地实施。结合学校和一线教师的实际状况与需求，我们初步提出道德课堂的一些实践标准：

（一）有灵魂：从"规训式"课堂到"人本化"课堂

2012年，郑州市提出"要做有灵魂的教育"。所谓"有灵魂的教育"就是具有正确价值追求的教育。那么，有灵魂的课堂就要明确课堂教学的价值追求，在课堂中实现教育的回归——回归教育本质、回归学生心灵、回归教育道德，用文化浸润孩子的心灵。其实，"有灵魂的课堂"也是在审视传统"规训式课堂"各种危害的基础上，努力构建的"人本化课堂"，是以尊重人的灵魂、符合人的天性及其发展规律并以促进人的健康发展为直接目的而展开教学的课堂。在这样的课堂里，学生被看作"具体人"而非"抽象人"，是鲜活的生命体而不是千人一面的工厂模具。然而，在现实的教育环境中，有许多课堂教学其实不是在教学，而是在规训。何谓规训？就是用既定的模式框定人、宰制人的思想，统一人的语言和行为，从而培养顺从者。在规训式课堂里，教师扮演着真理代言人的角色，学生只是接受者和倾听者。这样培养出来的学生，只能是现有社会规范的顺从者，一旦面对复杂的道德现象需要做出选择时，就会不知所措，甚至可能会走向反面。在规训式课堂上，教师期望学生按教案设想做出回答，教师的任务就是努力引导学生直至得到预定的答案；学生在课堂教学中，实际上扮演着配合教师完成教案的角色。

要实现道德课堂，首先就要做有灵魂的课堂，改造规训式课堂，创造人本化课堂，这也是判断是否为道德课堂的首要标准。有灵魂的课堂意味着：第一，教师要做有灵魂的教师，即做"人师"而不做"经师"，能关注并关心每一个学生的现状和发展，能以自身的学识、性情、人格和思想去影响每一个学生自觉成长。第二，教师要推进有灵魂的教学，不只关注学生的知识、分数和认知的发展，更要关注学生的学习态度、情绪生活和情感体验。教师要努力把课堂打造成学生愉悦的情绪生活和积极的情感体验的场所。第三，要培养有灵魂的学生，关注学生独立人格的发展和道德素养的提升，努力使每一个学生成为独特的、有追求、有思想的人。

(二) 有同理心：从单向传授的课堂到多方互动的课堂

所谓"有同理心"指的是能易地而处，能设身处地理解他人的情绪，感同身受地明白及体会他人的处境及感受，并可适切地回应其需要。课堂是师生共同学习的场所，教学就是沟通与互动的过程，在这个场所或过程中，充满着师生之间、生生之间的人际互动，这些互动的实现与否、和谐与否在很大程度上都影响到课堂教学的效果以及师生身心的发展。道德课堂是抛弃师生之间单向知识传授，而实现多方互动、充满同理心的课堂。

例如，在郑州市第一零七中学的一节英语课上，学生原来的"排排坐"变成了"团团坐"。六人结成小组围坐一团主要是为了合作学习。授课教师走下讲台、走近学生，学生走上讲台进行讲解和展示，小组内部热烈讨论，优等生变成了学困生的"老师"，展示的机会更多地留给了潜能生；小组成员针对一个难点激烈争辩，教师认真观察并倾听，适时地进行点拨和释疑。整节课，教师和学生相互学习，共同达成了课堂学习目标，实现了主体与主导的和谐共进。可见，要实现道德课堂，教师就要具备对学生的同理心，理解学生都具有发挥自身主体性的要求和渴望展示自我的心理趋向。教师要树立正确的教育观、教学观和学生观，把自己看作是学生学习的组织者、引导者、参与者和促进者，把表演的舞台让给学生，把展示的空间留给学生，从而在课堂中实现多维互动，让学生自主学习、合作探究、体验感悟、生成新知，让课堂成为知识的"超市"和生命狂欢的"舞台"。这是课堂教学之道，更是课堂教学之德！

（三）有诗意：从工具主义主宰的课堂到充满人文精神的课堂

人是一种诗意栖居的动物，正如德国诗人荷尔德林的诗句："充满劳绩，但人还诗意地栖居于大地之上。"诗意的课堂意味着课堂教学活动的自然、优雅、浪漫品性，以及师生充沛的、向善的生命力量所体现的人文精神。然而，在当前的许多课堂中却充斥着工具主义的迷雾。何谓工具主义？它是把世界作为工具来看待和理解的一种思维倾向，即把世界的构成要素，包括人、物和行动本身都看成器具或手段，凭借它们可以达到人所祈求的目的。反映在课堂中，就是把教学过程理解为一种技术过程，把教学目标确定为分数和实用，把课堂看成车间、作坊，试图用一种完美的技术来控制这个空间，以提高整个教学工作的效率。它的最大危害是把人当成手段和工具，失落了人性的光辉和人文精神。

有诗意的本质是有人文精神，而教育的灵魂就在于人文精神。是不是道德课堂，就要看在课堂中和校园里是否高扬人文精神，是否追寻教育的诗意。随着道德课堂实践的深入，人文精神的种子在郑州的校园里已生根、发芽。例如，郑州市回民中学坚持绿色教育理念，不以牺牲学生的自有资源和学习环境为代价而取得良好学业成绩，以培养思想健康、行为规范、意志坚定、方法良好的学生为目标，以为学生终身发展奠基为价值取向，以培养未来创新型人才为目的，走出了一条"有道德的教育"的生态文明之路。走进回中，除了干净整洁的学习环境、井然有序的学习秩序，还有一尊尊雕塑、一个个展板、一处处报栏、一幅幅标语不时出现在校园的各个角落，操场上、教室外、楼梯口，浓厚的校园文化气息在悄无声息中滋润着每一位学子。做一个懂得生活、热爱生活的人，了解自我，尊重他人，珍惜拥有，开拓未来，这才是人的意义，才是人的灵魂之所在。回民中学"绿色教育"的实践正是因为蕴含着浓郁的人文精神，才真正走进每一位学子的灵魂深处。

三、实践道德课堂需注意的问题

（一）三维目标的整合问题

新课程强调三维目标的有机统一，要求在课堂教学的各个过程、各个阶段当中始终如一地贯穿三维目标整合的理念，只有实现三维目标整合的课堂教学才是道德的，才能促进学生的和谐健康发展。实践道德课堂首先就要关注三维目标的整合与落实问题。首先，教师在钻研教材和设计教学时要明确认识到知识与技能目标是三维目标中的基础性目标，对基础知识和基本技能的掌握是课堂教学最核心的任务，任何忽视、淡化此"双基"的课堂都是违背道德课堂精神的。其次，教师不能为体现过程与方法而专门教过程与方法，过程与方法目标要始终贯穿在知识与技能的教学和学习当中。最后，情感、态度与价值观的教育不能脱离具体内容和特定情境孤立地、机械生硬地进行，不能像讲解知识点那样，直接教给学生，而要自然地从课程内容中引发出来。

（二）课堂教学的高效性问题

切实减轻学生过重的课业负担，在有限的课堂时间内实现高效教学，把"课后"还给学生，让学生有更多的自由时间发展自己的兴趣、爱好和特长，这是当前课堂的最大道德。低效和无效的课堂不是道德课堂。《学记》早就指出要抛弃那种让学生"隐其学而疾其师，苦其难而不知其益"的无效教学和"师勤而功半,又从而怨之"的低效教学。其实,要实现高效教学,教师首先就要从改变教学关系入手,"道而弗牵,强而弗抑,开而弗达",切实地引导学生学会学习,激发学生学习的主动性和创造性,还要懂得"善问"和"善待问"的艺术。这样才能最终达至"师逸而功倍"的高效教学境界。

(三) 教师的专业化成长问题

教师是新课改成败的关键,也是"道德课堂"能否切实开展的关键。因此,教师如何去做,成为实践道德课堂根本的核心要素。这就涉及教师的专业化成长问题。教师的专业成长主要强调教师个体的、内在的专业性提高,关注教师如何形成自己的专业理念、知识、技能和道德。习近平总书记在第二十九个教师节来临之际向广大教师的慰问信中也明确提出教师要"自觉增强立德树人、教书育人的荣誉感和责任感,学为人师,行为世范"且"努力成为业务精湛、学生喜爱的高素质教师"。教师专业成长主要关注如下几点:首先,是明确教师所负的职责,即教书育人、培养人才。其次,要明确为师的资格,即:学识的广博性,不做"记问"之师;理解学生的学习心理,能"长善救失";懂得教育教学规律,能豫时孙摩、启发诱导、因材施教。再次,能构建和谐的师生关系,使学生"安其学而亲其师,乐其友而信其道"。最后,教师要具有高尚的职业道德,能以身作则、成为学生的楷模,最终能彰显"师道尊严"的风尚。

(刊于《中国教育学刊》2014年第1期,原题为"道德课堂内涵及实践再思考"。田保华、余孟孟合作撰写。余孟孟,湖南教育报刊社编辑,教育学硕士。)

道德课堂：
立德树人的区域性探索思考
——基于郑州市"道德课堂"建设的十五年实践

道德课堂是"合乎道、至于德"的课堂，致力于打造德性化、人性化、生命化的高品质课堂形态。道德课堂的提出是践行新课程理念的探索，是为了扭转课堂违背道德的现象，体现文化传承的需要。有形、有魂、有习得的道德课堂的实践标准，即凸显学校办学理念、教学思想和课堂主张在课堂的践行，强调基于学科思想方法的教学，突出学生知识技能的获得、能力的提升与精神的成长。郑州市道德课堂经过了十五年的研究和实践，总结出：教师是道德课堂建设的真正主体，校本教研是道德课堂落实的关键环节，学科建设是道德课堂实践的重要保障。

立德树人是教育的根本任务，关系到人才培养的方向和质量。要完成这一根本任务，就必须深化基础教育课程改革，抓好课堂这一主阵地与实践场。课堂形态往往是一所学校办学理念、教学思想、课堂主张在教学实践中的反映与呈现，构建新的课堂形态是基础教育走向深层变革的抓手与切入点。为此，郑州市根据区域实际，提出并逐步探索出了具有郑州特色的课程改革之路——构建"道德课堂"。

一、"合乎道、至于德":道德课堂的价值意蕴

道德课堂的价值追求是致力于打造德性化、人性化、生命化的高品质课堂形态,使课堂成为教师和学生共同的学园,使教学过程成为学生认知发展和情感丰富的过程,使学科知识增长的过程成为学生人格健全的过程。①

首先,道德课堂的提出是践行新课程理念的探索。新课程改革是教育思想的一次变革,是突破应试教育重围、探索素质教育新路的伟大创举,也是改善教育生态、落实立德树人的价值重塑。新课程的核心价值观是以人为本,其实施倡导学生为本的教育观、主体性的学生观、职业化的教师观、科学化的课程观、现代化的教学观、建构性的评价观、民主平等的师生关系。②无论学生为本的教育观、主体性的学生观,还是建构性的评价观,最终都要落实在课堂上。新课程改革在郑州推行十五年来,经历了起步探索阶段、整体推进阶段、重点突破阶段,成功地探索出了新课程改革的本质就是建构新课堂——道德课堂。自2010年道德课堂走入常态化发展阶段以来,以"构建道德课堂,提升生命质量"为目标,成功完成对新课程理念的本土化改造,系统构建起一套具有独特意蕴的理论体系、话语体系和实践模式,并在普遍的群众性改革实践中逐渐化为区域教育行政管理者、学校校长、教师的自觉性行动范式。

其次,道德课堂的提出是为了扭转课堂违背道德的现象。教学要以合乎人性、合乎规律的方式开展,是课堂教学的基本追求。课改初期,学科本位、知识本位和分数本位的课程与教学观直接导致了课堂违背道德的现象。一是内容泛化倾向。"不能正确处理课程资源的丰富性与课程资源的恰切性问题,漫无边际地开发课程资源,过分强调与夸大课程的

---

① 田保华. 关于道德课堂建设的三个追问 [J]. 课程·教材·教法, 2014(1): 21—25.

② 马会梅. 新课程改革的基本理念解读 [J]. 当代教育论坛, 2007 (4): 85—86.

经验、活动、体验取向，否定或弱化基础知识和基本技能的传递与培养，从而造成课程资源泛化的倾向。"① 二是过程形式化倾向。突出表现为"四个满堂"和"四个虚假"，即满堂问、满堂动、满堂放、满堂夸；虚假地自主、虚假地合作、虚假地探究、虚假地渗透。三是手段技术化倾向。主要表现为：现代课堂教学对教育技术的过度依赖，造成"技术"对"人"的控制，课堂中教师与学生"人"与"人"的关系被异化为"机器"与"人"的关系，而且运用现代技术对学习进行精确定位、程序控制以及量化分析，有助长应试之风的倾向。针对课改初期遍存在的课堂教学异化问题，郑州市确立了以"合乎道、至于德"为根本精神来引领学校课堂变革，实现整体推动区域课程改革的初步构想，提出了构建"道德课堂"的课改命题。

最后，道德课堂的构建体现文化传承的需要。教育除了培育下一代之外，还肩负对文化的传承。道德课堂不仅是对新课程理念的诠释和教育实践的改善，还有深厚的文化底蕴。"道"一直是人们征服自然所遵循的逻辑，代表着万事万物的运行规律，即《老子》中所说"道法自然"，而遵守自然法则生成的就是万事万物的自然品行——"德"。道德课堂所主张的生命化、人性化的课堂，就是民主平等的师生关系、多样的教学方法、主体性学习观、多元评价体系的体现，这与《学记》中"教学相长""藏息相辅""道而弗牵、强而弗抑、开而弗达"的教育智慧保持着高度一致，更有主张对学生综合评价的"一年视离经辨志，三年视敬业乐群，五年视博习亲师，七年视论学取友，谓之大成"。

通常，我们认为"教室在用来进行教学活动时叫课堂，泛指进行各种教学活动的场所"，也有学者把课堂作为一种文化空间，如刁培萼、吴也显在《重建课堂文化》一书中指出："课堂"这一人类独特的文化空间

---

① 郝德永. 超越左与右：课程改革的第三条道路［M］. 北京：教育科学出版社，2014：78.

正是师生在课程"跑道上跑"的安顿之处,也是生活的活动之流的必经之地。① 所以,笔者这里的道德课堂的"课堂"并非专指班级授课制下教学活动的场所,而是在现代课程论思想下的一种广义的、抽象的"课堂"概念,是一种符合新课程理念的文化形态。每一位教师在课堂中都下意识地构建了一种独特的课堂文化,学生在这种文化氛围的熏陶与影响中成长。课堂中所存在的问题从本质上说都是文化的问题,创建和谐生长的课堂文化是道德课堂的最终追求。综上所述,道德课堂是对传统文化"道"与"德"的继承与发展,它不仅仅是个场所,更是在建构一种"对话、沟通、交往、合作、探究、展示"的文化场域,让学生在这种文化氛围中进行"合乎道、至于德"的学习。

二、有形、有魂、有习得:道德课堂的实践标准

道德课堂说到底是为了学生能在健康和谐的环境中得到最好的成长,而教师在教育学生的同时,自己的生命得到了完善,并获得情感体验,实现自我价值。教学过程不是枯燥的知识传授过程,而是一种情感的交流,让学生在获得知识技能的同时,获得向善向上的情感体验和心灵感悟。在道德课堂"合乎道、至于德"的宗旨下,道德课堂的具体形态是开放的、包容的。郑州市在推进道德课堂建设以来,遵从先理论后实践的原则,先内化理念后外化为行为,先对照理论检视自己后结合理论建构新的自我,通过结合道德课堂的理念与一线学校实际情况,提出了道德课堂的实践标准:有形、有魂、有习得(生长)。

(一)"有形"的课堂凸显学校办学理念、教学思想和课堂主张在课堂的践行,课堂是一种生活,课堂形态就是教师和学生在课堂上的生活状态

---

① 杨云生. 颠覆与重建:课堂文化建设的探索与实践 [M]. 杭州:浙江大学出版社,2016. 3.

课堂是师生延续和发展生命的地方，若将善待生命落实到课堂之中，课堂定然是富有人性且充满生命活力的，这是对师生课堂生命状态的描绘。如何使课堂有形呢？一是在学校办学理念、教学思想、课堂主张的指导下，结合大多数教师课堂教学实践情况，总结、生成学校课堂形态的"名称"，这个"名称"要有自己的内涵解读。解读课堂形态是对课堂生态的综述与描绘，要契合学校的办学思想，最好不是某种学习方式方法的解读；如果真的是由某种学习方式方法演变、生成而来，那么就一定要从生态的层面上加以解读与描绘。二是进行"理论依据"的详细阐述，要契合学校的办学思想和课堂形态的内涵解读。三是解读课堂流程。课堂流程所承载的是学习规律，对课堂流程的解读，既要符合课堂学习规律，又要契合学校的办学思想，是对课堂形态的内涵解读和理论依据的阐述。四是彰显课堂变革的价值取向与学习方式的创新。课堂变革既是一种价值追求，又是一种文化建设。现代学校文化建设，既需要物质文化作基础，又需要制度文化作支撑，更需要课堂文化作底蕴。

（二）有"灵魂"的教学强调基于学科思想方法的教学

知识、技能、思想是学科教学的三大要素，学科思想则是学科教学的精髓与灵魂。学科思想是形成学生情感、态度、价值观的重要因素，是赋予学生"价值生命"的营养要素。教师在学科思想方法的指导和统领下，突破过去以"双基"教学为单一目的的浅层教学，让学生在获得知识的过程中，领悟并掌握相应的学科方法和能力，开展深入学科本质与核心的教学。一是解决对学科思想方法的认识问题，把长期颠倒了的学科教学重心重新找回，以学科的基本观念、方法论原理为核心，以学科思想方法来组织和建构学科知识体系，把教学从浅表的知识教学和技巧训练的层面，推进到深入学科本质与核心的思想和方法教学的层面上来，更有效地促进学生学科能力和素养的提升与发展。二是明确目标指向，将学科思想方法置于学科教学的中心地位，实现课程教学内容"量"的压缩和"质"的精选，提升学生的学习质量和学科学习能力，促进学生创造性思维和学科综合素养的发展与提升。三是把握教学的基本维度，在学习目标上突出学科思想方法，在学习内容中挖掘学科思想方法，在学习情境中蕴含学科思想方法，在学习过程中使学生体验和领悟学科思想方法，在学习方法上帮助学生归纳和总结学科思想方法，在练习与作业中让学生应用和反思学科思想方法。四是转变教学方式，改变过去"部分—部分—整体"的教学模式，实践探索"整体—部分—整体"的教学方式，适宜推进单元教学，教师根据不同的学科与内容选择不同的教学组织方式。

（三）有习得（生长）强调学有所得，突出学生知识技能的获得、能力的提升与精神的成长

如今的课堂变革正从"教本"持续走向"学本""习本"，每一堂课都要让学生有实实在在的收获与成长，彰显教育"知识、技能、人格、文化"的四大元素，以达成"知识与技能、过程与方法、情感态度与价值观"的三维课堂教学目标，使教学过程成为学生认知发展和情感丰富的过程，使学科知识增长的过程成为学生人格健全的过程。创客教育的理念与精神，是推动课堂变革持续走向深层变革的动力源泉。这就需要我们去勇敢地拥抱创客运动，即在教学过程中始终保持以学生学习为中心的态度，课堂要真正从以知识传授为中心转变成以实践应用和创造为中心，把学生看作是知识的创造者而不仅仅是消费者。在扩展学生的学习空间、课程内容的同时，既要改变学生的身份，更要改变学生获得新知识、新技能的方式；让学生经历"做中学、创中学"，实现从知识内容的学习者向学习者兼传播者、创造者转变，让学生从被动学习走向主动学习，从浅层学习走向深度学习，让学生有确确实实的获得感。这样的课堂生活，才能真正为学生提供高尚的道德生活和丰富的人生体验；学科知识增长的过程，才能同时成为学生人格健全与发展的过程。

三、道德课堂实践反思经验

道德课堂坚持只给理念、不给模式的实践思路,不对微观的课堂教学进行直接干预,不主张确立道德课堂的固定模式,充分赋予学校和教师课改的自主权,激发具体课改主体的创新热情,进而涌现出一批道德课堂有效呈现形态。如郑州一中的"主体课堂"、黄河路二小的"绿色课堂"、金水区纬三路小学的"情智课堂"等。除上述学校外,还有以区域推进的案例,如中原区是以生本课堂为道德课堂践行的形式;惠济区以构建有灵魂的教育为核心,遵循以生为本、文化育人的理念,从班级文化建设入手,完善课程体系。道德课堂倡导各学校基于校情和学情探索具有校本特色的教学模式呈现出不同的课堂形态,百花齐放却又万变不离其宗——以道德课堂为精神内核。经过十五年的研究和实践,郑州市道德课堂取得了一定的成绩和经验,但这些经验需要我们持续提升和创新,从而使道德课堂走得更宽广。

(一) 教师是道德课堂建设的真正主体

道德课堂自上而下的践行主要是由教育行政部门、教学研究部门、校长及教师逐步完成的。教育行政部门为区域和学校推行道德课堂提出科学合理的指导思想和保障措施;教学研究部门推进实施;校长是一线学校的灵魂人物,整体把握本校需求和特色,掌握信息和资源,引导和激励广大教职工通力合作,努力提高学校教育的质量,逐步建立学校的教育思想体系和办学特色;这些思想和方法最终都要靠教师去实践。课程改革的本质是一种文化重建,当前我国基础教育课程改革在文化层面上的内在要求是形成一种合作探究文化,教师才是这种文化建设的实际承担者。因此,有效推进道德课堂建设,构建德性化、人性化、生命化的课堂,形成尊重、关爱、民主、和谐、利于人之德性生长的课堂文化,教师必须成为课堂文化建设的真正主体,并实现"为道德而教、道德地教和合乎规律地教"。这需要教师在育人意识和精神气质、新课程理念和教育教学规律、课程实施能力以及角色定位方面做好充分准备。因此，为实现以教师为主体的道德课堂建构，应不断在实践中提高教师的专业水平。郑州市道德课堂探索实践为教师提出需要遵循的四项主张、八项教学基本素养、十项行动策略，取得了良好的效果。

（二）校本教研是道德课堂落实的关键环节

在道德课堂的实践历程中，校本教研一直作为关键性的措施影响着道德课堂发展的每一步。自2002年，校本教研出现在教育行政部门正式文件《教育部关于积极推进中小学评价与考试制度改革的通知》中，之后就一直被作为课程改革的重要工作持续推进。郑州市2004—2016年每年都组织召开全市性的校本教研推进会，及时解决道德课堂实践中遇到的问题。

校本教研是以问题为依托、以教师自主科研为渠道、以学校为基地的行动研究，对道德课堂的个性化诠释起到了至关重要的作用。新课程改革在郑州推行的起步探索阶段重在更新教育理念，针对课改初期出现的"目标虚化、内容泛化、教师使命缺失、教学过程形式化"等问题，以强化培训、加强教研为手段，建立了学期教学诊断交流制度和年度校本教研推进会工作机制，并制定了《关于加强校本教研工作的意见》，明确了指导思想、基本要求和服务保障措施。课程改革的整体推进阶段，重在推动深化研究。校本教研有三个基本要素：实践反思、同伴互助、专业引领，对如何开展形成了校本教研"四四五三三"的基本框架，就校本教研的模式、评价、专业引领、成果呈现等问题达成了共识，确立了校本教研的课堂、问题、效果、文化四个关注点，制定了《关于加强中小学学科建设工作的意见》，明确了"五三二二"的基本要求，很好地促进了道德课堂有效形态的呈现。

（三）学科建设是道德课堂实践的重要保障

学科建设是推行素质教育，培养全面发展的人才的关键环节，更是校本教研的重要任务。道德课堂既是有道德的课堂，同时也是有效、高效的课堂，必须要靠学科建设来保障课堂教学的质量。加强学科建设，提高学科能力，保障学科课程目标达成度不断提升，是多年来郑州市中小学各学科教师的核心任务之一。

值得一提的是，道德课堂提出"学科德育不是渗透"。《国家中长期教育改革和发展规划纲要（2010—2020年）》确立了"育人为本"的教育工作方针和"德育为先"的战略主题，指出要把德育"渗透"到教学的各个环节，增强德育工作的针对性和实效性。这看似为德育地位正名，实质上曲解了教学的本质意义。自教育产生起，德育就是教育的最高目的，在古代教育就等同于德育。赫尔巴特就认为："教育的唯一工作与全部工作可以总结在这一个概念中——道德。道德，普遍被认为是人类的最高目的，因此，也是教育的最高目的。""渗透之说"更造成教学和德育的两分。我们认为，学科德育不是渗透，是溢出、滋润、滋养，其根本在于"把教学还原为社会生活，突出教学活动的内在道德，让师生在教学活动中成德达材，获得最自然的、最有力的、特有的德性品质"[①]。

道德课堂作为一种新生事物，还有许多不完善的地方。一方面，校长的课程领导力仍需提升：校长是教育一线的直接领导者，提升其课程领导力、促进教师参与课程发展过程，对于道德课堂的践行能起到事半功倍的效果。另一方面，道德课堂的践行中，客观的教学评价起着关键性的作用，而现实中缺少对多元评价实践的科学推动模式，这就需要建立保障机制，来保障道德课堂发展的正确方向。

（刊于《中国教育学刊》2017年第12期）

---

① 田保华. 试论学科德育的问题与出路 [J]. 课程·教材·教法，2015 (7): 3—11.

《学记》的教育智慧与道德课堂

《学记》是儒家经典《礼记》中的一篇,是中国传统教育智慧的凝结之作。"道德课堂"是郑州地区区域教育改革的指导教育理念,它要求课堂要成为"合乎道,至于德"的一种高品质的课堂形态,其基本特征有四:成长性、情感性、开放性和文化性。《学记》的教育智慧不仅和"道德课堂"的四大特征有相融相通之处,而且它蕴含的尊师爱生的师生关系、丰富多样的教学方式,以及多元创新的评价体系等对于"道德课堂"的构建和实践都有参考价值和借鉴意义。

教育改革一般遵循这样的逻辑,即从教育理念改革到教育体制改革,再到课堂教学改革。是否将教育改革的理念和精神落实到实实在在的课堂教学中,是任何教育改革和课程改革成败的关键所在。自新课程改革推行以来,我国教育理论和实践领域在课堂教学改革方面进行了许多有意义的探索,如"杜郎口"教学模式、"先学后教、当堂训练"教学模式等。而且,各地也在国家教育教学改革的基本指导思想之下,积极探索各自的区域教育改革之路。郑州就是作为全国十大"区域课改样本"之一而受到教育界瞩目的①。其主导思想是"道德课堂"理念。"教育绝非单纯的文化传递,教育之为教育,正是在于它是一种人格心灵的唤醒,这是教育的核心所在。"② 能以"道德"的视角来审视、分析和矫正当前课堂教学,能站在道德自觉的高度和育人的立场来认识和开展课堂教学,这是"道德课堂"理念的基本特征。"道德课堂"立论高远、内涵丰富,它不仅和当代素质教育的基本要求、新课程改革的基本理念相一致,而且蕴含着中国传统教育智慧中的精髓。《学记》③ 是中国传统教育智慧的凝结之作,研究《学记》中的教育智慧与"道德课堂"理念之间的关系,不仅有利于区域教育改革的推进,而且对于当前深化"素质教育"和新课程改革都具有非常重要的价值和意义。

一、《学记》和道德课堂的含义与特征

(一)《学记》概况

《学记》是儒家经典《礼记》中的一篇,一般被认为是战国末期思孟学派的著作,是我国也是世界上最早、最完整的一部专门论述教育教学的专著。《学记》全文虽然仅一千二百多字,但是它对先秦的教育理论和教育实践作了相当全面的总结和概括,论述了教育的作用、目的、任务、教育制度、教学内容、原则、方法,以及师生关系。可以说,有关教育学的基本问题《学记》都有精辟的论述。正如著名教育学家高时良所说:"《学记》的确是我国一份珍贵的教育遗产,中华民族的精神财富。要充

---

① 首次发布全国"区域课改十大样本":http://www.cepa.com.cn/swbb/zy-hd/149219.shtml.

② 摘自《马克思恩格斯全集》第三卷,人民出版社,2008年版,第248页。

③ 本文关于《学记》中的引文,都来自高时良所著的《学记研究》,人民教育出版社,2006年版。

分地弘扬它，吸取它的合理核心来指导我们的教育运作。"①

（二）《学记》的基本特征

1. 无名而知名

如果在当今社会做一个广泛调查，会发现其实是没有多少人知道《学记》的，更别说读过了。所以，说它"无名"。但同样来自《礼记》的另外两篇却大名鼎鼎，即《大学》和《中庸》，这是由于朱熹把它们挑出来和《论语》《孟子》组成"四书"的缘故。

这位儒家大学者认为"先读《大学》，以定其规模；次读《论语》，以立其根本；次读《孟子》，以观其发越；次读《中庸》，以求古人之微妙处"。这是朱熹为后世读书人定下的"循序渐进"的读书次序。虽然朱熹没有把《学记》也挑出来作为"第五书"，但他的这个循序渐进的读书次序的思想却实在是来源于《学记》——"不陵节而施之谓孙""学不躐等"。可见，朱子教人学习、读书也在遵循《学记》的基本精神。这也正体现出《学记》是一部教育教学领域的不朽名著。所以，直到今天，凡读过教育学的、上过师范的、从事教育工作的，乃至对教育思想有一定了解的人，都是知道《学记》的，了解《学记》的。可以说，《学记》在教育领域是"第一名著"。

2. 言微而义大

说《学记》是一部专著，是就它在学术史上沉甸甸的地位而言的。然而，《学记》全文一共不过就1229个字，只相当于一篇现代高中生作文的篇幅。然而，它却包藏着博大精深、内涵丰富的教育智慧。

有一条教学原则叫"豫时孙摩"。《学记》中就用了几十个字——"大学之法，禁于未发之谓豫，当其可之谓时，不陵节而施之谓孙，相观而善之谓摩。此四者，教之所由兴也。"然而，翻开任何一本现代教学论

---

① 高时良. 学记研究［M］. 北京：人民教育出版社，2006：263.

书籍，就这四个教学原则，却要花好几页甚至十几页的篇幅进行阐释和讲解。近年来，对《学记》整篇进行解读和述评的著作不在少数，以教育学家高时良教授的《学记研究》①最为有名。关于《学记》中的学习思想、教学思想、教师成长等话题当前也有很多专题性的研究。

3. 早产而成熟

《学记》约成书于战国后期，距今约有两千多年的历史。在西方，较早的、影响最大的教育教学专著是夸美纽斯的《大教学论》和赫尔巴特的《普通教育学》，前者产生于1632年，当时中国正处在明朝末期，后者产生于1806年，当时中国正处于清朝中后期。可以说，《学记》的产生在教育学史上是非常之早的。

庄子云："始生之物，其形必丑。"新生事物往往都是粗糙的、稚嫩的、不完整的、存在缺陷的、有待改善和提高的。然而，《学记》虽是教育学史上的早期产品，却显得相当成熟。它系统而全面地阐明了教育的目的及作用，教育教学的制度、原则和方法，教育教学的内容，教师的地位和作用，教育过程中的师生关系以及同学之间关系等重要的教育命题。可以说，有关教育教学的基本问题，《学记》都有精辟的论述。这不仅是中国学者的认识，外国专家也持同样的见解。日本学者谷口武就在《学记论考》一书中这样说道："《学记》是中国最早的一部教育经典著作，在我国古代学术界也是备受推崇的名著……像这样一本名书，对日本教育史所产生的影响，是极为罕见的。"②

4. 精深而实用

通读《学记》我们发现，其语言结构、遣词造句相比于《大学》《论

---

① 高时良．学记研究［M］．北京：人民教育出版社，2006．
② 王炳照．中国教育史专题研究［M］．北京：北京师范大学出版社，2009：247．

语》等要晦涩、难懂一些。比起《三字经》和《弟子规》,《学记》更显得艰涩、难懂和深奥。《学记》本身也是教育学家、教育史家等科研人员进行研究的对象之一。在"中国知网"以"《学记》"为篇名可以从全部期刊中搜索出300多篇论文,可以从核心期刊中搜索出50多篇论文。可以说,研究人员从不同的视角对精深的《学记》进行了相当的研究。

说《学记》是实用的,是因为当前许多中小学校和教育培训机构都认识到它的价值并用它作为教师培训的重要内容。例如,自2008年开始,莱西市便请专家用《学记》对新教师进行岗前培训,对在职教师进行成长培训。结合教育经典名著,如《学记》,帮助教师自我生出适合自身的教育教学方法和智慧,是当前乃至以后教师培训的重要形式。所以,莱西市教育体育局局长张为才就说:"如果您是一位教育工作者而没有读过《学记》,那将是非常遗憾的,无论您是中国人还是外国人……要研究中国的教育,不可不读《学记》;要研究世界的教育,不可不读《学记》;即使要当一名优秀的教师,也不可不读《学记》。"[①]

二、《学记》与道德课堂的相融相通

我们研究传统教育、研究《学记》的目的,不在于发思古之幽情,也绝不仅仅是阐释和解读其教育教学思想,而是为现实的教育、教学的改善和发展服务,使《学记》能够成为推进当前教育改革和课程改革的重要力量。《学记》之所以能成为有利于当前课程改革,特别是"道德课堂"建构的因素,关键在于《学记》的教育智慧与"道德课堂"的理念之间具有相融相通的关系。

(一)《学记》与"道德课堂"的成长性

"道德课堂"强调在教育教学过程中,教师和学生双方实现生命质量

---

① 李绪坤.学记解读[M].济南:齐鲁书社,2010.

的共同提升和成长。这种理念在中国传统教育思想体系中被称为"教学相长",是由《学记》最先明确提出来的。《学记》中说:"虽有佳肴,弗食不知其旨也;虽有至道,弗学不知其善也。是故学然后知不足,教然后知困。知不足,然后能自反也;知困,然后能自强也。故曰:教学相长也。"

教学活动是教师的教和学生的学辩证统一的互动过程。在教学过程中,教师和学生是相互促进、共同成长的,教因学而得益,学因教而日进,故曰"教学相长"。后来唐代大学者韩愈继承并发展了《学记》的"教学相长"的思想,进而提出"相互为师"的观点:"弟子不必不如师,师不必贤于弟子。闻道有先后,术业有专攻,如是而已。"

学生因教学而成长,这是教学的重要目的,容易理解。那么,教师在教学中如何成长呢?这可以从两个方面来理解。其一,是从教师的专业教学水平来理解。《学记》说"教然后知困",师范生在大学里学了大量的专业课程、教育学知识和心理学知识,但在实际从事教学工作后,可以发现其所学仍然不够,仍然要自己学习以补充不足之处。即使是老教师也常常发现,自己好像越教越不会教了。所以,教师的教学过程也是自身终身学习、终身成长的过程。

其二,是从教师自身"自我价值实现"的角度来理解教师的成长。长期以来,人们都把教师看作"蜡烛""春蚕""路灯""园丁"等,这样的比喻反映了教师无私奉献的一面,却只赋予教师以付出、奉献、帮助他人、成就他人的角色特征和生命意识,使得教师自身也认为自己的价值只在于"成就他们的学生",而忽略了自身生命价值和质量的提升。著名教育学家叶澜就指出,当今必须看到学校教育教学质量对教师个体生命质量的意义。如果一个教师一辈子从事学校教学工作,就意味着他生命中大量的时间和精力,是在课堂中和为了课堂教学而付出的,每一堂课都是教师生命活动的组成部分。因此,课堂教学对教师而言,不只是为学生成长而付出，不只是别人交付任务的完成，它同时也是教师自己生命价值的体现和自身发展的组成。

　　生命是自己的生命，每一个热爱学生、热爱自己的生命和生活、教育成就卓著的教师都会投入极大的热情在每一节课中。比如，著名教育家、情境教育的创始人李吉林老师就是在自己的教学过程中不断总结、成长，怀着极大的热情和好奇心去设计每一堂课，从而获得了一次又一次的成功，成为真正实现教学相长、实现师生生命质量共同提高的教师。可以说，没有师生生命共同成长、没有教学相长的课堂，也不是"道德课堂"，也是不道德的课堂。

　　（二）《学记》与"道德课堂"的情感性

　　强调教师在教育教学过程要遵循学生身心发展和教育教学规律，使学生在学习中能体验到愉快和幸福，能感受到学业进步的价值和意义，能享受到自身全面发展的乐趣，这是道德课堂的情感性特征。《学记》中也指出，教师在教学中要采取多种方式调动学生的积极性情感，让学生能体验到学习的乐趣，即"安其学而亲其师，乐其友而信其道"。要达到这种效果，教师就必须引导学生这样对待学业——"藏焉修焉，息焉游焉"，即做到"藏息相辅"。

　　什么是"藏息相辅"？就是说，要求教师将课内与课外，"正业"与"居学"很好地联系起来。"居学"，即课外作业一定要注重趣味性和贯通性。有一位语文老师就做得很好。他能立足于课堂，着眼于课外，结合教材的特点，寻找合适的教材"延伸点"，利用《课外拓展阅读》等课外读物，引导学生进一步运用课堂教学中学到的阅读方法，进行阅读训练，以此来拓展语文学习的空间，在兴趣盎然的课外阅读中提高语文素养。如学了《卖火柴的小女孩》后，让学生读《安徒生童话》《格林童话》；学了《忆江南》后，让学生去阅读一些描写江南美景的诗词、描写春天景色的诗，通过阅读感悟积累，体会诗人对江南对春天的喜爱和依恋；

学了《狼和鹿》之后,让学生去阅读《十万个为什么》等书中有关食物链及生态平衡的知识……

要让学生真正地乐学,除了处理好课内与课外的关系外,还要做到"豫时孙摩"。什么是"豫时孙摩"?《学记》中说:"大学之法,禁于未发之谓豫,当其可之谓时,不陵节而施之谓孙,相观而善之谓摩。"就是说,教师施教的方法是,在学生的错误没有发生时就加以防止,在适当的时机进行教育,不超越受教育者的才能和年龄特征而进行教育,能使学生之间互相取长补短。如果做到这几点,学生就不会因形成恶习而懊恼,不会因错过学习良机而悔恨,不会因杂乱读书而茫然,也不会因孤独封闭而寡闻。

如果教师在课堂教学中能真正做到"藏息相辅"和"豫时孙摩",这样的课堂必定是充满乐趣和幸福感的,必定是学生能体验到进步和成长快乐的。

(三)《学记》与"道德课堂"的开放性

"道德课堂"是对工业化时代那种整齐划一、固定僵化、崇尚模式的教学理念的反拨。它倡导在"统一理念"下的"百花齐放",即在"通用原则"和"基本方法"之下,提倡各学校基于校情和学情探索各具特色的课堂教学形式,各教师基于教学内容和学生特征探究最适合的课堂形态。就是说,"道德课堂"不是封闭的,而是开放的;不是固化的,而是灵活的。

中国传统教育思想将教育教学的这种反划一、反雷同、反固定模式的理念和做法,称为"因材施教"。一般而言,人们都将"因材施教"这一教育原则作为孔子教育思想的重要组成部分。其实,孔子本人并没有提出"因材施教"这一命题,是朱熹概括孔子的教学经验时,指出:"夫子教人各因其材",遂有"因材施教"的名言。然而,孔子的教育实践和教学行为却充分体现了这一原则。学生同样问政、问仁、问孝,孔子的回答往往是难易、繁简各不相同。子路和冉求都问"闻斯行诸?",孔子的答复竟然相反,就是根据两人特点不一,"求也退,故进之;由也兼人,故退之"。

《学记》是儒家思孟学派的作品,是对战国及以前官学、私学教育教学经验和智慧的总结,它虽没有明确提出"因材施教",却体现了这一重要的教育精神,这从《学记》原文中的几句话可以看出来。

对于学生在学习过程中的不同特点,《学记》中讲:"人之学也,或失则多,或失则寡,或失则易,或失则止。此四者,心之莫同也。"又说:"善歌者,使人继其声,善教者,使人继其志。其言也,约而达,微而臧,罕譬而喻,可谓继志矣。"就是说,那些青年学生在学习中,有的贪多嚼不烂,有的懒惰不求广博,有的浅尝辄止,有的半途而废,作为教师要根据学生的不同情况做出不同的教学反应:对于"失之多者"要采取"约而达"的方式,尽量以简单明了为原则;对于"失之寡者"要采取"微而臧"的方式,显示简短知识蕴含的丰富意义;对于"失之易者"要采取"罕譬而喻"的方式,不做泛泛的举例;对于"失之止者"要激发其继续努力、坚持学习的动力,即"继其志"。对于学生不同层次的提问,《学记》也提倡要"叩之以小者则小鸣,叩之以大者则大鸣",就是说教师解答学生的问题要根据问题的难度大小来确定解答深度和力度,对于简单的问题只做简单的回答,对于复杂的问题则要做出系统深入的解答。

虽然,《学记》提倡的这种因材施教和开放性主要是针对不同的学生而言的,但是,这种思想和精神却可推而广之。因材施教的"材",除了指学生外,还可以扩展至不同的班级、不同的学科、不同的学校、不同的地区等。就是说,从广泛的意义上准确地来理解"因材施教",就能抓住"道德课堂"开放性的精髓。

（四）《学记》与"道德课堂"的文化性

"道德课堂"的文化性，不只是从教育教学的内容方面而言，更是从教师在课堂上营造的一种课堂文化氛围而言。准确地讲，此处的文化性，即课堂教学文化，它是"教师和学生作为集体主体在教学互动中构成的生活方式"①。"道德课堂"倡导学生在这种文化氛围和生活方式中进行着某种"文化适应"和自然成长。

《学记》作为一本教育教学方面的经典之作，对于课堂教学的文化性也有重要启示，即蕴含着"类比"的学习方式或隐喻性文化特征。隐喻是比喻的一种，是用一种事物暗喻另一种事物。这种方式在中国古代的文章和教学中是常用的，而《学记》表现得更明显。如《学记》中说"玉不琢，不成器。人不学，不知道"，就将人比喻为未经雕琢的玉石。玉再好，没有经过雕琢，也不能成为很高贵的器皿；人假如不学习，也没有办法了解这些圣贤的大道理。从这里也透露出来，人要接受教育，也要接受琢磨，才能有大成就。现在的学生特别怕吃苦，特别不能承受挫折压力，源头就是经历的磨炼太少。

再比如"虽有佳肴，弗食不知其旨也；虽有至道，弗学不知其善也"，这里把知识比喻为佳肴。人学习、受教育、理解知识就如同消化食物一样，这比"要给学生一碗水，老师得有一桶水"的隐喻要高明多了。因为学习毕竟不同于灌输，还有一个消化和理解的过程。英国哲学家怀特海就说过："教育的过程完全具有独特的特征，这是理所当然的。试举身边的例子来说，就如同有机体吸收食物一般……把靴子放到旅行包里，在靴子再取出之前，是原封不动地放在了里面的。但是，给儿童吃食物的场合，就不是那么一回事了。"②

---

① 刘庆昌. 教学文化：内涵与构成[J]. 教育研究，2008（4）.
② 钟启泉. 知识隐喻与教学转型[J]. 教育研究，2006（5）.

再比如"三王之祭川也,皆先河而后海,或源也,或委也,此之谓务本。"教育的过程是要抓住根本,先河而后海,即先源后流,从根部开始教育,即首先要"培根"。再比如"善待问者如撞钟,叩之以小者则小鸣,叩之以大者则大鸣",将教师比喻为钟。类似这类隐喻在《学记》中还有很多。

为什么隐喻性文化对于课堂教学相当重要?因为学生所处年龄段具体形象思维占主导,学生的脑子还不能够或不擅长于抽象地思考一些东西。所以,让学生形象地去感受知识、认识道德、自主情绪,他就容易理解,就易于掌握。比如"学如逆水行舟",就非常形象地告诫人们在学习中要持之以恒、不断进取。所以,在建构"道德课堂"的过程中,这种隐喻性文化非常值得学习和借鉴。

三、《学记》教育智慧对"道德课堂"建构的启示

"道德课堂"从观点理念到实践操作有一个过程,这个过程表现为一系列课堂教学的操作思路。从《学记》出发,我们发现以下几点措施对于"道德课堂"的建构具有一定的借鉴意义:

(一)尊师爱生的师生关系

尊师爱生是中国优良的教育传统,对此,《学记》中也有明确的论述:"凡学之道,严师为难。师严然后道尊,道尊然后民知敬学。是故君之所不臣于其臣者二:当其为尸,则弗臣也;当其为师,则弗臣也。大学之礼,虽诏于天子无北面,所以尊师也。"还说道:"三王四代唯其师。"至于爱生,《学记》是从反面批判:"今之教者……使人不由其诚,教人不尽其材。"就是倡导教师要真诚地对待学生,尊重学生。

在尊师爱生的师生关系下,师与师之间必然互敬,生与生之间必然互爱,整个教学氛围便是和谐的。这正符合"道德课堂"的基本内涵和精神。所以,确立尊师爱生的师生关系,有利于"道德课堂"的建构。

(二) 丰富多样的教学方式

"教有法，而无定法。"优质的课堂教学必定是多种教学方式相搭配、相融合的，体现出教学方式的丰富多样性。关于教学方式，《学记》起码指出了三种，其中一种是《学记》批判的，即注入式教学："今之教者，呻其占毕，多其讯言，及于数进而不顾其安。使人不由其诚，教人不尽其材。其施之也悖，其求之也佛。夫然，故隐其学而疾其师，苦其难而不知其益也。虽终其业，其去之必速。教之不刑，其此之由乎！"

另外两种是讲解式教学和启发式教学。关于讲解式教学，《学记》这样要求："其言也，约而达，微而臧，罕譬而喻。"就是说，教师的语言"要简约却能表达深刻的道理，要浅显而把道理讲得完善，用不多的譬喻而能使学生容易理解"[①]。

提起启发式教学，我们立刻想到了孔子，也想到了孔子那段非常有名的话："不愤不启，不悱不发，举一隅不以三隅反，则不复也。"《学记》继承和发展了孔子的启发式教学思想，进一步概括了进行启发的宝贵经验，指出"君子之教，喻也。道而弗牵，强而弗抑，开而弗达。道而弗牵则和，强而弗抑则易，开而弗达则思。和易以思，可谓善喻矣"。其实质是要充分调动学生学习和思考的积极性、主动性。

除了以上的教学方式外，当代还出现了对话式教学[②]、反思性教学[③]等。总之，课堂教学中采用多种教学方式，有利于"道德课堂"的建构。

(三) 多元创新的评价体系

在"应试教育"和那种智育至上、知识至上的时代，教育教学的评

---

① 张警鹏. 从《学记》看我国基础教育课程改革的理念 [J]. 教育科学研究，2002 (10).
② 刘庆昌. 对话教学初论 [J]. 课程教材教法，2001 (12).
③ 李欢，周小妹. 对国内外反思性教学的综述 [J]. 2011 (35).

价更多地，甚至完全以考试分数、成绩为标准，忽略了其他如道德、情感、社会性等方面培育的考评。素质教育和当代教育改革的基本精神是培育人的素质、强调人的实践能力和创新精神，这就要求建构新的更合理的教育教学评价体系。

关于教育教学的考核与评价，《学记》中有一段非常有名的话，即"比年入学，中年考校。一年视离经辨志，三年视敬业乐群，五年视博习亲师，七年视论学取友，谓之小成。九年知类通达，强立而不反，谓之大成。"这段话指出在教育教学过程中，不仅要考核学生"离经""敬业""博习""论学""知类通达"等知识性目标的达成程度，还要考核学生"辨志""乐群""亲师"和"取友"等社会性、情感、态度、价值观等方面的目标完成情况。这些考核与评价的标准在《学记》中虽然是以纵向的方式出现的，但它对教育教学的横向考评依然具有极大的参考价值，对于"道德课堂"的建构也意义深远。

总之，以《学记》为代表的中国优秀教育传统对于当前素质教育的深化、新课程改革的推进，特别是"道德课堂"的建构都具有相当的启发意义和借鉴价值。我们本着"古为今用、洋为中用"的精神，期待教育的明天春光明媚！

（本篇主要内容曾以"从《学记》看道德课堂的内涵与精神"为题刊于《课程·教材·教法》2016年第1期）

"学在郑州"的行动诠释
——郑州市基础教育课程改革的思考与实践

在改革的过程中,我们注重价值引领,重塑教育道德;注重专业引领,激发教育活力;注重文化引领,培育教育生态,促进区域教育品位的持续提升,以期打造具有区域特色的"学在郑州"惠民教育品牌。

进入 21 世纪以来,郑州市的基础教育课程改革始终坚持在实践中探索,在研究中前行,在反思中发展。在改革的过程中,我们注重价值引领,重塑教育道德;注重专业引领,激发教育活力;注重文化引领,培育教育生态,促进区域教育品位的持续提升,以期打造具有区域特色的"学在郑州"惠民教育品牌。

价值引领:向"有道德的教育"迈进

任何改革都有其核心价值追求,它决定了改革的目标和方向。作为教育行政部门,作为区域课程改革的策源地,我们始终关注课改的价值思考,以实现价值引领。

众所周知,课程改革最终发生在课堂上,从一定程度上看,课堂是改革成败的关键所在。十几年来，我们紧紧抓住课程建设、校本教研、质量监控三个关键环节，致力于课程新体系的校本化建构，教学新理念的行动化落实，评价新导向的整体化实施。校本教研，从理论建设、制度建设的层面，回落到了"课堂教学问题的解决"这一"粗糙的地面"。质量监控，从单一的成绩分析，提升到了对学生获得知识的方法与过程、学习状态和师生精神共同成长的关注。课堂教学，从课改初期的无所适从甚至盲从，一步步走向了成熟与理性——从关注课堂方向，到关注课堂道德、关注课堂生命状态，再到关注课堂文化（课堂生态）的重建——一步步走上了"构建道德课堂，提升师生生命质量"这一教育生态文明之路，确立了新课程课堂教学的目标和方向。这是一条问题持续解决、注重成果积累、不断生成提升的生长之路。

几年来，我们一直朝着"有道德的教育"迈进。根据市教育局统一部署，全市的中小学教师依据道德课堂的理念，从道德自觉的高度，重新审视自己的课堂，反思教育现象，从自我诊断阶段走上了自我建构阶段。在道德的环境中进行有道德的教学，逐步成为教师的自觉行为。经过几年的探索，全市涌现出主体课堂、思悟课堂、自主课堂、理解课堂、绿色课堂、生态课堂、情智课堂、生本课堂、文化课堂、体验课堂等30多种道德课堂的有效形态，还呈现了许多符合道德课堂理念的学科课堂教学模式。

专业引领：专业的一定要还给专业

我们一直认为，教育行政部门既应该是课程改革的强力推进者，更应该是课程改革的专业引领者。市县区教育局的业务局长、教育局业务科室的干部，各级教研部门的教研人员，学校以校长为核心的课程领导团队，都应该成长为专业引领者，以有效地实现专业引领。

在推进校本教研工作的进程中，我们遵循"整体推进、双轮驱动

(行政与教研)、搭建平台、典型引路、阶段总结、生成提升"的工作思路和"理论先行，制度跟进，机构重组，方式创新，区域联动，基地带动"的基本策略，连续十年召开全市校本教研工作推进会，一年一会、一会一地、一地一题、一题一解。即，一年选定在一个县区召开一次会议，一次会议确定一个主题，针对一个主题进行研讨交流，提出解决办法，全市贯彻落实。为实现专业引领，我们把学科建设作为校本教研工作的重点，把加强学科建设、提高学科能力作为校本教研的核心任务，提出了"五三二二"的基本要求，即抓五项建设（课程建设、教师建设、学科组建设、学科教学模式建设和学科特色建设），提高三种基本能力（设计教学的能力、实施教学的能力、评价教学的能力），关注两个问题（关注校长、提高校长的课程领导力，关注研究学生、提高学生的学科学习能力），做好两项基础工作（弄清楚学科建设的内涵，细化解读课程标准）。我们把"细化解读课程标准，整合学材，科学设置学习目标"作为学科建设的第一要务，促使校本教研从关注理论建设、制度建设，走上了关注、聚焦课堂教学问题的解决的轨道。

  针对课改之初出现的课堂教学目标的虚化、内容的泛化、教学过程的形式化等问题，我们及时提出"正确把握课堂教学改革的方向，切实提高课堂教学效果"，要求教师课堂教学必须回答好三个问题，即任何一位学科教师、任何一节课都必须回答好：1. 你要把学生带到哪里？（学习目标问题：学什么，学到什么程度）2. 你怎样把学生带到那里？（学习策略和学习过程）3. 你如何确信已经把学生带到了那里？（学习效果评价）回答不好这三个问题，课堂教学的有效性就无从谈起。

  教育的活力源于教师，教师的专业化程度决定了新课程改革的"震级"和"烈度"。引导教师专业化成长，成为反思性实践者，是我们一直关注的问题。2006 年以来，我们以郑州教育信息网为平台开设教育博客，并且每年都举行教育博客大赛，以此引导教师记录日常教育教学生活中有意义的故事、感悟，展示行动研究成果，从而使反思成为教师的生活常态。一开始，我们告诉教师：博客是一种力量，是促进教师专业发展和专业成长不可或缺的力量。后来，我们又提升到"生长"的层次：博客是一种生长，是教师专业生命存在与生长的方式，写博就是教师专业生命的生长。如今，我们又提升到"心常态"的层次：博客是教师的专业生命生长状态，是教师的职业生涯状态，是教师的生命状态，是教师的"心的状态""心的常态"。适时的引领，对于促进教师个人反思、同伴互助与专业引领，对于教师凝聚教育智慧、传播教育思想、推进课程改革，具有十分重要的意义。目前，郑州教育博客的注册用户近6万人，位居全国第一，活跃用户量、访问量、原创博文更新量均位居全国同类博客首位。

为了将学校工作聚焦到教学上来，教育局各部门统一"对焦"：督导室对学校的《课程规划》逐一进行了评估审议，并把《教育质量综合评价改革方案》列入了2015年督导评估审议的重点内容；教研室在全市开展教师课堂教学达标评优活动，以专业方案设计推进基于标准的教学研究、教—学—评一致性研究、以课堂观察为手段的专业化观评课范式研究、"运动处方"体育教学模式研究、中小学学业评价分析报告系统的开发与应用研究等；市教科所把课程研究、课堂研究、评价研究列为课题立项的重点，每年立项的课题达2000余项，重点课题100余项，并逐步促进研究方向从"教师的教"向"学生的学"的转变。

我们还设置了"国家课程整合奖""校本课程开发奖""中小学评价任务设计及作业建设奖"等奖项，每年或隔年进行一次评比表彰，鼓励和支持县区、学校举办全省、全国甚至国际性的学术交流活动，以营造应有的学术氛围。

文化引领：培育和谐生长的教育生态

教育本身就是一种文化传承，推进课程改革就是为了更好地实现文化传承。站在文化变革、文化重构的高度，来审视学校的一切教育活动，应该是作为课程改革的实践者、引领者的中小学校校长，必须具备的基本素质。十多年来，我们一直引领校长站在文化变革的高度来审视自己的实践，遵循着"以学校文化建设为核心，强化内涵建设，不断提升学校文化品位"的基本思路，致力于学校文化的打造。学校的文化建设，并不是虚无缥缈的，是可以看得见、摸得着的。不管是我们自己，还是学校校长、教师和学生，每天都在体悟文化的所在，感受文化的力量。要让文化浸润每一位校长和师生的心灵，让文化从高高的神坛走向粗糙的地面，从形式上的虚化走向具体而细微的日常生活。

在行动引领方面，一是每年"三大会"，即德育建设会、校本教研推进会、课程与教学会。德育建设会侧重研究文化建设，校本教研推进会侧重教研方式创新和问题解决，课程与教学会侧重研究课程建设与课堂建设，重在方向把握。二是每年"两诊断"，即每年三月份和九月份的道德课堂建设诊断交流活动。全市中小学每校一人分成40多个小组，深入学校进行为期一周的课堂诊断交流，重在把脉课堂。三是每期"一展示"，即每个学期期末道德课堂建设展示交流活动。县区负责教育教学和体卫艺的副局长、教育科和体卫艺科科长、教研室和教科室主任，市区高中、初中学校的校长、副校长、教务主任、德育主任、科研主任，一岗一专题，同岗同专题，重在成果展示、经验分享。

每年的"三大会"，市教育局办公室、基教处、体卫艺处、师训处、督导室、教研室、教科室、信息技术中心等全都参加，县区对口科室及主管局长也都参加，意在突出教学中心，重在形成合力。

当下的课程改革，所缺的不是理念，而是行动。十几年来，我们持续不断进行行政推进，主要是想通过我们的实际行动，来引领大家确立一个理念（为生存与生长而学习），指导一种方法（探索、发现、掌握、遵循规律），营造一种氛围（干事创业、涵养学术），引领一种文化（向善向上），培育和谐生长的区域教育生态，让郑州真正成为适宜学生学习和学生生命成长的地方，让"学在郑州"真正成为区域文化名片。

（刊于《人民教育》2015 年第 8 期）

道德课堂：立德树人的大舞台

立德树人是教育的根本任务，是深化教育领域综合改革的基石。道德课堂是郑州市倾力打造的一种高品质课堂形态，它"合乎道，至于德"的内涵和立德树人的要求具有高度的一致性。道德课堂的内涵彰显了立德树人的根本要求，道德课堂建设有助于立德树人目标的实现。道德课堂理念的传播，多样化道德课堂形态的打造，师生生命质量的提升和道德课堂实践成果的评估认定，是通过道德课堂实现立德树人的具体途径。

党的十八大报告明确指出："把立德树人作为教育的根本任务，培养德智体美全面发展的社会主义建设者和接班人。"十八届三中全会报告也提出，坚持立德树人是深化教育领域综合改革诸多举措的基石。可以说，立德树人充分体现了党和人民对教育的殷切期望，也集中反映了中国特色教育理论与时俱进的品质。"道德课堂"是郑州市对十多年课改成果和推行素质教育的经验进行总结、升华，从而提出的一种旨在打造高品质课堂形态的实践性教学成果。道德课堂倡导"合乎道，至于德"，以学生为主体，以提升师生生命质量为核心，对传统课堂教学中的道德缺失、违道德甚至反道德行为的改善具有十分重要的意义与价值，在实施的过程中也取得了较好的效果,产生了广泛的影响。道德课堂的精神追求和立德树人的内在要求是一致的,进一步挖掘道德课堂的理论品质和实践经验,对于立德树人根本任务的完成有重要推动意义。

从目前的研究现状来看,诸多学者对道德课堂和立德树人进行了一定的理论探索,但其研究大多还停留在相对割裂的状态,对两者之间的理论关系和实践启示研究得还不充分。如包俊娟(2011)从构建道德课堂与教师的专业发展角度指出,教师要转变教学观念,优化教学氛围,强化教学技能,传导价值理念,提升人格魅力,促进课堂文化构建①。骆郁廷(2013)②、李金杰(2013)③ 和笔者(2011,2014)④ 等从道德课堂的内涵、建构及实践等方面探索了立德树人的实现路径和有效机制,提出了构建立德树人的内部整合和外部协同机制、激励机制、目标导向机制、主体能动机制以及创新驱动机制等。卢丽丽(2015)等认为,把立德树人作为基础课教学的出发点和落脚点有利于构建高效的课堂教学平台和课外实践平台,通过培养学生的社会责任感、创新精神和实践能力,最终有助于完成立德树人的根本任务⑤。另外一些研究者主要是从其他方面对立德树人进行了研究。如许军国(2014)从校园文化视角出发,倡导从学校的物理环境、课堂教学和学科课程等方面体现立德树人

---

① 包俊娟. 道德课堂的构建与教师专业发展 [J]. 现代中小学教育,2011 (2):51—53.

② 骆郁廷,郭莉."立德树人"的实现路径及有效机制 [J]. 思想教育研究,2013 (7):45—49.

③ 李金杰,陈树文. 实现"立德树人"根本任务的有效机制研究 [J]. 思想教育研究,2013 (7):50—53.

④ 田保华. 道德课堂的内涵与建构策略思考:郑州市基础教育改革的理念与实践 [J]. 中国教育学刊,2011 (3):55—56.

⑤ 卢丽丽. 以责任感培育为抓手,践行教育立德树人根本任务 [J]. 中国教育学刊,2015 (11):69.

的文化特质，让立德树人的过程成为"用文化育文化人"的过程①。吴潜涛（2014）等认为"三个面向"是全面推进"立德树人"根本任务完成的总要求，并指明了"立德树人"的基本路径和前进方向。还有其他学者从高校的视域出发，对学生管理、人文素养、责任感等方面进行了研究②。

本文试从道德课堂的内涵、特征、品质等出发，探索立德树人的实现机理和途径，推动立德树人的理念和要求向纵深发展。

一、道德课堂的内涵及其与立德树人的关系

道德课堂是在新课程理念引领下的一种高品质课堂形态。具体而言，它要求课堂要"合乎道，至于德"，以合乎"道"的途径，至于"德"之目标。所谓"道"，即规律，也即教育教学规律、学生的认知规律和成长规律；所谓"德"，即生态，即围绕实现师生的共同发展，实现国家的人才培养目标而建构的课堂生态。在教育教学过程中，教师秉承着道德的准则，使用"合道德"的方式，让学生在身心愉悦、人格健康、精神自由、生命自主的学习过程中，体验到学习的愉快和幸福，获得学业进步和身心全面发展。让学生在获得知识、技能的过程中获得"向善向上"的情感体验和心灵感悟，促进思维发展和精神成长，这是最大的课堂道德。

具体而言，道德课堂的内涵包括三个部分。首先是"为道德而教"，就是课堂教学要树立培养学生道德品质和素养的目标，强调育人而不只是对学生进行知识传授和方法引导。其次是"道德地教"，即要求课堂教

---

① 许军国. 从校园文化视角看立德树人[J]. 中国教育学刊, 2014 (4): 16.
② 吴潜涛, 吴俊. 坚持"三个面向"与"立德树人"的统一[J]. 思想理论教育导刊, 2014 (4): 47—52.

学的开展过程和方法本身是道德的。凡是违背儿童天性，违反长远育人目标的课堂教学行为都是缺失道德的。最后是"合乎规律地教"，即合乎儿童的身心发展规律、学习规律以及教学规律，只有合乎规律的课堂教学才能促进儿童的健康成长和发展。

立德树人的基本含义大致可分为两部分，即"立德"和"树人"。"立德"就是树立品德、树立德业，它从道德操守的角度，强调具有高尚的道德修养，成为后世效法的榜样。① "树人"最早出自西汉编修的《管子》："一年之计，莫如树谷；十年之计，莫如树木；终身之计，莫如树人。""树人"主要指培植成长、培养人才。

（一）道德课堂与"立德"

"立德树人"强调以德立人，树人以德。立德是树人的前提和基础，树人是立德的追求和目标。在新时期提出"立德"，不仅要强调在教育教学中弘扬真善美、贬斥假丑恶的个人道德品质，还包括培养人的世界观、人生观和价值观，更包括加强对学生进行社会主义核心价值观教育。"立德"的这一要求在道德课堂中就主要表现为"为道德而教"，即课堂教学以培养学生道德品质和综合素养为核心目标，强调育人而不只是对学生进行知识传授和方法引导。

（二）道德课堂与"树人"

如果说"立德"主要偏向于对人的道德引导和要求，那么，"树人"就主要指向人的成长和成才。要研究人的成长和成才，首先就要搞清楚人的差异性特征和身心发展规律。从教育理论发展和现实情况来看，人的成才越来越表现为激发个体自身潜能、顺应个体自身成长规律和引导个体朝向多样性、个性化发展。工业化时代那种模式化、统一化、固定

---

① 刘娜，杨士泰. 立德树人理念的历史渊源与内涵 [J]. 教育评论，2014 (5)：141.

化的人才培养方式和"立德树人"的精神和要求相去甚远。尊重人的身心发展规律是"树人"的基本要求,而"合乎规律地教"就是"道德课堂"的基本内涵之一。二者都要求教育教学的开展要合乎儿童的身心发展规律、学习规律和教学规律。

(三)道德课堂与"立德树人"的核心目的

"立德树人"是教育的根本任务,其核心目的就是要"培养德智体美全面发展的社会主义建设者和接班人"。培养全面发展的人,就要求在教育上,要促进德育、智育、体育、美育的有机融合,提高学生的综合素质。那么,在课堂教学中就表现为,要面向所有学生的多方面发展的可能和能力,要激发学生学习的兴趣和培养学生自主学习的能力。党和国家倡导"办人民满意的教育"。那么,首先就要办"学生满意的教育和教学"。在这方面,"道德课堂"给出了一种尝试和答案,那就是在课堂上要"道德地教",其要求教师的课堂教学过程和方法本身是道德的,也是学生所满意的。那种缺乏情感、缺乏兴趣,只有教师主导性、缺乏学生主体性的课堂,只面向部分学生、不面向全体学生的课堂都是不道德的课堂,也是不会令学生满意的课堂。由此可见,道德课堂的内涵与"立德树人"的根本目的和要求是相通的、一致的。

二、道德课堂建设有助于立德树人目标的实现

(一)道德课堂有利于实现智育和德育双滋养

"德育"与"智育"彼此交融、不可分割,只有同步进行才能相互促进。学科教学的根本目的在于育人,"育德"是学科教学的首要功能。但在以往各学科教学中普遍存在着"重道德认知,轻情感体验;重外在形式,轻内在品质"的弊端。郑州市的道德课堂突出强调了情感、态度、价值观教育目标达成的重要性,要求各学科教师深入挖掘和充分彰显学

科本身所蕴含的价值观念和道德内涵。学科教师不再进行以往的"无教育的教学",而是让学生学科知识增长的过程成为学生的人格健全和发展的过程;学校教师既注重学生知识和能力的获得,又关注情感、态度、价值观的形成,促使学生形成人文情怀和立场。道德课堂解决了"只教书不育人"的问题,让教育回归本质,实现了知识、能力培养与价值观培养的有机统一;实现了智育和德育的双滋养,从而有效促进了立德树人任务的落实。

(二)道德课堂有助于培育学生的健全人格

立德树人要求教育培养德才兼备、具有健全人格的人。这样的人是具有主体地位的人。这就要求在课堂教学中,教师要把学生看作平等对话的对象,整个教育教学过程要在民主、协商、平等的氛围下开展。郑州市构建的道德课堂,主要是指以"合道德"的方式开展教育教学,把课堂还给学生,以学生为主体,呈现尊重、关爱、民主、和谐学习生态的课堂;让学生在充满尊重、关怀、民主、和谐的环境中,在身心愉悦、人格健康、精神自由、生命自主的学习过程中,体验到学习的愉快和幸福,获得学业进步和身心全面发展;进而改善学生的学习生态,让教师和学生在课堂生活中享受到幸福和快乐,以提升教师和学生的生命质量和人生境界。立德树人作为教育的根本任务,需要用全面的、整合的教育内容来替代片面的、分裂的教育内容,道德课堂通过教育内容的综合化丰富学习的意义,实现人的尊严、意义和价值的统一,以塑造当前和未来社会发展所需要的完整的人。

(三)道德课堂有利于提升教育者道德水准和育人能力

欲树人,先立德。要立德树人,必先立师德、铸师魂。立德树人的关键在教师,教师只有具有高尚师德、精湛师技、博大师爱才能无愧于立德树人的神圣使命。郑州市构建道德课堂,对教师而言,是教师职业生命延续和追求卓越的过程，教师在教育教学活动中完善人格，实现生命的价值和人生的幸福。郑州市构建的道德课堂，提出"师道"的概念，要求教师要"遵师道"，认识到学生是学习的主体，要尊重学生，相信学生，利用学生，发展学生。在道德的环境中进行有道德的教学，努力使教学活动成为学生高尚的道德生活和丰富的人生体验，使学科知识增长的过程同时成为学生人格健全和发展的过程，使课堂教学过程和结果都合乎道德的要求，让学生在充满尊重、关怀、民主、和谐的氛围中得以身心健康、精神自由、生命自主地发展。教师德育意识和育人能力的提高，便保障了立德树人任务的有效落实。

三、道德课堂实现立德树人的具体途径

（一）深化立德树人理念的传播

立德树人是教育的根本任务，也是教育的指导方向。然而，它具有的高屋建瓴的特点，也使自身变得包罗万象而不易把握。道德课堂不仅在本质上是指向立德树人的，而且它蕴含的丰富而具体的内涵和一系列可操作的途径和方法，是易于被人理解和把握的。道德课堂理念的传播和交流，可以加深人们对立德树人的认识。

2010年以来，郑州市利用周末和寒暑假组织了多轮中小学教师培训，宣讲道德课堂的理念；举办各种关于道德课堂建设的展示会、研讨会、交流会，深化大家对道德课堂的认识。通过接受培训，大部分教师掌握了道德课堂的理念与要求。通过研讨、交流和互动，大部分教师对道德课堂和立德树人都有了更清晰的认识，也形成了一系列认识成果。例如，2011年，郑州市就形成了"道德课堂二十二条"的思想，即：四个核心理念（尊重学道、涵养学德、恪守师道、弘扬师德）、教师应具备的八大素养（含把握学科思想、完成角色转变、明确教学目标等）和道德课堂建设的十大行动策略（包括"让教学回家"、实施"独学、对学、

群学"学习方式、建构"先学—展示—反馈"的课堂流程等)。这"二十二条",既是道德课堂的内在要求,也是立德树人的实现途径。

(二)探索多样化道德课堂模式,落实立德树人的任务

对于学校教育而言,立德树人要真正实现效果,就必须落实到课堂教学当中。道德课堂多样化的实践模式是实现立德树人的关键。在郑州市的课改实践中,就形成了一批千姿百态、卓有成效的道德课堂实践形态:郑州市第一零二中学的"网络环境下的自主课堂"、郑州市第七十四中学的"理解课堂"、郑州市回民中学的"绿色生态课堂"、郑州市第一中学的"主体课堂"、郑州市第二中学的"移动自主学堂"、郑州市第三十四中学的"文化课堂"、郑州市第六十中学的"责任课堂"、郑州市第一零七中学的"生本课堂"、郑州市第五十二中学的"生命课堂"、郑州市纬三路小学的"情智课堂"、郑州市航空港区实验小学的"生动课堂"等等。同时也形成了一些颇具特色的道德课堂建设模式:如郑州市第三十一中学的"三三四教学模式"("教学全程三强调""目标落实三要求""摸探展测四步教学法")、新郑市的"导学法"课堂教学模式、郑州市第九中学的分课型构建道德课堂(依据学科知识特征及不同特征知识的不同教学目标要求来设计教学程序的研究)、郑州市第六十一中学的"双主六环"("以学生为主体,以教师为主导";"学、讨、探、展、练、评"六个基本环节)等。上述这些教学模式的最大特点是注重操作流程的统一性和规范性,教师在具体操作中,可以依据学科、学情和内容的不同,进行适时的调整。这些教学模式的价值取向和理念依据最终都是指向立德树人的,其目的是落实素质教育和新课程改革的各项要求,促进学生全面健康成长。

(三)通过师生生命质量的提升,保障立德树人的要求

随着课程改革的不断深入,教师的教育理念在逐步发生变化。然而,

透过一个个课堂，我们不难发现，大部分教师对教育的关注还停留在传授知识上，其中有一些教师虽已关注到学生技能、技巧，甚至智力和能力的培养，但大多仅为点缀。同时，教师在备课时，只是把学生当作一定年级段的抽象人群来认识，即使研究学生，其重点也是以课程和教材为中心，思考的也是学生是否能很好地掌握教材等。这样的课堂和教学最缺失的就是对学生作为活生生的生命体的多方面发展需要的关注。这样的课堂缺乏生气与乐趣，缺乏对智慧的挑战和好奇心的刺激。可以说，这种教育是对学生生命质量的漠视，是不道德的课堂，是非道德课堂。

另一方面，教师的生命价值的提升也往往被忽视了。课堂教学对于教师而言，是其职业生活最基本的组成部分，它的质量直接影响教师对职业的感受、体验、态度和生命价值的体现。课堂教学不应该只是教师为学生成长所做的付出，不只是别人交付任务的完成，它同时也是教师自己生命价值体现和自身发展的组成。那么，同样可以说，不体现教师生命成长、不提升教师生命质量的课堂，也不是道德课堂。只有真正实现师生生命质量和价值不断提升的课堂教学，才能从根本上保障立德树人的实现。

（四）通过道德课堂实践成果的评估认定，检验立德树人的效果

道德课堂实践的成果需要评估和改进才可达到最佳的效果。通过开展各县市区的道德课堂交流展示会，对课程、教学和评价等进行汇报和学习等方式，为各县市区和市直学校搭建借智、借力、互助、互学的平台。督导和专家的深入课堂和指导为道德课堂的顺利开展奠定基础。并且，他们进行课堂诊断，从课标解读、导学案编制、作业建设、校园文化建设、师生成长记录到合作学习小组建设、班级文化建设、心理健康教育情况等方面进行评价和反馈。

道德课堂通过"道德"的方式全方位践行立德树人。道德课堂的目标是结合不同学校的自身特点，最大限度实现变革，摒弃唯分数、唯升

学的教育观和人才观，把学生的全面成长、个性发展放在核心地位，将尊重学生、尊重生命、以生为本作为教育教学的终极理想和目的，有力推动课堂教学改革和素质教育。在道德课堂的教育教学过程中，教师要秉承道德的准则，使用"合道德"的方式，在身心愉悦、人格健康、精神自由、生命自主的学习过程中，使学生体验到学习的愉快和幸福，获得学业进步和身心全面发展，让学生在获得知识、技能的过程中获得"向善向上"的情感体验和心灵感悟，促进学生的思维发展和精神成长。

（刊于《中国德育》2016年第17期，田保华、余孟孟、莫容合作撰写。其中，莫容，西北师范大学教育学院2014级博士生，研究方向为课程与教学论。）

关于道德课堂建设的三个追问

在课堂上，每一次启迪生命的道德之旅，都要回答好三个问题：(1)你要把学生带到哪里，即确定什么样的学习目标，学什么，学到什么程度；(2)你怎样把学生带到那里，即采用什么样的学习策略，怎样优化学习过程；(3)你如何确信已经把学生带到了那里，即怎样进行学习效果的评价。

河南省郑州市的基础教育课程改革，从2001年启动到2010年的十年间，在历经"启动探索、整体推进、重点突破"的持续不断的推进过程中，始终站在文化变革、文化重建的高度进行审视。课堂教学，从初期的无所适从，甚至盲从，一步步走向了成熟与理性；从关注课堂方向，到关注课堂道德、课堂生命，到关注课堂生态（课堂文化）的重建，一步步孕育形成了独具特色的新课堂——道德课堂，确立了新课程课堂教学改革的主题与目标，走上了教育生态文明之路。从2010年下半年开始，又进入了一个新的阶段——"道德课堂建设"的常态化的发展阶段。郑州市的课程改革，在实践中探索，在研究中前行，在反思中发展，走过的是一条问题持续解决、注重成果积累、不断生成提升的持续生长之路。构建道德课堂,提升生命质量。在郑州,以道德课堂理念主导的对课堂价值的思考与实践,就是对新课堂的呼唤。

社会生活离不开道德。课堂是生活,同样也离不开道德。课堂即生命,是教师和学生延续、发展生命的地方,若将善待学生生命落实到课堂之中,课堂定然是鲜活的,富于人性的;而道德缺失的课堂却很容易使教学转化为一种机械的、单调的知识传授和行为训练模式,很容易使学生产生枯燥、乏味、疲惫、厌烦、焦虑等感受。长此以往,必将扼杀师生鲜活的生命形式,恶化他们的生存状态。传统旧课堂教学中应试本位的教学观、知识本位的课堂观、分数本位的评价观,导致课堂教学误入了道德缺失、违道德甚至反道德的歧途。因此,我们应该以新课程的理念,从道德自觉的高度,去重新审视我们的课堂,审视那些不道德的教育现象,努力加以改进和完善,使我们的教师在道德的环境中进行有道德的教学,努力使教学过程成为学生高尚的道德生活和丰富的人生体验,使学科知识增长的过程同时成为学生人格健全和发展的过程,使我们的课堂教学过程和结果都合乎道德的要求,让我们的课堂生活充满生命的活力。

一、新课堂——道德课堂

新课堂——道德课堂是源于过去的旧课堂教学中道德缺失、违道德甚至是反道德的一种教育主张,它是基础教育课程改革的方向和要达到的目标与境界。

何谓道德课堂?道德课堂是以学生为主体,呈现尊重、关爱、民主、和谐学习生态的课堂,是能够很好地落实三维教学目标的课堂,是符合规律、遵循规律的课堂;是一种德性化、人性化、生命化的高品质的课堂形态,是教师和学生的共同家园。课堂上,让学生获得知识技能的过程中,同时获得向上向善的情感体验和心灵感悟,促进学生的思维发展和精神成长,就是最大的课堂道德。它既不是"德育课堂",也不是"道德进课堂",更不是"道德说教式"的课堂。

道德课堂的提出有着深厚的理论依据:教育即道德,合乎道,至于德,以合乎道的途径,至于德之目标。"道"即规律——教育教学规律,学生的认知和成长规律;"德"即生态——德之目标,即围绕实现师生的共同成长,实现国家人才培养目标而建构的课堂生态。道德课堂的理念,与新课程的核心理念和《国家中长期教育改革和发展规划纲要(2010—2020年)》的工作方针一致——育人为本,以学生的发展为本;与新课程的三维教学目标一致——知识与技能、过程与方法、情感态度与价值观;与"教育"一词的内涵一致,《说文解字》中对"教育"一词有着精辟的解释,"教,上所施下所效也,育,养子使作善也",父母、成年人和老师做一个样子,让孩子跟着学,父母生养孩子,期望他学好、走"正路",是天下父母的共同心愿,教育本身就包含着教人做人、使人为善、使人向上的意图和努力,而教育的道德标准正是教人做人、使人为善、使人向上;《道德经》中的"道",即天道,指自然规律,"德",即人德,指人的行为准则,人的行为准则符合自然规律、社会规律、人与人交往规律,才能称其为"美德"。从事于道者,同于道;从事于德者,同于德。

道德课堂要求教师必须具备八项基本的教学素养:一是回答好三个问题(你要把学生带到哪里,你怎样把学生带到那里,你如何确信已经把学生带到了那里),二是具备三种基本的教学能力(设计教学的能力、实施教学的能力、评价教学的能力),三是把握三个前提(把握学科思想、掌握学科知识体系、明确学科课程目标),四是做到三个读懂(读懂课标与学材、读懂学生、读懂课堂),五是完成六个转变(教师变学长、讲堂变学堂、教室变学室、教材变学材、教案变学案、教学目标变学习目标),六是明确课堂方向(避免课堂学习目标虚化、内容泛化、教师使命缺失、过程形式化),七是解读课程标准、分解课堂学习目标,八是营造道德课堂生态、重建课堂文化。

道德课堂要求教师要遵循道德课堂建设的十项行动策略:1."唯学",让教学"回家",变"先教后学"为"先学后教""少教多学"。2.编制导学案(学习卷、学习指导书、学案、调节教学案),为学生提供学习的线路图和导航仪。3.实施小组合作学习,打造小组学习的动车组。4.实施"独学、对学、群学"三种基本学习方式。5.抓好"课前、课中、课后"课堂三段,构建大课堂。6.建构具体的学习流程——"先学、展示、反馈"。7.重视"先学"。8.突出"展示"。9.强调"反馈"。10.制定课堂评价标准,即评课三看:看状态、看过程、看成果。

二、道德课堂建设的三个追问

在课堂上,每一次启迪生命的道德之旅,都要回答好三个问题:(1)你要把学生带到哪里?即确定什么样的学习目标,学什么,学到什么程度;(2)你怎样把学生带到那里?即采用什么样的学习策略,怎样优化学习过程;(3)你如何确信已经把学生带到了那里?即怎样进行学习效果的评价。

(一)第一个追问:你要把学生带到哪里?

回答是:分解课程标准,明确学习目标。反对模糊的教学目标,向模糊、笼统的教学目标开战,这是基于标准的教学研究与实践迈出的第一步。

理想的课堂学习是一种有目标的学习。先有了"目的地",才选择去的方式,才有可能产生路程。要克服课堂教学中的"两张皮"现象:课程标准与教学"两张皮",学习目标与教学"两张皮",首要的就是细化解读课程标准,把课程标准具体化,这是学科课程建设的第一要务。把课程标准具体化,需要推进两项工作:

第一项是课程开发校本化，撰写课程纲要。站在学校培养目标的高度，以学科教研组为单位，综合校情、学情，将整个学段的课程目标分解为年级目标，再将年级目标分解为学期目标，进而分解为单元目标，使学段学习目标呈现层级性、连贯性、一致性，构建学科知能网络。同时，根据学科特点、学习规律及课程标准的要求，整合课程资源，适配实施策略、评价方案等，对国家课程进行再创造、再开发，撰写以校为本的学科课程纲要。

第二项是课程实施生本化，基于标准进行教学设计。站在学科教学目的的角度，学科教师综合任教班级学生的学习特点、教师教学经验、资源占有情况等，将课程纲要中的单元目标分解为课时目标，将学习目标作为学科知能网络中的核心点，点点贯通，点点落实课程标准。在布鲁姆、加涅等的目标分类理论指导下，我们用"三分析原则"，分析学情，找到起点；分析课标，明确终点；分析学材，明确重点。引导教师用"呈验性分解技术"规范叙写学习目标，即：用外显的可观察的行为动词呈现认知心理动词，用具体可描述的知识名词呈现笼统的整体知识，用与行为动词相匹配的行为条件呈现教学策略，用先于教学活动设计的评价任务验收目标达成情况。

细化课标，上明白课；落实课标，上有效课。学习目标叙写，要明确、具体、可操作、可评价。为此，我们提出了学科建设的"五三二二"的基本要求：抓五项建设（课程建设、教师建设、教研组建设、学科教学模式建设、学科特色建设）、提高三种基本能力（设计教学的能力、实施教学的能力、评价教学的能力）、关注两个问题（关注校长、提高校长的课程领导力，关注学生、提高学生的学科学习能力）、做好两项基础工作（弄清楚学科建设的内涵、细化解读课程标准）。同时，还制定了《关于全面推进细化解读课程标准工作的指导意见》，要求各级教研部门、各个学校：一要认真学习，提高认识，明确细化解读课程标准的重要意义和作用；二要合作研究，资源共享，形成细化解读课程标准工作的整体效应；三要明确思路，规范程序，积极探索细化解读课程标准的方法和途径；四要明确责任，加强管理，确保细化解读课程标准工作有序有效。

（二）第二个追问：你怎样把学生带到那里？

回答是：建构教学框架，教—学—评一致性教学。向教学设计要落实，这是基于标准的教学研究与实践迈出的第二步。

从学习机会上，学生都要经历新授课、习题课、单元复习课、期中（末）复习，甚至是毕业（升学）前复习等多次学习。那么，多次学习是同一能力水平的循环往复，还是基于学生原有认知基础的、螺旋上升式的学习进阶？答案显然是后者。课程标准具体化解决了学习进阶的问题，规划进阶路径，又成为新的工作重心。按建构主义的说法，规划进阶路径，就是为学生搭建学习的"脚手架"，搭建的原则即"目标—教学—评价的一致性"。目标是什么，教学就应该选择相应的策略加以促进，课堂评价也应与之配套。如果教学不能与评价适配，即便教师的教学本领再高超也无法显示其业绩；如果评价与目标不相干，评估的结果也无法反映目标的要求，"教—学—评一致性"一直被认为是教学设计的奥秘所在。为此，我们引领教师建构教学框架主要做好两项工作：

第一是逆向教学设计。逆向教学设计是美国课程与教学专家在反思传统教学设计之不足的基础上而提出的一种新的教学设计模式，即从"想要的结果"这个教学终点开始，根据标准所要求的学习证据和用以协助学生学习的教学活动形成教学。教学设计始终围绕学习结果展开：学生"应知""应会"什么？怎么知道学生"已知""已会"？用什么策略能够促使学生"学会""掌握"？教学目的、手段指向表征问题、解决问题等高级能力的培养，把实现学生成长与进步的教学效益作为最高价值追求。

第二是注重课堂评价。日本教育实践家东进义雄说：儿童是出错的天才。在他看来，儿童是根据一套法则出错的，把这些错误类型化、本质化，让学生研究、发现、修正，是形成性评价的根本特征，也是素质教育的内涵所在。它着眼人格的整体性、教学内容的层级性及教学过程的连贯性，关注"我们正在做得如何"，而不是"我们已经做得如何"，打破了机械、固化、具有高利害风险的终结性评价垄断课堂教学的局面。我们先是在"评价即教学"的层面上进行实践，把课堂评价镶嵌在教学环节之中，运用课堂评价促进调节课堂教学；继而在实践中发现"评价即学习"的本质，利用师生共定评价规则开展探究性学习，将基于标准的教学提升到素质教育的高度。

第三是突出作业建设。学生的学业负担主要是作业负担，它是教师不完全理解教学本质及学生学习的结果，也是教师不完全领会学科教学思想及教育哲学的结果。基于标准的"教—学—评一致性"教学，在提高教学有效性的同时，着重解决的就是作业质量问题。我们出台了《关于加强作业建设的指导意见》，要求并引导教师在作业设置上强调目标一致性、学习针对性、内容层级性、能力迁移性和整体连贯性，以作业建设为突破口切实减轻学生的作业负担，促使教师由职业自觉走向专业自觉。

（三）第三个追问：你如何确信已经把学生带到了那里？

回答是：课堂观察，开展基于标准的教学研究。向评价要证据，这是基于标准的教学研究与实践迈出的第三步。

俄罗斯教育学家有一个形象比喻：总结和不断完善制作煤油灯的先进经验，是根本不可能导致电灯出现的。单纯的经验积累不代表专业成长，专业成长必须借助于理性而科学的教学研究。与基于标准的教学实施同步，遵照"在哪里用，就在哪里学"的情境学习理论，我们主要开展两项基于标准的教学研究：

第一是"指向问题解决"的教学研究。课堂教学充满变数，课堂教学问题以大致类似而个案特色鲜明的形式层出不穷,许多问题会以本质趋同的方式呈现在不同课堂情境之中,问题的根源及解决问题的方案伴随问题的集中而凸显、清晰。因此,我们主张用原点思维方法,在海量、琐细的课堂教学问题中找到真实性、本源性问题,运用案例分析、现象诠释等研究方法,追踪问题形成路径,找到问题根源,提出可行性解决方案。"指向问题解决"的教学研究主要有两类:一是基于标准的教学设计研究,如音乐学科对教学目标的研究,物理、英语学科对导学案编写的研究,语文学科对"教—学—评一致性"的研究。二是基于标准的评价研究,如生物学科对学业质量标准构建的研究,化学学科对作业设计的研究,地理学科对试题设计的研究。

第二是"课程策略逆推"教学研究。在教师教学、学生学习、课程性质、人文环境四个课堂教学维度中拈出"课程性质"一维,采用由结果到过程逆推的方式进行课堂观察,即以"学生学得如何"为逻辑起点,反推学习活动安排、方法选择、资源配置、内容定位、评价设计、目标设置等各种课程因素的适配性、合理性、科学性,实证"教—学—评一致性"的内在法则。在教师亲睹、亲历、亲为的教学现场,采取"用事实说话"的研究方式,在"教什么""怎么教""教到什么程度"等教学事件背后,挖掘"为什么教"的教学理性与教学哲学,锤炼教师在复杂的教学情境中选择、判断、组织、实施课程的能力。杜绝"假如我来教我会怎么做"的评议传统,而以"我看到了什么""我平时是怎么做的""我悟到了什么"为主要言说方式进行实践自省,同问题情境对话,同教学实际对话,同教学观念对话,同专业理据对话,寻求繁复的教学事件背后沉淀着的固化思想与教学逻辑,发现制约自我专业发展的症结,并在智慧共享的研讨中自行找到解决、弥补的办法,从而培育教师的专业自觉性和自律性。

为有效地推进道德课堂建设,我们出台了一系列指导性文件,通过道德课堂的课题研究、新课程课堂教学达标评优、新课堂博览会、课堂诊断交流、道德课堂有效形态评估认定、道德课堂评价标准的自下而上的研究与制定等一系列措施，来保障道德课堂建设的有效推进。

2011年11月，教育部人文社会科学重点研究基地华东师范大学课程与教学研究所在上海举办了"课堂评价国际研讨会"，来自美国、德国、法国、日本、韩国等的10余位国际著名教育专家，200多位国内专家学者参加了这次会议。我市在会议上就"基于标准的教学"实践研究做主题报告，得到与会专家的好评，并引起了国内同行的广泛关注。

总的来说，推进道德课堂建设，就是要让教师在道德的环境中进行有道德的教学，使教学过程成为学生高尚的道德生活和丰富的人生体验，让学科知识增长的过程成为学生人格健全和发展的过程，使课堂教学过程和结果既合乎道德的要求，体现道德的关怀，又洋溢道德的光辉，孕育道德的心灵，让课堂生活充满生命的活力！

(刊于《课程·教材·教法》2014年第1期)

从"双基""四基"到"核心素养"
——对传统"双基"教学观的批判

"双基"是在我国特定历史条件下提出的教学理念,为我国教育与社会的发展做出了重要贡献。随着教育外部环境和内在要求的不断变化,"双基"之后,"三维目标""四基"等课程建构的逻辑相继提出,是对传统"双基"理念的发展与补充。随着"立德树人"作为学校教育根本目的的确立,"核心素养"成为新的课程概念,并将统领课程改革的进一步深化。作为课程实施者,中小学教师必须厘清课程建构的逻辑基础和与之相应的教学理念,对于成长于"双基"时代的教师来说,认识到"双基"理念的局限,才能与时俱进建构适应新课程要求的课程观、教学观,从而帮助学生更好地适应未来社会的要求。

基础知识、基本技能一直是我国中小学课堂教学的主要内容,也是课程建构的主线。2011年,在课程改革十周年之际,教育部颁布了修订后的义务教育阶段各学科课程标准,数学学科首次在课程标准中明确提出:学科教学,要从"双基"走向"四基",即从"基础知识、基本技能",走向"基础知识、基本技能、基本思想、基本经验"。这是理科学科教学中一个可喜的进展,是学科教学本质的回归,同时也对中小学教师的课堂教学提出了更高的要求。

2014年3月,《教育部关于全面深化课程改革落实立德树人根本任务的意见》颁布,在"着力推进关键领域和主要环节改革"部分,把"研究制订学生发展核心素养体系和学业质量标准"排在首位,第一次提出"学生发展核心素养"这一命题。2016年3月,《中国学生发展核心素养》(征求意见稿)出炉,这标志着我国中小学课程建构的逻辑和教学的理念将发生新的转向。

一、"双基"论的时代背景与历史意义

重视"双基"是我国教学的传统,在课堂教学、考试评价中,基础知识与基本技能一直是我们关注的重点,这也是我国特有的教育经验。"双基"理论在一定的历史时期发挥了巨大的作用,具有一定的历史合理性。在时代发展的背景下,也暴露出其自身的不足。

"双基"理论,是在特定的历史时期、特定的国情下提出并发展的。1952年3月,教育部颁发的《中学暂行规程(草案)》中提出:中学的教育目标之一,是使学生"得到现代化科学的基础知识和技能,养成科学的世界观",首次提出"双基"概念。[①] 自此,我国教育界开始使用"双基"概念。基础教育设置的是基础课程,其主要内容是基础知识、基本技能,教学中一定要抓"双基",教材里一定要有"双基",考试一定要考"双基",这是当时的基本看法。"双基"理论的提出,大概基于以下两个方面的原因:

第一,"双基"的提出是受苏联的影响。我国的"双基"理论主要是受苏联"基础知识"教养理论的影响,比如在我国教育界颇有影响力的凯洛夫所著《教育学》,明确提到了"基本知识"的概念,书中指出:人

---

① 李涛. 新中国历次课程改革中双基理论与实践探索[J],课程·教材·教法,2009(12):77.

类积累起来的、归纳在形式各异、五花八门的科学里面的、关于宇宙的全部知识,学校是不可能都传授给学生的,学校只能从全部科学知识体系中选择一些基本的东西供儿童学习。①

第二,"双基"的提出也是基于我国当时的国情。20世纪的50年代初到70年代末,我国人口多,经济落后,文化科技水平低下,教育质量出现大滑坡现象。为了尽快提升综合国力,提高教育水平,更多、更快地培养出社会需要的人才,我国教育工作者提出了"双基"理论。从这个角度说,"双基"理论也是20世纪五六十年代我们结合苏联的教育理论进行的创造。

根据"教育革命"的需要,"双基教学"因脱离社会生活、没有为政治服务等问题曾一度被推翻。但"拨乱反正"以后,教育部于1978年颁布了《全日制十年制中小学各科教学大纲(试行草案)》明确提出,教材编写中要正确处理好政治与业务、理论与实际的关系,精选基础知识,加强"双基",注重智力培养的原则。其后,在高考制度和重点学校建设的影响下,中小学校普遍存在为"升学"而片面重视"双基教学"的情况。1986年4月全国人大通过的《中华人民共和国义务教育法》第三十八条提出:"教科书根据国家教育方针和课程标准编写,内容力求精简,精选必备的基础知识、基本技能,经济实用,保证质量。"自此,"双基"理论与实践的发展走上法制化的轨道。

二、从"四基"到"核心素养"的演进及其价值

从新中国成立初期到20世纪末,以"双基"为目标促进绝大多数学生获取最基本的知识和能力是必要的,也是有效的。但是国家倡导的素

---

① [苏联]凯洛夫. 教育学[M],陈侠等,译. 北京:人民教育出版社1957:105.

质教育更加强调学生的个性化发展,追求整齐划一的"双基"教学越来越难以满足人们对个性化教育的需求。如何增强学生的学习兴趣?如何促进学生自主学习能力的提高?如何促进学生创新意识的形成?如何促进学生个性化的发展?这一系列的问题促使教育工作者开始寻求对"双基"教学的突破。

(一)数学学科以"四基"为目标突破困局

课程改革的每一次深化,都聚焦于教育教学一线存在的问题,也都突破于顶层设计的创新。伴随着第八次基础教育课程改革的春风,2001年颁布的《数学课程标准(实验稿)》在课程总体目标中提出:"通过义务教育阶段的数学学习,学生能够获得适应未来社会生活和进一步发展所必需的重要数学知识(包括数学事实、数学活动经验)以及基本的数学思想方法和必要的应用技能。"该文件在表述中,除了知识和技能,已提出学科思想和学科活动经验,虽然"活动经验"还是放在知识内,然而可以认为:这是"四基"教学的萌芽。经过十年的教学实践和其间的多次修改,数学活动经验终于与知识、思想和技能并列。[①]

2011年12月,教育部颁布的《义务教育数学课程标准(2011年版)》,在总目标中明确提出:"通过义务教育阶段的数学学习,学生能获得适应社会生活和进一步发展所必需的数学的基础知识、基本技能、基本思想、基本活动经验。"[②] 这是国家课程标准文件第一次清晰、准确地提出"四基"的概念,标志着我国课堂教学由重视"双基"发展为重视"四基"。

为什么数学学科率先提出了"四基"教学?这是因为相对于人文社

---

① 孙晓天."四基":十年数学课程改革最重要的收获[J].基础教育课程,2011(8)34.

② 中华人民共和国教育部.义务教育数学课程标准:2011年版[M].北京:北京师范大学出版社,2012:8.

会学科和主要以实验为支撑的"理科"（理化生）等学科，数学作为基础学科，知识体系较为庞杂（包括代数和几何）；而传统的数学教学知识呈现方式更为抽象，学生学习起来较为枯燥，让不少人觉得学数学只是烦琐地做题。而"四基"中的基本思想、基本活动经验，恰恰体现出了数学素养，可以弥补"双基"的不足，因此，强调"走向生活"的数学学科率先提出"四基"教学。

所谓"四基"，即基本知识、基本技能、基本思想与基本活动经验。"四基"中，获得"基本思想"，积淀"基本活动经验"，最终形成"学科思维方式"，是学科课程教学最终的核心目标。在教学中，以基础知识、基本技能为课程载体，让学生经历"做中学"的过程、"思考"的过程，增强学生发现和提出问题、分析和解决问题的能力，不断激发其学科学习的兴趣，进而养成良好的学习习惯，特别是要帮助学生将那些感性的经验逐渐提升为理性的经验，最终形成学科思维所特有的思维模式。①在课程设计过程中，教师需要考虑学科知识体系、社会发展趋势和学生个体经验。而我们传统的"双基"教学，只强调了学科知识体系，对学生经验和社会现状关注不够，因此，"四基"教学才是一个完整的体系。

"四基"的价值更在于强调了对人的关注，因为对"双基"教学的片面理解，导致许多教师往往在课堂教学中"以本为本"，见物不见人，而教育必须以人为本，新增加的"基本思想"和"活动经验"就直接与人相关，这也符合"素质教育"的理念。

（二）"核心素养"彰显对教育目的的深层思考

实施素质教育是我国教育的基本方针，其核心是培养全面发展的人。不可否认，素质教育体现了教育的方向，但素质教育始终没有落实在教

---

① 崔英梅，孔凡哲."四基"理论实践探索中问题分析与改进对策［J］，中国教育学刊，2014（3）：56.

育教学行为中。随着时代的发展,"什么知识最有价值"成为世界范围的教育思考——面对未来,教育应该赋予学生的到底是什么?

从世纪之交开始,欧盟、国际经合组织等机构即开始了相关研究,美国、日本等国家相继跟进,并提出了各自的"核心素养"结构模型,虽然素养的具体指标不尽相同,但都是在回答相同的问题:21世纪培养的学生究竟应该从学校教育中获得哪些最为重要的知识、能力以及情感态度,才能成功融入不可预知的未来社会,才能在满足个人自我实现需要的同时,成为社会发展的推动者?

如今,教育改革的脉动呈现全球同步的趋势,中国在借鉴国际经验的同时,结合本国实际,建构了中国学生发展核心素养指标体系,"核心素养"被定义为"学生应具备的适应终身发展和社会发展需要的必备品格和关键能力"。从价值取向上看,它"反映了学生终身学习所必需的素养与国家、社会公认的价值观";从指标选取上看,它既注重学科基础,也关注个体适应未来社会生活和个人终身发展所必备的素养。

和"四基"相比,核心素养的课程逻辑超越了知识本位的课程观,力图改变现有课程过于强调学科体系逻辑、课程标准过于重视内容标准、学科教学过于强调知识传授的倾向,从"课程育人"的角度回答"育人为本"的问题。按照这一逻辑,在回答"学什么"之前,更应该思考的是,学生在学习了各学科课程后,到底留下了什么。

纵观各国及各国际组织的核心素养框架,我们不难发现,所谓核心素养,就是个体在面对复杂的、未知的、不确定的现实问题时,能够综合运用学科知识、思想方法和探究技能等发现问题并最终解决问题的综合品质。

基于这种认识,在我国新一轮高中课程标准修订的时候,每门课程必须厘清"本学科对学生成长的特殊贡献是什么、具体内涵如何解构"等问题。比如数学课程,最终确定了六个方面的核心素养,分别为数学抽象、逻辑推理、数学建模、运算能力、直观想象、数据分析，并从内涵、学科价值、教育价值、学科表现几个方面予以阐述。

虽然从"中国学生发展核心素养"的25个表现指标看，没有具体知识和技能的相关表述，但从学科的关键指标中，可以看出新的课程逻辑并没有否定学科基础知识、基本技能对于人成长的价值，也没有排斥"四基"教学理念的积极作用。应该说，核心素养的提出和实践，重要的是蕴含了学习方式和教学模式的变革——以有价值的知识为载体，以有意义的学习为过程，帮助学生在成长关键期获得能够独立面对未知世界的综合素养。

三、新时代背景下"双基"论的不足以及遭遇的批判

虽然我国课程与教学的理论在不断演进，但在课程运行层面，"双基"论即便没有发声，也不乏信徒和追随者。教育需要与时俱进，墨守成规、因循守旧不是教育者应有的职业态度和思维方式。同样，全盘否定也是危险的，任何理论或者模式都有其存在的特定历史条件，只有用发展的眼光和辩证的思维看待问题，才能在继承中不断超越与创新。

（一）"双基"教学目标窄化教育教学内容

"双基"教学的确在推动学科知识快速传递方面有一定效果，对我国当时急切"扫盲"式教育运动起到了积极作用。但其过于强调学科知识传授而忽视学生的社会生活和学习感受，因而遭到批判。虽然"双基"包含知识和技能，但"技能"往往是"知识"的附属品，只是为了弥补"知识"一词的不足。实际上，知识和技能在"双基"中的地位是不平等的。从论述"双基"的相关著作的字里行间可以看到，"知识"居于"双基"中的核心地位，"技能"居从属地位。虽然"双基"教学的内容是基础知识和基本技能，但人们一提到"双基"都会强调应试与效率。由于其过于强调完整学科知识体系的教学，因而造成了学生学习兴趣的降低，

其中的"技能"也被认为窄化为"做题的技能",进而导致很多学生学完了知识之后不会运用到社会生活中,造成了大家经常批判的"高分低能"现象。有学者将我国基础教育培养的学生缺乏问题意识和创造力,也归咎于"双基"教学。如李松林、杨静指出:强调知识的教学,却又使学生的知识学习陷入庞杂、零散而缺乏整合;强调解题技巧的训练,却又使学生的技能学习停留于浅表、机械的水平而缺乏创造。①

也有研究者认为,"双基"理论本身即是错误的。之所以错误,原因在于:它将学科基础知识和基本技能(双基)看作是教育教学的全部基础。而事实上,儿童的本能与无意识乃至于儿童的身心发展,才是教育教学基础的基础。他们指出,如果抱住"双基"理论不放,中国的课程理论永远难以与现代课程理论接轨,难以走出"应试教育"的魔掌,难以走出目前基础教育改革的瓶颈和困局。②正是"双基"教学观自身存在的局限与不足,引发了改革者更多的思考,从一定程度上催生了"四基"概念的提出。

(二)"双基"教学不利于学生的个性化发展

关注学生的个体差异,既是因材施教的必然要求,也是促进学生个性发展的客观需要。然而"双基"教学目标,忽视了学生之间的个体差异,不利于学生的个性化发展。"基础知识"和"基本技能"关注的重点在于学习的结果,要求所有的学生在预定的时间内达到预定的目标。因为是"基本"的,所以要求每个学生都应该达到,也就缺乏对学生学习能力和学习基础的考虑。在教学过程当中,教师追求的是学生对知识的熟练掌握,所以教学方式是精讲多练,教学理念是"熟能生巧"。教师在

---

① 李松林,杨静. 基于学科思想方法的整合性教学研究 [J],课程与教学,2011(1):43.

② 刘晓东. 摒弃"双基"理论,树立儿童本位的课程观 [J],全球教育展望,2010(6):18.

讲解的过程当中，尽可能做到细致入微，力求让每一个学生都能够了解到每一个知识点"是什么、为什么、有什么用、如何用"。在"双基"教学模式下，教师主要采用控制型课堂，强调对基础知识的记忆和理解、基本技能的熟练掌握。

在知识经济时代，培养学生的创新精神和实践能力成为素质教育的根本要求。计算机技术的飞速发展与网络时代的到来，拓宽了知识的获取途径，大大提高了知识获取的便利性。人类对知识的储存不再依赖于大脑，而是借助于数据量巨大、便于提取的计算机和云存储。同时，烦琐的计算也都借助计算机完成，这在一定程度上降低了对基础知识、基本技能的要求。过去鼓励学生为掌握"双基"而发扬"螺丝钉精神"，不断钻研，精益求精，现在则需要学生积累丰富的实践经验，掌握基本思想，鼓励其"异想天开"，形成创新意识。因此，在以"核心素养"为育人导向的今天，突破"双基"论的局限成为时代新的呼唤。

(刊于《河南教育（基教版）》2016年第12期)

试论学科德育的问题与出路

学科教学因其内生道德追求而使德育本源地成为教学的应有之义。然而,长期存在于我国教育发展历史中根深蒂固的德育"工作意识"以及在其实践下形成的德育"渗透说"的误导,造成教学与德育的二分和学科德育形式主义的现象。学科德育的根本问题在于道德"外求"的思路,学科德育不应该成为关于"学科教学中如何实施德育"或是"德育如何与学科教学相融合"的问题,而是学科教学如何实现育人价值的问题。学科德育问题的唯一出路,在于实现教学回归"育人"的本原。这需要教师不断提高学科育人意识和"德能",按照学科育人价值实现的需要开展教学设计,并实现"生活化"的教学。

学科德育的基本理念,是要求各个学科的教师都参与到德育工作中,而不是将德育工作视为德育课或德育教师的专属任务。[①] 不仅如此,也正是学科教学内在的德育优势为其提供了合理性。《国家中长期教育改革

---

① 叶飞. 学科德育的实践意蕴及其实现途径 [J]. 课程·教材·教法. 2009 (8).

和发展规划纲要（2010—2020年）》明确地确立了"育人为本"的教育工作方针和"德育为先"的战略主题，指出要把德育渗透到教学的各个环节，增强德育工作的针对性和实效性。然而，看似是对德育地位的一次"拨乱反正"，却蕴藏着德育迷失和贬低教学的危险。德育是教学的应有之义，更是教育教学的最高目的，也是最终目的，这不管是在人类的先验认识领域，还是在中西方教育教学的历史实践领域中都是颠扑不破的真理。由于我国特殊的历史文化发展背景形成的德育"工作意识"以及德育"渗透说"的误导，造成教学与道德分离的二元思维和教学实践中的德育形式主义现象，教学丢掉了灵魂，迷失了方向；德育拥有了"荣誉"，却走向了孤立。新课程改革倡导的课堂教学的三维目标，即"知识与技能、过程与方法、情感态度与价值观"目标，其中情感、态度与价值观即是课堂教学的德育目标。这一重大改革致力于实现知识和道德、教书和育人以及教学和教育的统一，使德育回归学科教学的核心地位并顺理成章地成为课堂教学的内在价值追求，而不是学科教师额外的道德义务。学科德育的理论研究和实践迎来了新的希望。本文尝试通过对学科教学内在道德价值的阐述，分析当前我国学科德育存在的问题及根源，最终探寻出一条学科德育的问题解决之路。

一、学科教学内生道德追求

（一）教育（教学）以道德为最高和最终目的

教育，是培养人、铸就人灵魂的事业。我国著名的教育学者杨贤江曾言："自有人生，便有教育。"人类从原始社会到近现代社会经历了从野蛮到理性、从无知到有知的蜕变，而在此过程中，好似着了魔似的，对"善"的追求如饥似渴，从不曾停止——即使是文明的进程受到一时的挫折和倒退，即使是"善"的人性被利用或引诱。而这正是人性使然，且无论是"性善论"者还是"性恶论"者，都认为，人应该具备"道德",而不是必须具备它。教育一直承担着认识生命、净化灵魂、塑造精神、提升智慧、完善个性、教人向善的职责,而教学自古以来作为教育最主要的形式,其目的也必然是助教育成就其伟业,更何况在古代"教学"本就与"教育"同义。中西方古代的教学实质上等同于德育。原始社会时期,"儿童通过日常生活以及参加宗教或节庆的仪式、歌舞、竞赛等形式接受道德教育。德育以培养年轻一代对神灵、首领的虔敬、对长者的尊敬、对氏族与部落的责任的理解、对原始宗教仪式的掌握以及形成其他社会习俗所鼓励的道德品质等为目标"[1]。早在两千年前,我国儒家就在教学中推行因材施教和分类教学,形成"德行、言语、政事、文辞"四科之教和"诗、书、礼、乐、易、春秋"六艺之学,"注重伦理修身之术,强调为政以德,伦理与政治高度融合"[2]。目的是便于学生根据自身禀赋,提高人生修养。甚至《大学》开宗明旨:"大学之道,在明明德,在亲民,在止于至善。"《学记》论教时则说:"教也者,长善而救失也。"西方古代则形成了"文法、修辞、辩证法(逻辑)、算术、音乐、几何、天文"等七艺之学,注重塑造儿童心灵和培养智慧,并使人具有"严肃、勇敢、慷慨、高尚"等优秀品质;中世纪的教学则主要传授神学知识。尽管中西方古代教育与政治高度融合,具有较强的等级性、专制性,是为统治阶级的利益服务,但其目的却都是培养人的美德,古代教育以伦理为本,以道德为目的,"它几乎是以道德为唯一目的,因此,古代教育实质就是德育"[3]。由于当时人的思想纯粹、性情烂漫,人对德行的追求也更执着和坚定,且具有原初朴素的品质。道家和儒家都把道德

---

[1] 檀传宝.简论学校德育的历史进程[J].清华大学教育研究,2000(2).
[2] 王本陆.课程与教学论[M].北京:高等教育出版社.2004:149.
[3] 黄向阳.德育原理[M].上海:华东师范大学出版社.2000:31.

作为人生存的基本方式。如道家讲，在天为"道"；承"道"而为，是为"德"。① 孟子讲："吾身不能居仁由义，谓之自弃也。仁，人之安宅也；义，人之正路也。旷安宅而弗居，舍正路而不由，哀哉！"（《孟子·离娄章句上》）为仁行义才是为人之道。② 苏格拉底也指出，人获得幸福的唯一办法是拥有普遍的绝对的"善"的理念。

西方社会伴随着对中世纪黑暗时期的反叛逐渐迎来了宗教改革和文艺复兴运动，以及资本主义新文化，人性得以释放，教育也从宗教的垄断中解放出来走向世俗化，并确立了形式化的学校教育。这个时期的教育，"力图在恢复与发扬古希腊'身心既美且善'的教育传统的名义下，解放被束缚的个性，造就个性完善的人格"③。"作为教育题中应有之义的善，从'善良'之善扩充为'完善'之善。"④ 学校的学科教学内容逐渐分化，"教"与"学"成为学校中的基本活动形式。然而，面对学校教学的价值问题，赫尔巴特认为，"教育的唯一工作与全部工作可以总结在这一个概念——道德——之中。道德，普遍地被认为是人类的最高目的，因此也是教育的最高目的。"⑤ 学校教学在教给人科学知识和实用技能（即培养人多方面兴趣）的同时，也应该成为形成学生美德的重要途径。他第一次明确提出"教育性教学"的概念，他是想告诉人们，真正的教学是"成人"的伦理活动，教学必须以育人为目的，而且"教育"（德育）也必须以理智能力的培养为基础，这种理智能力的获得可以"通过提供多方面的兴趣加速观念的统觉过程从而逐渐扩大和完善为'思想之环'"来实现，因此，教学作为实现教育目的的手段，必须能够激发学生"多方面的兴趣"，也就是说，教学要尊重完整的人格，符合人的天性。

---

①② 王凯．教学作为德性实践——价值多元背景下的思考［M］．江苏：江苏教育出版社．2009：118．
③④ 陈桂生．普通教育学纲要［M］．上海：华东师范大学出版社．2012：9．
⑤ 张焕庭．西方资产阶级教育论著选［Z］．北京：人民教育出版社，1979．

只有这样，道德才能成为人内心的一种自由意志，否则只是一种服从外界规则的道德行为。赫尔巴特"为教学设置了伦理的基础，使教学散发道德的光辉，使教学回归'成人'的终极目的……教学不再是为知识而教学，而是为人教学，为了人成为内心自由的道德立法者而教学"①。近代学校教育以学生人格完善发展为目的，教学中"善"的唯一目的有所淡出，教学被视为达成教育目的的手段，"道德"成了教育的最高目的，且把理智能力的发展看作是道德判断和道德行为的必要基础，从而成就了理性德育的实现。然而，经过苏联教育家凯洛夫的改造，后经国内学者在新中国成立初期特殊历史背景下的解读或利用，赫尔巴特的"教育性教学"成了"在教学的过程中向学生传授系统的知识和客观规律性认识以及唯物主义的世界观，这样学生就会自动获得共产主义的思想教育，从而达到育人的目的"，"凯洛夫认为道德是外在于人的社会性标准，道德教育就是把社会性的标准植入学生的头脑。这是造成我国课堂教学专注于向学生灌输道德知识问题的一种理论根源"。②因此，一些学者开始批评"教学的教育性"，指出它仅仅注重如教学中渗透德育、设置德育课程等，这些德育都是倾向于对儿童外施的、刻意的、有形的、知性的、可比较和控制的方面，外施性的德育难以进入儿童心灵深处，因而低质低效。③

赫尔巴特对"教育"和"教学"的区分潜藏了"道德"从"教学"中被剥离的风险，也使学校的工作发生了分化的可能性，他本人也把"学校工作分解为从'管理'到'训育'、再到'教学'推进的过程"。④

---

①② 王凯."教育性教学"的误读——兼论赫尔巴特教学伦理思想[J].全球教育展望，2007（11）.

③ 王凯.教学作为德性实践——价值多元背景下的思考[M].江苏：江苏教育出版社.2009：92.

④ 陈桂生.普通教育学纲要[M].上海：华东师范大学出版社.2012：20.

时至19世纪中叶，赫尔巴特学派尝试把赫尔巴特关于学校工作过程的历史性分析，转为对学校工作职能的同时性分析，即同时实行"管理""训育""教学"和"养护"。① 在1860年英国教育家斯宾塞的《教育论》中，教育正式出现了"智育""德育"和"体育"的分野。进入20世纪，资本主义国家制度在世界范围内普遍确立，科学技术飞速发展致使社会分工日益精细，鉴于民主化、社会化的客观需求，人的社会性的发展引起各国普遍重视，教育的目的逐渐由近代的"人格（个性）的完善"走向"社会性人格的完善"，"'人的社会性'成为人的'完善'题中应有之义"。② 而"'社会性'并非'个性'简单相加的结果，不是'个性的总和'，而是超越（不是去掉）个性的特殊规定性。其中包括社会秩序、社会效率之类的规定性"。③ 人的社会性的教育，其实是对人参与现代社会公共生活的意识和行为规范提出了更高的道德要求，而更高层次的道德必然不是仅仅靠传统俗约就可以完成的，而是必须依赖于人内在的理性力量，而学科教学正是为人的理性的培养提供重要的基础，且教学的一切价值都在于此。

随着内涵的分化，教育逐渐形成了"德育""智育""美育""体育""社会教育"和"技术教育"各部，教育的目的被具体化为多个方面，学校的教育也被表述为多方面的工作。在我国，学校工作主要分为"德育工作""智育工作""体育工作"等几个部分。在20世纪后半叶，科学技术至上论盛行，我国教育在工业经济时代"效率"崇拜的影响下走向标准化、规模化的发展模式，追求教育的功利价值，学科教学只顾给学生灌输知识和技能，而忽视了道德的熏陶，学校教育几乎由"智育工作"

---

① 陈桂生.普通教育学纲要［M］.上海：华东师范大学出版社.2012：20.
② 陈桂生.普通教育学纲要［M］.上海：华东师范大学出版社.2012：10.
③ 陈桂生.普通教育学纲要［M］.上海：华东师范大学出版社.2012：11.

和"智育工作者"完全霸占;德育逐渐远离了学科教学,道德教育的课堂变成了道德知识灌输的课堂,学生道德修养水平严重下降。

(二) 学科课程内存道德价值

学科课程是从各科学领域中选择部分内容、分门别类组织起来的课程体系,课程内容的选排与组织体现着国家、民族的意志和人民广泛认同的价值观。中小学的每一门课程都有其独特的道德价值。比如:语文课蕴涵正义、同情、人际敏感、人道主义等道德价值;历史课蕴涵正义、善恶、宽容、理解等道德价值;外语课则有尊重、国际理解、宽容等道德价值;数学课内含严谨、坚韧等道德价值;科学课则含有敬畏、感恩等道德价值。[1] 教师依据课程开展教学,学习者不仅能够从中掌握科学知识与技能,更能在潜移默化之中养成相应精神气质。培根说:"史鉴使人明智;诗歌使人巧慧;数学使人精细;博物使人深沉;伦理之学使人庄重;逻辑与修辞使人善辨别。"[2] 可谓是"学问变换气质",其德行便油然而生。学科课程的内容是人类智慧的结晶,也是人类道德理想的载体,每一门学科课程都有其所涉及的道德问题,比如科学涉及生活与死亡,地理关涉环境问题,历史关涉发展问题等等;然而,这些课程的精义却往往只存在于教师的经验世界,很难转化为学生的经验。因此,"能不能把'教师实施的课程'转化为'学生经验的课程',在颇大程度上取决于学生自主参与课程活动的程度"[3]。西方国家的学科教学就特别注重课程活动中学生的主动参与,让学生在完成学科课题研究、实践调研、合作探究的过程中以及在现场教学的过程中,获得各学科知识的深刻体验、理解、建构与应用,并引导学生的思维向学科知识中的伦理问题延

---

[1] 朱小蔓.教师专业发展与教师的道德影响力 [J].临沂师范学院学报.2006 (1).

[2] 弗朗西斯·培根.培根论说文集 [M].北京:商务印书馆,1983:180.

[3] 陈桂生.普通教育学纲要 [M].上海:华东师范大学出版社.2012:236.

伸,从而实现知识与道德的联结。同时,他们也并不拒绝直接告诉学生科学知识和世俗世界的各种真相,更期望通过正、反两方面的对比分析,帮助学生自主形成道德判断与决策能力。他们在教学中能够真正尊重人的主体性,并时刻自觉学科课程的育人价值。而我国的学科教学,且不论各学科课程是否真正具备了本身应有的教育价值,单就教师的教学来看,到处充斥着虚假的主体意识、贬低学生能力、忽视学生权利的现象,学科德育效果当然不会理想。

(三) 教学作为一种"德性"实践

20世纪后半叶,英美国家开始了富有成效的教学伦理(道德)研究,从对"教学"概念的语言分析到对课堂教学中道德问题的现场观察与理论陈述,向人们展现了教学中潜藏的道德维度和道德复杂性。汉森将西方教学道德研究的成果归纳为四点:一是教学具有内在固有的德性。道德属性不是置入课堂教学之中,教学本身就浸透着道德意义。二是教学同时致力于智力与道德活动。对教师工作的研究表明,道德与智力的行为相互依赖。三是教师在课堂上的任何行为都表现出道德意义,即使教师本人没有明确意识到。四是教师决策、教师思维、教师认知的方式都应该从伦理道德方面考虑。[1] 西方教育学者将麦金太尔的实践概念引入教学,使得教学成为一种能够获取德性的实践。"德性是人类的一种获得性品质。拥有和实践它,会使我们获得实践的内在利益;缺少它,会严重阻止我们获得任何这样的利益。"[2] "德性并不是外在于人类社会活动的规范,约束着人类的限时活动;德性乃是人类社会获得的内在生成

---

[1] Davie T. Hansen. Teaching as a Moral Activity. Virginia Richardson. Handbook of Research on Teaching, 4th ed. Washington, DC: American Educational Research Association, 2001: 826.

[2] 王凯. 教学作为德性实践——价值多元背景下的思考 [M]. 江苏:江苏教育出版社. 2009: 104.

之品格，它引导人们追求社会生活的卓越，享受每种独特社会生活的内在欢乐。"① 作为德性实践的教学不是坚持道德外求的思路，以外在的道德规范塑造道德的人，而是将教学还原为社会生活，让学生感受学习带来的内在利益，让学生在探究知识的过程中，在不断追求自我超越的过程中，在与教师思维和情感共鸣的过程中，在与同伴交流互助、展开"君子之争"的过程中，不断提升严谨细致、勇敢坚毅、向上向善、求真求美的道德品质；作为德性实践的教学实质上是成为教师和学生共同建构的一种有意义的生活，教师和学生从中实现不同的成长，却获得同样幸福的体验。在作为德性实践的教学中，"师生是道德的主体，不是有待灌输的道德空罐。教学育德不应该是由外而内向师生强加某种道德规范，而是师生基于实践主动生成德行品质"②。

　　教学既是求真，也是求善的活动。③ 因为其求真，才造就了它几百年来被无限尊崇的地位；更因为它求善，才为人类自始至终追随朝拜。但其在求真的道路上受到科学主义的蛊惑和工业化时代膨胀起来的功利主义的驱使逐渐放弃了求善的追求，导致求真的知识教学沦为没有信仰和道德的虚假交易。放弃了灵魂，迷失了方向的教学终究要失去高贵的地位而被人唾弃。难怪赫尔巴特说：教学如果没有进行道德教育，只是一种没有目的的手段；道德教育如果没有教学，只是一种失去手段的目的。如果只能是一种手段，那么它就极易被外界引诱、利用或遭诟病。在"效率"崇拜的工业经济时代，我国学校教育长期以知识技能的传授

---

　　① 王凯.教学作为德性实践——价值多元背景下的思考 [M]. 江苏：江苏教育出版社.2009：104.
　　② 王凯.教学作为德性实践——价值多元背景下的思考 [M]. 江苏：江苏教育出版社.2009：121.
　　③ 王凯.教学作为德性实践——价值多元背景下的思考 [M]. 江苏：江苏教育出版社.2009：81.

为中心，坚持以知识的掌握程度为标准的评价体系，追求教学的工具价值，忽视课程本身固有的道德价值而在课程之后从外向内施以道德信条的灌输与说教，疏于学科思想的启迪和人文素养的培育，导致创新能力的缺失和精神信仰的严重危机。新课程改革正是基于这样的现实需要做出变革，使课程回归人的生活世界，尊重人全面的主体地位，重视课程与教学的育人价值。教学作为一种"德性"实践，具有实现师生生命共同成长的内在利益，而内在利益的获得需要师生在教学过程中建立起平等、民主、和谐的师生关系，在民主对话中、在主动追求卓越中实现。

二、学科德育的困境及其成因

学科德育的基本理念，是要求各个学科的教师都参与到德育工作中，而不是将德育工作视为德育课或德育教师的专属任务。[①] 但站在德育的角度思考学科教学中的德育实施问题，其本身便强化了德育的工作属性和工作意识。德育的工作专属化和课程化客观上造成了"德育工作和非德育工作""德育工作者和非德育工作者"的存在，忽视和削弱了学科教师在德育中的地位和作用，暗合了应试教育强压下一部分教师追求教学的功利价值而放弃道德教育责任的心理需要，以至于普遍出现"灌输式""附带式"德育等教学与德育貌合神离的现象，学生们缺少道德体验，从而降低了德育实施的有效性。而造成上述现象的原因还存在于另外一个应该值得关注的方面，即德育"渗透说"带来的歧义和误区。

德育"渗透说"是在新中国成立初期德育"政治化"、德育"工作意识"以及独特的历史环境和语言环境等综合因素作用下产生的德育认识，现代普遍认同"德育渗透是指将德育目标通过各种途径，依据德育与其

---

① 叶飞. 学科德育的实践意蕴及其实现途径 [J]. 课程·教材·教法 .2009 (8).

他领域的联系,运用各种手段与措施以不易察觉、润物细无声的方式将德育内容缓慢地传递给学生的过程"①。学科德育是我国学界对"在各科教学中进行德育"的简称,其作为直接道德教学有效补充的德育方法被赋予"间接式、渗透式、隐蔽式"的特征。但"渗透"一词在使用中的模糊性和误导性,造成了德育实践上的困境:"渗透"一词产生于近现代,在我国古代并没有出现。② 古代一般都将"渗"和"漉"连在一起表达意思。《说文》曰:"渗,下漉也。"③ "渗"的本义为水往下渗透,现指液体慢慢地透过或漏出。而"透"作为动词,有两层意思:一是跳跃,《说文新附》曰"透,跳也"④;二是穿过、透过,《徐霞客游记·游黄山记》中有"渐渐透出"。作为形容词有"达到饱满、充分的程度;透彻、完全"之意。《现代汉语词典(第7版)》中"渗透"为动词,有三种解释:①两种气体或两种可以互相混合的液体,彼此通过多孔性的薄膜而混合;②液体从物体的细小空隙中透过;③比喻一种事物或势力逐渐进入到其他方面(多用于抽象事物)。"渗"和"透"组合在一起,在用法上形成了两种不同的认识:一是形容词性的。比如,讲"学科德育"是渗透式的,即是说明作为以态度和行为的改变为目的的德育可以像液体渗透的过程悄无声息地发生一样也在学科教学的过程中发生,而在事实上,人的思想和行为的转变确实不易像知识学习、技能训练那样可以骤然达成,从这个意义上讲,学科德育是渗透式的有一定道理。二是动词性的。比如说在学科教学中渗透德育,这里采用上述的第三种定义,即认为德育作为一种势力或事物逐渐进入到学科教学之中,其暗示了德

---

① 陈发军.课堂德育渗透机制研究[D].上海:华东师范大学,2006.
② 刘慧,李泽龙.学科德育:"渗透""融入"还是"体现"[J].中国德育,2014.
③ 张章.说文解字下[M].北京:中国华侨出版社,2012:370.
④ 张章.说文解字下[M].北京:中国华侨出版社,2012:347.

育进入之前的学科教学中不存在德育或不追求德育,许多教师将学科德育理解成"在课堂教学中将主流意识形态和价值观以及社会公认的道德规范传递给学生",基于此,多数学科教师便在教学中寻找、挖掘或创造德育资源和条件,研究渗透方法,绞尽脑汁地追求德育实效,结果却普遍产生临时性的、随机性的、形式化的德育。其原因在于割裂了"教学"与"德育"之间的内在联系,将德育视作教学之外的事物。岂不知教学与德育是硬币的两面,教学的过程就是德育的过程。

德育"渗透说"的弊端已经为许多论者所提及,因此有论者提出"体现""彰显"等说法,意识到要从学科教学本身寻找德育困境的出路。但在"德育工作"的意识下,多数有新意的研究依然不时流露出教学与德育之间的隔膜,思维仍显保守,论证不够有力。既然学科教学与德育是一体共存的,既然学科教学中呈现德育就是要让学科本身所具有的德育之本性、德育之元素在学科教学过程中显现出来,既然要彰显教学的人文性,那为何还要"挖掘"教材中的德育资源呢?难道课堂教学中还存在不能够进行德育的内容吗?难道课堂教学中还存在着不适合进行德育的时空吗?这种德育思维依然是割裂的、碎片化的。"美国历史上最有影响力的哲学家和教育家杜威曾经谈道,教师的教学每时每刻都在对学生进行道德教育。如果说在道德教育方面存在问题的话,并不是因为没有专门开设道德课程,而是因为整个学校的气氛和理想、教师品格的影响、教师的教学方法和教材没有使知识与道德教育有机地结合起来。"[①]

然而,如果说"渗透"一词的误导性造成多年来道德教育形式化的困境的话,岂不贻笑大方?理性地审视学科教学与道德教育会清晰地发现两者均存在本源性的问题:道德教育内涵与外延模糊;德育目标不清晰,操作性不足;德育主体错位,学生只是被动地接受外在道德规范的

---

① 高峰. 透视国外学科德育[J]. 上海教育,2007(5).

约束而很少参与制定,丧失了作为道德主体的理性能力和作为人的尊严与价值,进而缺乏道德自律与自觉;德育只重视知识学习而缺乏真实生活体验,造成学生虚假的道德理性、伪善的道德情感和脆弱的道德实践。学科教学只重视知识记忆与思维训练,课堂上充斥着无奈的说教与苍白的对话,缺少尊重与信任,学生们无法获得合作的乐趣、成长的激情以及知识的真、善、美;学科教学没有培养起人对知识、对理性的谦卑与崇拜之心,没有培养起人对科学、对自然的感恩与敬畏之心,没有培养起人对他人、对社会的宽容与体谅之心,没有培养起人对国家、对历史和未来的责任与担当之心,终变得德性尽失。原因在于工业经济时代对"效率"的盲目崇拜形成的功利主义和工具理性主义对教育的控制与奴役,使得教育遗忘了对本真"善"的追求,教学也因此迷失了道德的方向,走向了极端片面的发展道路。

至此,可以得出结论,当前我国学科德育的问题是"教学"与"德育"的二分,其根源在于道德"外求"的思路。"因为它遵循'外求'的思路:道德外在于教学,规范外在于学生,学科育德只是要求学生接受外在于教学的道德规范。因为'外求',教学没有自身的德性,教学沦为达成外在道德规范的工具。外在的道德规范不由内在于教学中的人主宰……因为'外求',教学只是迎合特定的社会道德规范,按特定时期的规范塑造道德的人,为未来的社会培养道德的人。这里显然出现了错位,教学因此可能遏制人的道德发展。"[①] 而问题的根本出路在于"把教学还原为社会生活,突出教学活动的内在道德,让师生在教学活动中成德达材,获得最自然、最有力、特有的德性品质"[②] 。即实现道德"内求"。孟子说:"行有不得,反求诸己。"学科德育的问题,不是外在、外部"渗透"的

---

①② 王凯.教学作为德性实践——价值多元背景下的思考[M].江苏:江苏教育出版社.2009:110.

问题,而是内在、自身、本身"自然而然呈现"的问题,是"溢出"的问题,是"洋溢"的问题。作为学科教师,还真是应该更新教学理念,强化育人意识,真正走进课程,多在教学"本身"上下功夫。

三、学科德育的出路

学科德育不是为学科教学外穿一件"道德"的袈裟,学科教学自身就具有并且应当表现出伦理和道德的特质。① 学科德育要回归正途,必须扭转外求道德的思路,转而在学科教学内部寻找出路。学科德育不应成为关于"学科教学中如何实施德育"或是"德育如何与学科教学相融合"的问题,而是学科教学如何实现育人价值的问题。

实质上,学科德育的问题可以转化为教学伦理问题加以研究。国家新课程标准提出了课堂教学的三维目标"知识与技能目标、过程与方法目标、情感态度与价值观目标"的要求,这是对教学回归"育人"本原的体现,是为了实现知识与道德、教书与育人、教学与教育三个统一。雅斯贝尔斯认为,"教学应当使教育的文化功能和对灵魂的铸造功能融合起来……教学活动中的读、写、算的学习并不(只)是技能的获得,而是从此参与精神生活……以正确的方式传授知识和技能,其本身就已经是一种对整个人的精神教育。"② "说通俗点,'教书'不等于'育人','育人'的关键在于让学生经历正确的'过程与方法'来获得必要的'知识与技能'。否则,'教书'不仅没有达到'育人',而且有可能导致'害

---

① 李敏,张志坤. 审议与反思:学科德育的教学表现样态[J]. 教育发展研究. 2014(22).

② [德]雅斯贝尔斯. 什么是教育[M]. 北京:生活·读书·新知三联书店,1991:1,35,149.

人'。"①

因此,新课程的三维目标决定了教学的过程便是参与道德生活的过程,教和学的体验也是对"善"的体验。新课程背景下学科德育的出路,就是在学科教学中让学生经历正确的过程与方法来获得必要的知识与技能,并发挥其道德影响,最终形成课程蕴含的情感、态度与价值观。中小学各学科教学中实施的德育基本要求已经蕴藏在各科知识之中,只需学科教师以正确的过程和方法呈现出来达成目标即可,不需要刻意在知识学习的同时额外添加育人环节。

(一)提高教师学科育人意识和"德能"

每一门学科都有独特的育人价值,例如:历史培养爱国之心,唤醒民族意识,使人明晰社会之结构与演进以及个人之于社会的关系;地理使人了解人类制驭环境的能力,知晓城市分布、经济情势以及习俗文化的差异,亦可激起学生的爱国、宽容之心;语文能够凝聚民族意识,陶冶情操,激发志气;科学可以为人类谋求福利,驾驭自然,并形成感恩、善良之心;艺术能陶冶性情,启发美感,使人向上向善;体育能强健体魄,锻炼意志,使人自信,稳固德行;等等。各科教学道德效力的发挥程度因人而异,取决于教师对学科内容育人价值的洞见与敏感程度以及设计和实施教学的智慧。

因此,要突破学科德育困境,首要任务是学科教师要提升育人意识,要意识到各科知识的学习只是人类达成善的目的的基础和前提,"阅读、写作、数学等学科,只有在用来把我们的孩子教育得更有人性时,才显得重要"②,发现和培养人自身内在的德行才是教学的最终目标。其次需

---

① 崔允漷. 追问"学生学会了什么"——兼论三维目标[J]. 教育研究,2013(7).

② [美]海姆·G. 吉诺特,冯杨等译. 老师怎样和学生说话[M]. 海口:海南出版社,2005:239.

要提升教师的"德能","对教师而言,'德能'包含两种基本的能力。其一是'道德能力'……是指个体选择道德价值、实践道德价值的能力……其二是道德教育能力……是指应对教育教学中道德伦理问题的基本能力。它包括敏感觉知道德问题的能力、善于道德推理与引领的能力,以及对不同道德观点宽容与信任的基本能力"[①]。在道德"外求"思路的学科教学中,教师充当的只是外在道德规范的传达者,学生只是外在道德规范的接受者和执行者,然而在"内求"道德的教学思路下,各科教师应该成为学生德性成长的引领者,要让学生既成为知识学习的主体,也成为道德主体,参与教学中伦理规范的讨论与制定。教师德能的提升旨在为教学营造一种道德生活的气氛做准备。各科教师要能够敏感觉知课程内容中真正有效用的道德价值,认真思考知识通往"善"的境界的可能路径,并能够清晰引领学生从获取知识与技能的过程和方法中通达背后的思想、情感以及价值观。"德能"应该成为各学科教师的专业素养,这种素养的形成以学科素养的提升为基础,并在教学实践的道德自觉以及对道德问题和教学伦理问题的研究与反思中实现。

(二) 按照学科育人价值实现的需要开展教学设计

学科育人价值的实现不是朝夕促成的事情,它需要学科教师在每节课的育人目标的达成中实现。因此,新课程背景下的学科教学目标的设计可以尝试以"情感、态度与价值观"这一德育目标为主进行设计。叶澜教授在其《重建课堂教学价值观》一文中也曾指出:"为拓展现有学科的育人价值,新基础教育要求教师在做教学设计时,首先要认真地分析本学科对于学生而言独特的发展价值,而不是首先把握这节课教学的知

---

① 王凯. 教学作为德性实践——价值多元背景下的思考 [M]. 江苏:江苏教育出版社,2009:173.

识重点与难点。"① 崔允漷教授也在其《追问"学生学会了什么":兼论三维目标》一文中详细论述了教学目标的叙写,即"以三类目标定位,以三阶目标立意,以三维目标叙写",在论述"指向意义的三阶目标"时,指出:"如果从学生学习意义形成的过程来看'学生学会了什么',由外而内、从知识到意义大概可以分成三层阶梯式的目标:一是知识与技能目标;二是过程与方法目标;三是意义与价值目标。此分类的意义在于,让教师认识到知识与技能目标只是学生意义形成的'载体'或'入门线',不同的过程与方法会导致不同的意义。"② 因此,以"情感、态度与价值观"为主设计教学目标,能够达成两个目的:一是时刻提醒教师教学的道德追求,二是使知识与技能、过程与方法更具育人效力。

学科教学对德育的直接作用表现在,通过系统的文化知识的学习可以有效提高学生的理性能力,这可为道德教育提供必要的工具性前提。苏霍姆林斯基说,学生在学校学习的自然、社会、思维方面的知识,是世界观和正确的道德行为的基础。而这种理性能力则来源于对各学科特有的思想和方法的掌握。学科思想是学科的灵魂和精髓,体现了人们对学科本质、特征和价值等方面的基本认识,学科思想通过学科方法具体表现出来,比如:历史学科中的人本思想、唯物论、对比方法、规律说;物理学科中的等效替代思想、对称的思想、极限的思想、图解法、类比法、整体法与隔离法;数学学科中的化归的思想、换元的思想、数形结合的思想、极限的思想、转化法、筛选法、排列法等等。学科思想方法是对学科起着决定性作用的基本思想方法,它不仅能够反映学科知识本质、揭示学科学习规律、阐明学科思维特点,还可以促进分支学科发展,

---

① 叶澜.重建课堂教学价值观[J].教育研究,2002(5).
② 崔允漷.追问"学生学会了什么":兼论三维目标[J].教育研究,2013(7).

提升学生学科综合素养发展。① 学科思想和方法反映了学科特有的科学价值和人文价值，是教师实现学科育人价值的核心资源，也是达成学科德育目标（即情感、态度、价值观目标）的唯一捷径。对学科思想和方法的深度领会和掌握能够真正培养起学生相应的思维与气质，有了这种理性思维和气质，学生将会在实际生活中实现认知、情感和态度的迁移并采取行动。因此，学科教学要以学科思想和方法为主线构建教学内容或课程体系，将分散的学科知识点统整为完整的知识结构，使学生在掌握知识点的过程中逐步掌握学科方法，进而认同和理解学科思想，再在教师创设的生活化的教育情境中亲身体验与实践之后，最终内化形成自身的情感、态度与价值观。

（三）实现"生活化"的教学，达成学科德育目标

新课程改革的核心理念，是"以学生为本"，学生不是被人任意控制和塑造、供人驱使和使用的工具，而是具有内在价值追求的特殊存在。学生首先是人，是需要走向生活的人。人只有走进生活，才能够变得真实；知识只有用于生活，才能具有德性。正如杜威所言：数学及自然科学本身不是目的，它们只有被运用于认识和改造社会，才具有道德的意义……当道德生活的重心集中在运用理智去诊断和消除社会生活情境中的各种不幸时，理智的事物本身就变成了道德的事物。②

实现"生活化"的教学，可以从两层意义上理解：一是"意义"层面，即"教和学是教师和学生的一种存在方式，教学世界也是教师和学生在自己的生命活动中创造着有意义的'生活世界'"③。实现"生活化"

---

① 杨静. 基于学科思想方法的整合性教学研究 [D]. 四川师范大学硕士学位论文. 2011：17.

② J. Dewey, Reconstruction in Philosophy [M] // The Middle Works of John Dewey (1899—1924). Southern Illinois University Press, 1982：178—179.

③ 迟艳杰. 教学意味着"生活" [J]. 教育研究, 2004 (11).

的教学，使教师不再把教学看作是一种谋生的手段，而是人生一段丰富的生活体验，教师可以从自身的成长和与学生们的感情交流中获得生活的意义，从而对工作充满激情与责任；学生也不再把分数作为学习的目的，而是主动投入到有意义生活的建构之中，感受学校生活的乐趣，进而实现自主的成长与发展。处于"生活化"教学中的师生关系是超功利的、超知识性的、超越主客认识的关系。在这种生活中，教师和学生会分别以内在体验的方式和民主、平等的方式参与教学，从而真正实现"我与你"的共融。只有实现"生活化"的教学，教师才能够自觉地关注学生的精神成长，才会在教学中不断追求道德的方式和目的。

　　二是"事实"层面，即教师应更多地创设生活化的教育情境和课程活动，使学生尽量能够在实际生活境遇中感受学科知识的价值及其中蕴藏的人性光辉（因为一切科学知识都发端于人性，并经历社会道德伦理的考量），获得学科思想的理解与应用，从而主动参与道德生活的实践，实现道德问题的解决。生活化的教学更加注重学生面对现实问题时的理解、判断、反思与解决，更加注重师生之间的平等对话，更加关注学科知识在实际生活中的应用和在个体道德实践方面的价值体现。"每个学科对学生的发展价值，除了一个领域的知识以外，从更深的层次看，至少还可以为学生认识、阐述、感受、体悟、改变这个自己生活在其中并与其不断互动着的、丰富多彩的世界（包括：自然、社会、人；生活、职业、家庭；自我、他人、群体；实践、交往、反思、学习、探究、创造；等等）和形成、实现自己的意愿，提供不同的路径和独特的视角，发现的方法和思维的策略，特有的运算符号和逻辑；提供一种唯有在这个学科的学习中才可能获得的经历和体验；提升独特的学科美的发现、欣赏和表达能力。唯有如此，学生的精神世界的发展才能从不同的学科教学中获得多方面的滋养，在发展对外部世界的感受、体验、认识、欣赏、改变、创造能力的同时，不断丰富和完善自己的生命世界，体验丰富的学习人生，满足生命的成长需要。"① 因此，教学必须要走向"生活化"，也只有在生活的训练场中，才能真正培养起学生内在的道德理性、道德情感与道德行为，才能最终达成学科德育目标，教学才能全面成就其价值。

（刊于《课程·教材·教法》2015年第7期）

---

① 叶澜. 重建课堂教学价值观 [J]. 教育研究，2002（5）.

评价即育人
——微论道德课堂理念下的教育评价指向

教育评价与课程改革、课堂建设一起被称为学校教育内涵发展、品质提升、本质展现的三大建设要务。在推进道德课堂建设过程中，为落实国家的教育方针和政策，实现立德树人的教育目标，基础教育质量综合评价和改革就必须在育人的层面上进行思考、设计和实践。目前，基于道德课堂的教育理论和实践，从传统基础教育评价的状况来看，我们必须彻底走出"学校即工厂"与"育人即育分"的误区，积极确立和践行"评价即育人"的教育观念。

谈及"教育质量"的概念，国内外诸多学者亦是众说纷纭。目前，国际标准化组织（International Or－ganization for Standardization）将"质量"一词定义为"实体满足明确或隐含需要能力的特征的总和"。以此视角，可以将"教育质量"理解为"学校教育满足学生明确或潜在需要能力的特征的总和"。

而关于"教育评价"，我国不同学者通过对其本质进行深入研究，对其概念亦有不同界定。一般认为，教育评价是对评价对象的价值判断。

比较有代表性的说法为"教育评价是根据一定的教育价值观或教育目标，运用可操作的科学手段，通过系统地搜集信息、资料并进行分析、整理，对教育活动、教育过程和教育结果进行价值判断，从而为不断完善自我和教育决策提供可靠信息的过程"。

一、传统基础教育质量评价述评

随着教育规模的快速扩展，面对学生个体成长和社会快速发展的需求，提高教育质量已成为学校教育工作的核心，"如何评价学校教育质量"引起了人们的高度关注。为了更好地认清这个问题，我们需要全面了解传统基础教育评价的基本状况。

教育质量的好坏反映了学校办学水平的高低。在基础教育领域，传统的基础教育质量评价多以一种源于外部的学校评价方式为主，学生的学业表现通常成为社会各界关注的焦点。因此，人们往往会将教育质量简单地等同于学生的学业成就。从初中、高中和高等院校招生的角度来看，人们又常常用升学率的高低来评判学校教育质量的好坏。这种学业成就型基础教育质量评价会导致中小学校打着以"提升教育质量"的幌子来做"育分"的教育。

从学校教育的现实状况来看，考试是教育评价的主要存在形式。仅就学校平时的考试而言，考试是教学评价的一种方式，也是学校教育教学的重要环节，同样也承担着育人的基本功能。但现实并非如此，考试的功能已被窄化，甚至彻底异化为管控教师和学生的工具。

教育是一项道德事业，须"合乎道而至于德"。为了推动基础教育的健康发展，我们必须对传统基础教育质量评价形成正确的认识。我们谈"评价"问题的时候，首先要厘清质量观的问题。

过去一个时期，教育质量的评价显然偏离了它应有的方向和轨道。一方面我们倡导素质教育并主张学生德智体美劳全面发展，另一方面评价学生时却片面地以"分"论成败。这是违背教育目的和教育规律、违背人的成长规律、违背评价规律的评价。在很长的一段时期，它误导了学生、家长，乃至社会的价值取向，致使评价应有的育人功能完全缺位，我们称之为"道德缺失的评价"。这种评价方式不利于学生综合素质的培养，亟待改革。

二、道德课堂理念下的教育评价指向

"教育"一词的内涵丰富，学界定义繁多。其中，在《说文解字》中，"教育"一词便有着非常精辟的解释，即"教，上所施下所效也；育，养子使作善也"。基于此，我们从道德课堂的研究视角来看，"教育"必定包含教人做人、使人为善、使人向上的意图，而"使人为善，使人向上"既是教育的道德目的，也是判断一种活动是否属于教育的道德标准。

在郑州市基础教育课程改革实践中，道德课堂作为实践新课程理念的有效载体，就是"学道以行德，以道而成德"在课堂教学中的实践和体现。本着学校教育要满足学生明确或潜在需要的目的，道德课堂应致力于提升教师和学生的生命质量、生命境界，道德课堂倡导的教育质量观应涵盖学生的做人质量、学业质量、身体质量和生命质量等多个方面。

教育实践表明，教育质量的提高离不开科学的教育评价。在道德课堂理念下，我们主张教育评价应遵循评价标准与培养目标一致性的原则，用多元、综合的评价促进学生德智体美劳的全面发展。这种遵循教育规律、服从教育目的的评价，才是"有道德的评价"，才能促进学生正确的世界观、人生观和价值观的形成，才能给社会以正确的教育价值导向，真正发挥评价的育人功能。

学校教育以育人为本。学校育人其实就是文化育人。学校的物质文化建设、制度文化建设、精神文化建设都应该体现学校的价值追求。目前，教育评价相关研究不断深入，发挥评价的育人功能、促进学生主动发展，已成为新课程改革的重要理念之一。让教育评价回归正途，充分发挥其育人功能，将是我们展开实施"有道德的评价"的道德课堂建设的重要目标和追求。

三、在评价改革方面的行动探索

面对传统基础教育评价的不足，我们在道德课堂建设过程中坚持推进基础教育质量综合评价改革，具体行动和探索如下。

一是树立正确的学生学业成就评价观。目前，学生的学业成就中的主要问题不是该不该测评的问题，而是如何基于课程标准，以促进学生能力发展为导向来建立学生学业成就评价体系，并在此基础上开展对德育、体育等领域的评价。

从郑州市道德课堂建设的情况来看，我们通过开展"区域教育质量健康体检与改进提升"项目实验研究，构建了义务教育阶段学生学业质量综合评价指标体系（健康指标）。该体系既关注学生的学业成就，也关注学生在学校的归属感、师生关系、教师的教学方式、学生获得学业成绩所付出的成本等相关的因素。

同时，根据《教育部关于推进中小学教育质量综合评价改革的意见》的要求，我们依据党的教育方针、相关教育法律法规、国家课程标准等有关规定，突出重点，注重导向，把学生的品德发展水平、学业发展水平、身心发展水平、兴趣特长养成、学业负担状况等方面作为评价学校教育质量的主要内容，着力构建中小学教育质量综合评价指标体系。

二是从单一的知识获取方式的关注，延伸到对学生精神成长的关注。在实施教育评价的过程中，我们务必要搞清楚"育人"到底要"育什么"和"怎么育"的问题。学科教育的终极目的是让学生获得知识背后的"知识"，也就是要让学生掌握学科思想和学科方法。这既是由学科教育的本质所决定的，也是落实三维教学目标的必然要求。通过课堂教学让学生在获得知识和提升能力的过程中，也可以获得"向善向上"的情感体验和心灵感悟，从而促进学生思维的发展、品质的提升和精神的成长。这既是课堂教学的"道"和"规律"，也是课堂教学的"德"，更是郑州市道德课堂建设的价值追求。

因此，在对教学质量的评价中，我们不但要关注学生获得知识的方式，更要关注其在获得知识的同时，是否获得学科思想方法，是否实现精神成长。我们倡导在"道德的环境"中进行"有道德的教学"，让学习成为学生高尚的道德生活和丰富的人生体验，让教学的过程和结果都合乎道德的要求，让学生学科知识增长的过程成为学生人格健全和发展的过程，同时，纵向深入，构建以校为本、基于过程、重在改进的教育质量监测管理体系。

（刊于《基础教育参考》2015年第24期）

评价育人理念的确立与践行

"评价育人"理念的确立与践行，是孩子们绿色发展、绿色成长的关键所在。评价改革的探索实践，必须助推教育绿色发展，助推孩子绿色成长，助推教育从"育分"向"育人"、从"补短"向"扬长"华丽转身。

有一句话说得好：教育，从来都不是孩子的功课，而是父母和老师的修行。有些成年人对现在的孩子有诸多不满意，还把原因归结于他们。笔者却认为：即便是问题出在孩子身上，但是根子却往往在大人，在父母、老师身上。从学校教育的角度看，是评价孩子的标准出了问题，我们在企望用有违道德的评价标准达到道德的目的，奢望用孩子的"出色表现"来弥补自己修行的不足。其实，我们应该以绿色发展理念去观照教育、引领发展。践行绿色教育理念，就要遵循教育教学规律和学生身心发展规律，回到教育的原点去思考和解决教育所面临的问题和困境，就要关注当下教育对学生未来发展的积极影响，通过涵养教育生态、创新育人模式，真正为学生的未来擎起一片蔚蓝的天空。教育是一种生态，我们倡导绿色教育，倡导孩子绿色成长，就应该用绿色评价标准来评价孩子的成长过程。人与人之间是存在差异的，正是这种差异才决定了每个人都是自己而不是别人，而教育的目的就是要成就每一个孩子，让他成为最好的自己。"扬长发展"是绿色发展，是符合规律的、道德的。因此，"扬长的教育"才是绿色教育。"评价育人"理念的确立与践行，是孩子们绿色发展、绿色成长的关键所在。评价改革的探索实践，必须助推教育绿色发展，助推孩子绿色成长，助推教育从"育分"向"育人"、从"补短"向"扬长"华丽转身。

一、确立践行"评价即育人"教育理念

课程、教学、评价是学校育人的核心要素，也是学校内涵发展、品质提升、本质彰显的关键环节。评价体现育人导向，落实育人功能，在推进道德课堂建设过程中，为促进育人模式的转变，我们必须站在立德树人的高度对教育质量综合评价改革进行规划、设计和实践。目前，基于道德课堂的教育理论和实践，从传统基础教育评价的状况来看，我们必须彻底走出"育人即育分"的误区，积极确立和践行"评价即育人"的教育观念。

（一）必须审视传统基础教育评价状况

随着教育规模的快速扩展，面对学生个体成长和社会快速发展的需求，提高教育质量成为学校教育的核心。"如何评价学校教育质量"引起了人们的高度关注。为了更好地认清这个问题，笔者认为需要全面分析传统基础教育评价的基本状况。

教育质量的优劣反映了学校办学水平的高低。在基础教育领域，传统的基础教育质量评价多以一种源于外部的学校评价方式为主。学生的学业表现通常成为社会各界关注的焦点，人们往往会将教育质量简单地等同于学生的学业成就。从初中、高中和高等院校招生的角度来看，人们又常常用升学率的高低来评判学校教育质量的优劣。这种单一的学业

成就型基础教育质量评价，导致了中小学校打着"提升教育质量"的幌子来做"育分"的教育的现状。教育既是关乎未来的事业，又是一项道德事业，须"合乎道、至于德"。为了推动基础教育的健康发展，我们必须对传统基础教育质量评价形成正确的认识，谈评价问题的时候，就要先厘清质量观的问题。

从学校教育的现实状况来看，考试是教育评价的主要存在形式。仅就学校平时的考试而言，考试是教学评价的一种方式，也是学校教育教学的重要环节，同样也承担着育人的基本功能。但现实并非如此，考试的功能已经被窄化，甚至被彻底异化为管控教师与学生的工具。

过去一个时期，一些地方教育质量的评价显然偏离了它应有的方向和轨道。一方面我们倡导素质教育并主张学生德智体美全面发展，另一方面评价学生时往往只片面地以"分"论成败。这是违背教育目的和规律、违背人的成长规律、违背评价规律的评价。在很长一段时期，它误导了学生、家长，乃至社会的价值取向，致使评价应有的育人功能完全缺位，我们称之为"道德缺失的评价"。这种评价方式不利于学生综合素质的培养，不利于学生未来的成长，亟待改革。

（二）必须明确道德课堂理念下的教育评价价值取向

"教育"一词内涵丰富，学界定义繁多。其中，在《说文解字》中，"教育"一词便有着非常精辟的解释，即"教，上所施下所效也；育，养子使作善也"。基于此，我们从道德课堂的研究视角来看，"教育"必定包含教人做人、使人为善、使人向上的意图和努力，而"使人为善，使人向上"既是教育的道德目的，也是判断一种活动或影响是否属于教育的道德标准。评价是学校为实现教育目的、达成培养目标而设计的重要的关键性的教育活动，也是学校向学生施加的重要的关键性的教育影响，当然应该满足教育的道德标准。

在郑州市基础教育课程改革实践中，道德课堂作为实践新课程理念的有效载体,其基本内涵就是"学道以行德,以道而成德"。本着学校教育要满足学生明确或潜在需要的目的,道德课堂建设一直致力于提升教师和学生的生命质量、生命境界,道德课堂倡导的教育质量观应涵盖学生的做人质量、学业质量、身体质量和生活质量等多个方面。

教育实践表明,教育质量的提高离不开科学的教育评价。在道德课堂理念下,我们主张教育评价应该遵循评价标准与培养目标一致的评价原则,用多元、综合的评价促进学生德智体美全面发展。这种遵循教育规律、服从教育目的的评价,才是"有道德的评价",才能促进学生正确的世界观、人生观和价值观的形成,才能给社会以正确的教育价值导向,真正发挥评价的育人功能。

学校教育,育人为本。学校育人其实也是文化育人。学校的物质文化建设、制度文化建设、精神文化建设都应该体现学校的价值追求。目前,教育评价相关研究不断深入,发挥评价的育人功能,促进学生主动发展,已成为新课程改革的重要理念之一。让教育评价回归正途,充分发挥其育人功能,将是我们道德课堂建设实施"有道德的评价"的重要目标和追求。

(三)必须既关注学业成就又关注精神成长

面对传统基础教育评价的不足,我们在道德课堂建设过程中要始终坚持推进基础教育质量综合评价改革。

一是树立正确的学生学业成就评价观。目前,学生的学业成就面对的主要问题不是该不该测评的问题,而是如何基于课程标准,以促进学生能力发展为导向来建立学生学业成就评价体系,并在此基础上开展对德育、体育等领域的评价。这几年,我们一直把对学业成就的评价改革视为教育质量综合评价改革的突破口。当前,最重要的是如何有效地使用"绿色评价"和"增值评价"项目实验报告来诊断和改进教学,既关注学生学业成就,也关注学生学业成绩背后的相关因素,诸如学生的学校归属感、师生关系、教师的教学方式、学生获得学业成绩所付出的成本等。

二是从对单一的知识获取方式的关注,延伸到对学生精神成长的关注。在实施教育评价的过程中,我们也务必要搞清楚"育人"到底要"育什么"和"怎么育"。学科教育的终极目的是让学生获得知识背后的"知识",也就是要让学生掌握学科思想和学科方法。这既是由学科教育的本质所决定的,也是落实三维教学目标、发展学生核心素养的必然要求。通过课堂教学让学生在获得知识和提升能力的过程中,同时获得"向善向上"的情感体验和心灵感悟,从而促进学生思维的发展、思维品质的提升和精神的成长。这既是课堂教学的"道"和"规律",也是课堂教学的大"德",更是郑州市一直致力于推进道德课堂建设的价值追求。因此,在对教学质量的评价中,我们不但要关注学生获得知识的方式,更要关注其在获得知识的同时,是否获得学科思想方法,是否实现精神成长。我们倡导在"道德的环境"中进行"有道德的教学",让学习承载学生高尚的道德生活和丰富的人生体验,让教学的过程和结果都合乎道德的要求,让学生学科知识增长的过程同时成为学生人格健全和发展的过程。道德课堂要达到"低碳有效、思维发展、精神成长"三大目标,彰显"有形、有魂、有习得(生长)"的精神实质。

二、建立和完善学校教育质量综合评价体系

中国学生发展核心素养体系的建立,配置以《关于推进中小学教育质量综合评价改革的意见》要求和中招、高招考试录取模式(评价标准)以及综合素质评价的改革等,从"育人"目标的明确,到中招、高招新的"选人"标准的确立,可以说,以"人的发展"为核心、从"育分"走向"育人"的基础教育新的发展模式的整体架构已经形成,因此从市、县区到各中小学校都必须建立起与之相适应的评价体系。

(一)郑州市评价改革的总体架构

郑州市评价改革的总体架构是：逐步建立政府层面（市、县区）的基础教育质量综合评价体系和以校为本的教育质量综合评价体系。目前，郑州市基本架构起了政府层面（市、县区）的评价体系框架。我们的目标是：通过对小学五年级"绿色评价"、小升初"综合素质评价"、初中八年级"绿色评价"、高中招生考试评价、高中"增值评价"、全省学业水平考试评价、全国高校招生考试评价等七组学业质量评价数据的跟踪分析，建构一个针对郑州学生的涵盖小学、初中、高中三个阶段的学业质量标准（模型），以此更为有效地优化教育过程，提升育人质量。

(二)以校为本的教育质量综合评价体系的架构

以校为本的教育质量综合评价体系的架构应该是：

一是"教师评价"。学校要建立促进教师发展的评价体系；评价体系必须有利于促进教师课程观、学习观、学生观、评价观的转变，有利于激发教师的主动性、积极性和创造性。

二是"班级评价"。学校要建立促进班级建设、学习小组建设的评价体系；评价体系必须有利于促进班级文化建设和班级精神打造，有利于促进班级的共同发展与全面发展。

三是"学业评价"。学校能够有效利用"区域教育质量健康体检（绿色评价）报告"和"高中增值评价报告"改进教学，通过对影响学业质量相关因素的分析、干预，改进管理和教学，提升学生学业质量，促进学生的全面发展。

四是"综合评价"。学校以校为本的"教育质量综合评价体系"，要符合教育部《关于推进中小学教育质量综合评价改革的意见》要求，出台操作性强的《学生综合素质评价方案》，将学生综合素质评价工作向常态化、科学化、智能化、可视化方向推进。

五是"学生创新成果评价"。学校《学生创客成果评价方案》，必须体现"去精英化"评价指向，体现"面向全体、注重过程、注重分享"的评价理念，从科学、技术、工程、艺术、数学等多维度进行评价。

以校为本的教育质量综合评价体系和机制的建立与有效运行，是评价改革的关键环节。其中"学业评价"与"综合素质评价"是重心所在。学校对教师评价的改革和"促进教师发展的评价体系"的建立，是促进"以校为本的教育质量综合评价体系和机制的建立与有效运行"的核心动力。各中小学校应该把对教师的评价改革置于这场改革的核心地位。

三、全面落实评价过程育人的功能

评价是"北斗系统"。评价引领发展，评价促进发展，评价实现发展。评价既是一种价值追求，又是一种文化建设，既是一个育人的环节，又是一个育人的过程。评价的改革，要有效地解决"我们似乎总是离评价的现场很近，有时看似就在评价的现场，但却离评价的本质很远"的问题，就必须解决好"评价标准育人、评价过程育人、评价结果育人"的落地问题。

（一）落实评价标准育人

首先，要厘清评价标准，回答"培养什么样的人"这一本源问题。在"立德树人"根本任务指引下，学生发展核心素养是育人目标的集中体现，是检验和评价教育质量的重要依据。建立基于核心素养的学生发展质量标准，明确学生完成不同学段、不同年级、不同学科学习内容后应该达到的表现程度要求，把学习的内容要求和质量要求结合起来，才能有力推动核心素养的落实。就学校而言，要结合学段、校情，以核心素养研究成果为依据，重新梳理学校的教育哲学和培养目标，并以此指导学校的课程建构、教学实践和评价设计。只有这样，立德树人根本任务才可能在学校落地，我们的教育才可能让学生"拥有未来"。

其次，要厘清核心素养与课程标准、三维目标、综合素质评价的关系。学生发展核心素养是以学生发展为核心的完整育人目标体系，需要通过"课程设计、教学实践、教育评价"等三个方面进行落实。相关学科的课程标准所明确的是学生完成不同学段、不同年级、不同学科学习内容后应该达到的表现程度要求，属于课程设计方面需要落实的。核心素养与三维目标之间所体现的是育人目标与学习方式的深度融合；核心素养并非要替代三维目标，要形成核心素养，就要进一步整合和深化三维目标，这是属于教学实践方面需要落实的。核心素养与综合素质评价之间，所体现的是育人目标与评价体系的价值统一，核心素养是对学生综合素质具体的、系统化的描述，综合素质评价结果要反映学生核心素养发展的状况和水平，属于教育评价方面需要落实的。

第三，要开发设计"可靠有效"的测量工具。评价，可以说是教育改革中专业化程度要求最高、改革进程最容易变形、改革成效体现最为缓慢的一个领域，但无论从学生发展，还是从民族未来的角度看，评价都到了不实现突破不行的时候。评价工具的可靠性、有效性，在整个评价中具有至关重要的作用。无论是课堂上的随堂练习、课后作业、单元测试，还是期末考试等，都是评价的方式，同样需要内容的选择、标准的制定、工具的开发设计，同样需要解决"可靠有效"的问题。这就是郑州市倾力推进了将近十年的"细化解读课程标准"工作和以落实"教学评一致性"为核心的课堂教学改革要解决的问题之一。要较好地解决评价工具的"可靠有效"问题，就必须坚持内容、标准与目标的一致性原则。十多年来的课改实践和评价项目实验让教研员和教师有了一定的经验积累。郑州市的各级教学研究部门、教育科研部门，正在扎实推进与第三方专业机构的合作，期望能够尽快在一定程度上解决专业人员"专业不专"问题，锻造一支有较高水平的专业化队伍，以引领各学段在解决评价工具"可靠有效"问题方面取得突破性进展。

（二）落实评价过程育人

无论是学校的平时考试，还是升学考试，都是评价的一种方式，都是学校教育的重要内容，同样承担着育人的基本功能。考试的过程就是育人的过程。学校通过考试这种评价方式，既用以发现教与学方面的成绩和不足，同时也是对学生的诚信、遵守规则等品德的检验。教育孩子诚信做人，正确面对考试、面对成败得失，培养孩子良好的心理素质，是考试的育人本质要求。但是，一些学校的考试，激励导向功能逐渐丧失，只剩下了筛选的功能，异化成了统治老师和刺激学生的工具，老师和学生成了考试和分数的奴隶和机器。这种现象掩盖了教育本质的规律性东西，忽视了教育过程中教师和学生劳动的个性特点，掩盖了学生的个性差异和教育活动的复杂性，忽略了教育的差异性和不平衡性，是对教育简单粗暴的践踏和蹂躏。

学校考试，除了让学生获得优良的学业成绩，还应当让学生获得学业成绩背后、考试这种方式背后的什么东西？这才是我们亟待解决的问题。

学校里的所有时空都是育人时空，没有"道德飞地"、考试时空。考试的过程，是学生展示学习成果的过程，是教师验证教学成果的过程，也是教师分享成果、享受幸福的过程。如何转变考试观念，营造适宜学生展示学习成果的考试生态，让考试过程成为学生人格健全与发展的过程，是我们的功课、我们的修行。

（三）落实评价结果育人

教育是点燃，不是抹杀。学校生活里评价无处不在。简单化、单一化、功利化的使用纸笔形式评价学业成就倾向的不断加剧，导致评价育人功能逐渐丧失，致使教育在被异化的道路上越走越远。课堂上对学生回答问题或者提出问题结果的评价，对随堂练习结果的评价，对课后作业的评价，对平时考试结果的讲评，在家长会上对学业表现和班级发展情况的评价，对学生升学成绩的评价，凡此种种，在当下是对学生的点燃还是抹杀？怎样把"揭短"的试卷讲评变为"扬长"与激励，怎样让每一次考试结果的评价都成为孩子的一个新的起点，是我们的功课、我们的修行。一句激励的话，一个激励的眼神、表情、手势，改变孩子的一生，此类范例比比皆是。要把使用评价手段的过程变为分享的过程、激励的过程、点燃的过程。

世界上的大多数人都是具有独立个性的人，也都是靠自己的长处得以享受生活。大多数情况下，一个人的成就来自自己所喜欢、感兴趣的领域。从本质上讲，教育就是个性化的教育、"扬长的教育"。生活不止眼前的苟且，还有诗和远方；长安何处在，只在马蹄下。我们要凭借着评价的魅力，在奔向未来的道路上，逢山开路，遇水搭桥，让我们的孩子在打好共同基础、全面发展的前提下，实现个性化发展、"扬长发展"，从而拥有属于自己的未来。

（刊于《基础教育课程》2017 年第 13 期）

核心素养背景下
国学教育的实践策略及路径

《中国学生发展核心素养》指出学生要具备人文底蕴、科学精神、学会学习、健康生活、责任担当、实践创新六大素养。其中,"人文底蕴"作为学生首先要具备的一种素养,具体包括人文积淀、人文情怀和审美情趣等基本要点。中国学生的人文底蕴依靠中华传统文化的熏陶。中华民族历史悠久,国学经典文化更是璨若星河,是人类文化历史上的一份高贵财富。本文基于现实,从三个方面阐述了国学经典教育对培养学生核心素养的功用,并指出了发挥国学教育功用的途径:课内挖掘,课外拓展;书香校园,文化浸润;知行合一,内化提升。

一、国学教育对培养学生核心素养的价值和意义

2016年9月17日《中国学生发展核心素养》正式出炉,这份报告明确指出,学生的核心素养主要包括"文化基础、自主发展、社会参与"三个方面,综合表现为"人文底蕴、科学精神、学会学习、健康生活、责任担当、实践创新"六大素养。"核心素养"是中国围绕立德树人的根

本要求，遵循学生身心发展规律与教育规律而提出的，充分反映出新时期经济社会发展对人才培养的新要求，着重强调中华优秀传统文化的传承与发展。

在六大素养中，"人文底蕴"作为学生首先要具备的一种素养，指的是学生在学习、理解、运用人文领域知识和技能等方面所形成的基本能力、情感态度和价值取向，具体包括人文积淀、人文情怀和审美情趣等基本要点。中国学生的人文底蕴依靠中华传统文化的熏陶。中华民族历史悠久，中华传统文化是人类文化历史上的一份宝贵财富，它语言凝练、情趣盎然、饱含智慧、历久弥新。如儒家文化中的"修身、齐家、治国、平天下"，大气且务实，是中华民族宝贵的精神遗产。北宋大儒张横渠所言"为天地立心，为生民立命，为往圣继绝学，为万世开太平"更是人类教育的最高向往。学生可以通过学习中华传统文化，尤其是国学经典，实现童蒙养正、人格养成、开启智慧的目的，从而积淀人文底蕴，奠定厚重的文化基础。① 其价值和意义具体体现在以下三个方面：

（一）丰厚底蕴，提升审美

核心素养要求学生具备人文底蕴，而人文底蕴的培养不是机械重复的道德说教可以完成的，而要通过学生内心对中华传统文化的认同和领悟，体悟经典之精粹、至道之蕴涵，经过长期的熏陶渐染而内化于心，外化于行。中华传统文化源远流长，国学经典更是中华瑰宝，是文明之光，数千年来，它以深厚的底蕴、丰富的内涵和独特的魅力影响着中华民族的一代又一代人，为心灵成长提供着源源不断的滋养，忽视这一教育资源无异于"入宝山而空返"。国学教育不仅可以丰厚学生的传统文化底蕴，更能提升学生的思想道德素养，从而构建学生的精神家园。比如，

---

① 杨叔子. 是"育人"非"制器"：再谈人文教育的基础地位 [J]. 高等教育研究，2001（4）：2.

诵读《论语》可以领略儒家思想，学习治国之道、忠孝之道、仁恕之道；诵读《老子》，可以从虚静自然和无为而无不为的观念中感悟人生理趣；诵读《孙子》，既可以学习其中的兵家谋略，也可以挖掘深刻的哲学内涵，进而实现人生追求。① 吟咏经典，犹如从璨若星河的中国经典诗文中穿枝而来，从几千年的历史文化长河中拂叶而过，闪闪星点将聚成人文之光，涓涓细流终汇成文化源泉。

国学教育还可以培养学生的审美情趣，又是强化学校美育工作的重要载体。国学经典之美，在于音韵之美、节奏之美、句读之美，更在于形象之美、意境之美、情感之美。诵读国学经典的过程即是享受美的过程，眼观句读之变，口诵合辙之韵，耳听平仄之声，心悟理趣之妙，能够调动多种感官全方位地去欣赏美、感悟美，从而提高审美能力，培养高雅的审美情趣。

（二）情意浸染，人格养成

情感是品德形成和人格塑造的重要因素。叶澜先生说："国学经典教育与其他教育的最大区别就是它的情感矿藏的品位极高，许多著作都押韵合辙，晓畅易读，富有情感性、敏感性和极强的语感穿透力，它不是对各种理念进行空洞说教，而是给学生设出一个情感交流的'磁场'，以促进学生摄取内化'养成'。"国学经典蕴含丰富的情感养分，诵读国学经典，不是为了让学生成名成家，而是为学生营造一个丰满的精神世界，用国学引路让学生稚嫩的心灵纯净空廓，用经典奠基激发其一生的文化向往，使他们受到一种情感的、民族的情意浸染和性格熏陶。② 通过发掘国学经典内在蕴藏的情感魅力，让学生在潜移默化中感受情的律动、

---

① 许桂红.经典诵读与人文素养的培养[J].天津商务职业学院学报，2014(3)：91—92.

② 周阳娴.腹有诗书人自华：用国学经典培养学生人格美[J].小学生作文辅导：教师适用，2012(5)：53.

理的启迪,进而内化为自己的世界观、人生观、价值观。此外,还可人为创设情境,以个体独具一格的体验去演绎国学经典的情和义,全身心地浸染,深层次感悟国学精髓,将自己的体验与文本的意识交融、贯通,从而获得求知的满足、审美的享受、情感的熏陶,获得高尚的情感和健全的人格,塑造人性的真、善、美。

(三) 自我教育,行为向导

国学教育有利于端正学生的学习态度,激发学习兴趣。《学记》有言:"虽有佳肴,弗食,不知其旨也;虽有至道,弗学,不知其善也。"其以佳肴为喻告诉我们,世间至真至善的道理不去躬身学习是无法领会的。"知之者不如好之者,好之者不如乐之者。"(《论语·雍也》)让学生明白学习应贯穿生命始终,要主动学习,要以学习为乐趣。国学经典不全是艰涩难懂的文字,其内容包罗万象,涵盖天文、地理、历史、应用技术、传统医学、民间艺术等多方面的知识,且大多短小精悍、饱含智慧,而能在几千年的文化变革中流传至今的更具有极高的思想内涵和独特的文化魅力。在研读的过程中,学生查获信息的能力、解决问题的能力、记忆力、理解力、鉴赏力等多种能力都会得到相应的提升。

国学经典对于帮助学生建立正确的价值观念、养成良好的行为习惯、培养敦厚善良的心性都大有裨益。"不学诗无以言,不学礼无以立""仁、义、礼、智、信"等中华文化的许多经典言论和思想流传至今。当学生读到"吾日三省吾身,为人谋而不忠乎?与朋友交而不信乎?传不习乎?"(《论语·学而》)便会潜移默化地受到影响,学着做事尽心竭力,为人诚实守信,学习温故知新。

二、当前中小学国学教育存在的问题和困境

近年来,全国上下,正普遍掀起一股"国学热"。不少学者和专家呼吁,国学教育要从基础教育抓起,许多家长和学校也认识到了国学教育

对孩子人文素养养成的重要性，但从现实层面来看，国学教育在中小学教育的处境仍然十分尴尬。主要表现在以下几个方面：

（一）只重外在效果，不重内在心得

国学教育的熏陶对学生人文素养的养成的影响是潜移默化的，而不是急功近利的。相当一部分学校在教育"质量观"上出现偏差，片面强调学业成绩和升学率，学校的课程设置和教学活动安排全部围绕此中心进行，没有真正意识到人文素养对学生全面发展的重要作用，更意识不到国学教育的必要性和重要意义。

（二）盲目跟风，把国学教育奉为"圣经"

有的学校为了强调国学教育特色，过分夸大国学的功用和重要性，认为国学教育可以统领学校教育教学工作的一切，更可以解决学生综合素养养成方方面面的问题，在形式和宣传上大张旗鼓，既不注重课程内涵，也不注重课程落实，更不注重氛围营造，从而导致国学教育成为流于形式的"噱头"。[①]

（三）国学教育校本课程开发不深入、不系统

国学教育必须以课程为支撑，必须有校本化的、系统的优质课程，而不是拿来主义，或者零敲碎打。许多学校提倡国学教育，却没有沉淀下来进行校本课程的开发和实施，对国学课程资源的挖掘和整合不到位，对优秀传统文化的提炼和归纳不够，也没有将自己学校的校训、校风、学风等校园文化的精髓有机结合其中，没有很好地积淀形成具备学校自身特色的经典国学课程。

（四）教师队伍的人文素养有待进一步提高

教师队伍只有具备扎实的人文底蕴，才能够在国学教育实施过程中，

---

① 杜霞.国学经典教育的尺度与分寸[J].教育学报，2012（1）：14.

更好地进行正面引导和熏陶。教师的人文情怀对国学教育课堂中的情意渲染、场景假设、思想共鸣等起到至关重要的作用。很难想象,一名没有深厚人文积淀的教师,如何能够实施好国学课堂的各项教学活动,如何能够对学生进行足够的感召和指引,如何能够达成教学目标。但当前,教师人文素养的养成及培育十分缺乏。一方面教师忙于日常烦琐的教学事务,不注重加强自身人文素养强化和提升;另一方面学校对教师人文素养方面的培养也十分欠缺,投入的精力、人力和财力不够。

鉴于此,我们应该放眼未来,为学生的终身学习和长足发展着想,摒弃急功近利的短视行为,充分重视国学教育在提升学生人文素养中的重要作用,注重内涵、强化实践、提升效果,培养全面发展的合格人才。

三、中小学国学教育提升策略及路径

(一)课内挖掘,课外拓展

国学经典教育,可以采取课内外结合的方法。一方面,充分挖掘现有教材的国学因素;一方面,以课外活动为另一个重要阵地,与课内资源相互补充。于漪先生认为:"教学生学语文,伴随着语言文字的读、写、听、说训练,须进行认知教育、情感教育和人格教育。""文以载道""文艺明道","道"随"文"而存在,"文"因"道"而深远,教师宜在语文教学的各个环节中挖掘国学的因素,把道德传统、行为习惯、审美情趣等多方面的理念糅合在感知文章内容、推敲字句、分析作品情感的过程中,最大限度地发挥教材在国学层面的功用,让学生因文明道,披文入情,读文悟理。国学经典应与学科教学,尤其是与文史学科、艺术学科紧密结合。在获取学科能力构筑知识大厦的同时,挖掘内在义理汇成人文源泉，日渐积淀为一种精神、一种立场和一种文化追求。①

　　教材中的国学素材具有较大局限，更广阔的国学教育资源应在课外开发。除挖掘教材外，学校可各取所长发挥自身优势，开发国学类校本课程资源。国学不仅有文学经典，还包括多种传统艺术形式，学校可开发古琴弹奏、书法、中国画鉴赏、刺绣入门、棋类课程等校本课程或社团活动，缩短学生和传统文化的距离，改变电影电视、流行音乐、电子产品充斥生活的单调现状，培养学生的高雅情趣、淡然心境、高尚情怀。将国学运用到德育工作中，把国学文化融入学校的环境、制度、管理之中，让国学文化深入人心。开展"国学文化节""国学讲堂"，以朗读、背诵、书法、绘画、演讲、表演等多种形式展现学习成果，激发学生对国学的热爱。结合"创客教育"开展研究性学习活动，即学生在教师的指导下，选择自己感兴趣的国学专题进行基于项目的学习，并在研究过程中主动地获取知识。如对《红楼梦》中的人物形象进行多角度解读，探究三国名将锦囊妙计的现实意义等。此外，国学教育的开展还可以和传统节日相结合、和地域文化相结合，在生动多样的活动中"润物细无声"。

（二）书香校园，文化浸润

　　国学经典中蕴含丰厚的文化价值，但仅通过抽象的概括总结灌输给学生是不可取的，而应该创设浓厚的国学氛围，形成足以产生熏陶作用的文化"磁场"，使学生产生思想上和心灵上的同频共振。"最是书香能致远""腹有诗书气自华"，大量阅读经典是学生积淀人文底蕴的有效途径。"书香校园"活动是开展国学教育，丰富学生人文底蕴的最佳载体，如晨间诵读、课间美读、午间品读、每日省读。学生通过诵读，披文入

---

① 陈永睿. 用国学经典打好学生精神的底子[J]. 新课程研究（上旬），2015(11): 61—64.

情,怀揣饱满激情;通过美读,入情入境,触摸国学意蕴;通过品读,剖文入理,顿悟人文要旨;通过省读,见贤思齐,激励自省自立。在读的过程中引导学生深入感悟,撰写读书笔记,交流心得体会,提升人文底蕴,端正自身行为。还可将读书活动与家庭教育相结合,推广"书香家庭",让国学氛围不仅弥漫在学校,也弥漫在家庭,扩散向社会。

校园文化能带给学生最直接的文化滋养,营造充满国学元素的校园环境能带给师生耳濡目染的文化浸润。通过传统元素点缀、古典书画装饰、艺术作品展览、古典音乐熏陶,让师生时时受到传统文化的渐染,让一花一木都成为教育的使者,校园里时时有善语,处处有雅言,培养师生"安得广厦千万间,大庇天下寒士俱欢颜"的美好理想、"先天下之忧而忧,后天下之乐而乐"的济世情怀、"苟利国家生死以,岂因祸福避趋之"的家国责任。[①]

(三)知行合一,内化提升

"纸上得来终觉浅,绝知此事要躬行。"国学经典教育,不能只停留在书斋中。学生还应将阅读体验内化为自己的素养,全面和谐地发展自己的个性。"操千曲而后晓声,观千剑而后识器",让学生积极参与生活实践,"与有肝胆人共事,从无字句处读书",看古代建筑、赏古代楹联、访名人故居、学古代礼仪……来到滕王阁才能直观地感受"落霞与孤鹜齐飞,秋水共长天一色",登临碣石山或许也会有"日月之行,若出其中;星汉灿烂,若出其里"的神奇想象。学生通过切身体验,对传统文化获得更立体更直观的感悟,从而做到"世事洞明皆学问,人情练达即文章",反过来更深刻地体悟国学内涵,把握真谛,真正养成求真、向善、尚美的情趣。

国学经典教育不仅是情感的熏陶、思维的养成、语言的积累,还应

---

① 叶圣陶.叶圣陶集[C].南京:江苏教育出版社,1993:150—156.

该是一种"对话"。信息反馈论认为,若阅读是一种吸收,则写作是一种释放,两者是一种良性的互动。在国学教育中,阅读和写作两者就是一种"对话"。阅读获取能力,激发写作实践;写作升华思想,深化阅读积淀。学生不能仅停留在阅读古代典籍的层面上,而要将中华传统文化进一步发展传承,学以致用。其重要的途径是将阅读国学经典与写作实践相结合,以读带写,以写促读,实现阅读体验与写作能力的双向提升。教师可指导学生阅读经典、品赏经典、借鉴经典,在广阔深厚的文化背景和历史演变中去审视、对比写作对象,或以文化的眼光遍观世俗之态,或以文化的心态评议社会之理,或以文化的理性针砭时代之弊,或以文化的情趣表现人性之美,彰显写作者丰厚的底蕴。若如此坚持下去,随着学生人文底蕴的不断深厚,其文章也会散发出迷人的文化之光。此外,自推行白话文以来,古代文学体裁与我们渐行渐远,如"记""说""赋""序""铭"等,它们的语言特点、行文格式,现今了解的人少之甚少。连我们最为熟悉的"诗""词"也仅仅停留在读背的层面,甚至基础教育阶段的作文考查要求中都明确写明:诗歌除外。在阅读中了解古代文体知识,了解不同体裁文章面向的不同人群、出现的不同场合、所要达到的不同效果,尝试写一篇"古体文",写一首"格律诗",也是对传统文化的一种尊重和传承。

(四)专业发展,言传身教

核心素养之人文底蕴的提出,必将引起推行国学教育的又一次热潮。国学教育中现存的问题若不解决必然引起"雷声大,雨点小"的后果。其中,教师的国学素养直接影响到中小学国学教育的质量和前景,影响到对教材的深入挖掘、校本课程的开发,若教师的国学素养不过关,最基础的言传身教也无从实现。唯有教师专业素养不断提升,才能做到"取其精华,去其糟粕",开发出适合学生的国学校本课程,才能不断强化校园软实力,成为国学教育蓬勃发展的保障。

教师国学素养的提升途径有：教师自主研读国学经典，领会国学内涵；利用教研时间集体学习研讨，交流困惑或心得；在教师继续教育中增加国学学习内容；邀请国学领域的大师开展讲座，提升教师整体的国学素养；为教师开展国学校本课，以学促教，让国学成为师生共同的精神财富。将国学渗透于道德教育、团队活动、班级管理、师生交流等各个环节中，以教师的引领促进学生国学素养的提升，让师生的人文素养丰厚学校的文化底蕴。

国学是传统的，也是历久弥新的。国学教育对培养学生的核心素养具有重要的意义，将传统文化的精髓与社会主义核心价值观对接，寻民族精神之根基，寻现代文明之源泉，寻学校育人思想之道，更好地落实立德树人的根本任务。作为教育者，我们的使命之一便是让学生接受博大精深的国学文化教育，感受优秀国学文化的魅力，让优秀的国学文化为核心素养奠基，做一个真正的"文化有情人"。

（刊于《新课程论》2017年第1期）

教师学科素养现状及内涵提升路径探析

教师学科素养是教师在学习过程和实践过程中所养成的、学科特有的、较稳定的心理素质和能力水平，提升教师学科素养是课程改革的必然要求，是教师专业化发展的基石。针对学科知识素养失衡、学科理念素养欠缺、学科技能素养局限以及学科经验素养不足的现状，笔者从文本解读、师本培训、教学实践三个维度出发，试图探讨教师学科素养的养成路径，力求达致巩固、提升、深化学科素养的良好效果。

随着我国教育改革的不断深入，教师教育问题备受关注。新课程改革提出了提升教师学科素养的发展目标，即形成立足本学科的专业素质并养成以此为基础的知识素养、理念素养、经验素养以及技能素养。教师学科素养是教学改革的重要理念，不仅对教师专业化发展产生深远影响，同时也对学生素养的形成起到了积极作用，有利于深化教育实践，提升教学实效。尽管教师学科素养养成的重要性与必要性得到了普遍的认同与实践，但仍存在片面解读、理念缺失与经验不足等现象，因此，提升教师学科素养任重道远。

一、教师学科素养的内涵与构成要素

就概念本身而言,"素养"指的是通过平日的教育学习而形成的有关理论、艺术、思想、行为等方面的一定水准和正确态度。素养的养成取决于环境和教育,经历一个从低到高逐步发展的过程,其发展呈现多层次、综合化特点,与人的全面发展要求相一致。在学科领域,当发展主体立足于教师群体时,素养概念的内涵发生了一定转变。教师学科素养是教师在学习过程和实践过程中所养成的、学科特有的、比较稳定的心理素质和能力水平。换言之,教师学科素养是教师把握学科必备的基础知识、基本技能、基本品质和基本经验的综合,其目的在于提升服务于教学的品质,帮助教师树立科学的世界观,以及培养出用科学态度、方法判断与解决学科问题的习惯或思维方式。

以语文学科为例,教师应具备的学科素养结构如下:

1. 基础知识。它指的是语文学科专业知识,即教师要具备的学科知识、文学素养、心理学和教育学知识等,其中文学素养主要以文学知识与阅读写作为主。

2. 基本技能。教师要有良好的教学能力、创造能力以及研究能力。针对课程教学,教师能够正确把握教材,具有解读教材、开发教材、驾驭教材以及超越教材的能力;明确课程教学目标,落实重点、突破难点,板书设计体现重难点设计;教法选择立足学生主体,实施过程灵活多变。除此之外,教师还要掌握必备的教学反思能力,开展有关语文教学的研究活动。

3. 基本品质。它指的是特有的专业情感,是教师成为一个成熟教育教学工作者的必要因素。如语文教师要形成语文情意,不仅热爱语文学科教学,同时也要充分利用语文学科独有的感染力引导学生,调动学生热情,塑造学生个性,充分展示该学科的情感染力。

4. 基本经验。它指的是教师在长期的语文教学过程中所习得的经验与教训,同时包括对其他任课教师的学习与汲取,最终形成符合自身教学实践的风格与行为方式。

由于职能相似,不同学科的教学素养有着极大的共同性,但由于各个学科内容的特殊性与差异性,故而对教师学科素养的要求并不能完全等同。因此,教师要结合学科特点有针对性地提升学科素养。教师的学科素养是教育活动中必不可缺的一个组成部分,其关注的不仅是教师自身应具备的素质水平,同时也反映在学生基于教师学科素养而逐步确立起的学生素养养成。例如,"教师在保持亲和态度的同时还要注意保持在学生中的威信,而且威信的建立需要教师具备一定知识量,能够在知识上使学生信服。"[①] 所以在某种程度上而言,教师学科素养是在保证师生有效互动的基础上才具备原有的价值内涵。

二、提升教师学科素养的必要性

(一) 从时代发展的角度看,提升教师学科素养是课程改革的必然要求

随着基础教育课程和教学改革的不断深入,如何提高教育质量和教学实效成为基础教学领域的热点问题。提升教师学科素养,加强师资队伍建设成为解决该现状的主要路径与方法之一。自 2011 年开始,"学科素养"一词频繁出现于国家教育文件当中,同时,课程标准前言等部分也提出如"语文课程应致力于学生语文素养的形成与发展""义务教育阶段的生物课程是国家统一规定的、以提高学生生物科学素养为主要目的的必修课程""全面提高每一个学生的科学素养是科学课程的核心理念"

---

① 白红美. 高中数学教师学科素养现状调查 [D]. 呼和浩特:内蒙古师范大学,2014 (5):8,21.

等相关内容。① 新课程改革要求改变原有课程教学方式过于重知识传授的倾向,提倡培养学生的科学素养,而学生的科学素养依赖于教师的有效引导,取决于教师自身学科素养高低。调整课程结构、优化课程资源、改变人才培养模式,促使学生学习方式的根本转变,离不开教师学科素养的提升。因而,提高教师学科素养是教师教育的共同奋斗目标,是课堂教学质量全面提升的有力保障,是课程改革的必然要求。

(二)从教师发展的角度看,提升教师学科素养是专业化发展的重要基石

学科教学是学校教育教学的基本教学形态,但如今教师的工作已经不再是简单授课,而是从单一的知识授课者转变为多元的职能承担者,这势必对教师教学工作的内容、过程与结果等提出了新的要求与目标。在此背景下,教师专业化发展俨然成为教育改革的核心内容。提高教育的质量,提高教师的学科素养,走教师专业化发展道路,更是当前我国教育改革的必然趋势。"要建设一支能胜任新世纪中国基础教育重任的新型教师队伍,必须加快教师专业化的进程,深入研究对未来教师专业素养的要求。"② 学科素养正是教师专业素养的主要组成部分,只有教师具备了本学科内的基本专业素质,才能在真正意义上成为专业型教师。从一定意义上而言,学科素养是教师专业化的发展基石,而学科素养的缺失会成为教师教育走向专业化道路的瓶颈。因此,深化教育实践,促进教师专业化发展进程,离不开教师素养的基石铺垫。

---

① 岳辉,和学新. 学科素养研究的进展、问题及展望[J]. 教育科学研究,2016(1):52.

② 叶澜. 新世纪教师专业素养初探[J]. 教育研究与实验,1998:43.

三、教师学科素养现存问题

（一）学科知识素养的失衡

学科知识素养要求教师不仅仅具备充足的专业知识，还要掌握一定的教育心理知识、通识性综合知识等。信息时代使得信息技术知识也成了知识素养的主要构成部分。但在实践过程中，逐渐出现了厚此薄彼的不均衡现象。这主要表现在两个方面：

一是专业知识与其他知识间的不平衡。例如，对中小学教师而言，教材是实施课程的基本依据，是课堂教学设计的主要依据，同时也是教学活动顺利进行的主要支架，是学科专业知识精华、智慧的结晶。但是，部分教师舍近求远，舍本逐末，为了迎合现今的教学模式，达成活泼教学效果，放弃了以课本为主的教学理念，让课本成了"最熟悉的陌生人"，选择获取网络的碎片化知识作为教学的主要参考依据，造成了学生学习的不深入。当然，反过来，也不乏教师过于重视课本教材，出现唯知识的教学僵化的现象。

二是专业重点知识与一般知识间的不平衡。以山东省济宁市的部分高中地理教师为例，其调查结果显示："79.8%的高中地理教师'系统学过'地理学的专业知识，3.8%的'学过一些'，'学过很少'的占6.4%。而在是否熟悉地理学发展史的调查结果中，有11.7%的教师自认熟悉地理学发展史，56.4%的教师比较熟悉，31.9%的教师不太熟悉或不熟悉。"① 由此可以看出，教师对地理知识的学习"重心"是有选择性的，地理学发展史尽管属于地理学科的主要专业内容，但并不是当前考试评价的重点，故而教师对该类知识普遍呈现出"轻视"态度。这不

---

① 宋建超. 高中地理教师地理素养现状及提升研究：以济宁市部分普通中学为例 [D]. 2011 (4)：14.

仅不利于学生的综合发展，而且也限制了教师的专业成长。

（二）学科理念素养的欠缺

学科理念素养一方面表现在教师的科学素养上，即教师在教学过程中需要有一套相对完整的教学策略，具备合理的科学思维能力。另一方面表现在教师的人文素养上，它是人文科学、人文教育在教育对象身上体现出来的具体成果，即教师外在精神风貌和内在精神气质的综合表现。二者结合起来，便可以使学生由内而外受到教育的熏陶，引领学生进入深度学习的状态。

但是，现实中的教学并非都存有深度，以《认识方程》的教学为例："一位老师的教学过程大致是这样的：首先让学生自己尝试写出几道方程，然后老师选取一些典型的（有对的，也有不对的）展示在黑板上。老师发现学生没有写到带不等号的式子，于是自己写了两道（含有不等号的）。这样黑板上就有了各种各样的所谓'方程'。这时，老师带着学生讨论、辨析哪些是方程、哪些不是方程、为什么，让学生明确'含有未知数''等式'这两个方程的关键形式特征。"[①] 在该案例中，教师基于学生已有的知识经验加以引导，符合学生自然生长的规律，但是，方程的本质是为了寻求未知数，在已知数和未知数之间建立起一种等量关系，简单罗列方程的关键性特征，分辨何为真正的方程，并不是该教学的本质要求，其教学过程并没有体现出教学的最终指向，没有相对完整的策略理念，使得教学效果流于表面。而且，教师没有从根本意识到学科教学的专业性，从而也就忽视了教学的最终目的。

教师要让学生学有所成，就应"以生为本"，关注学生的进步与发展，教学既要关注"教什么"，又要关注"怎么教"。唯有如此，学生才

---

① 储冬生. 学科素养：教师专业发展的基石［J］. 小学教学研究，2015（9）：7—9.

会知道"学什么"和"怎么学"。这需要教师具备专业的学科理念素养,从整体上合理指导学生学习。

(三) 学科技能素养的局限

学科技能素养是学科的独有能力,具体指教师应具备的基于学科的教学技能、信息技术运用技能、研究能力等。其局限主要是针对教师研究能力的弱化所提出的。"教师们的科研能力是很薄弱的,基本没有教师在期刊发表文章。而对教育教学工作也几乎没有反思意识。大多数教师缺乏科研意识,撰写论文的能力很差,这距新课程理念中教师是'研究者'还有一定距离。"[①] 中小学教师的绝大部分精力都投入到了课堂教学过程中,而教学反思转化为改良教学行为的主要动力,却很少形成客观的理论研究成果。一方面是因为教师的科研意识比较淡薄,对科研意义的认识不足,从思想层面就弱化了对科学研究的追求,更说不上行为能力的促进了。另一方面,中小学教师教学压力大,既要关注教学成绩的提高,又要关注学生的全面发展,很难抽出更多的时间看书学习以及从事科研工作。尤其是高年级的学科教师,从某种程度上而言,一般多为教学能力强、教学经验丰富的优秀教师,但高年级的教学任务压力会更大,尤其是面临升学压力,教师不得不将工作生活的重心放置于教学效能的提升,对以研究能力为代表的学科素养提升,心有余而力不足。

(四) 学科经验素养的不足

学科经验素养来源于学科教学实践的积累,既可以是自身习得经验,也可以是外在已有经验的学习。学科经验的不足,不单指的是数量的不足,同时还包括质量的低下。从教学主体出发,大体可分为两种情况:其一,受教学时间制约,部分年轻教师经验不足,故而学科素养有待提

---

① 白红美. 高中数学教师学科素养现状调查 [D]. 呼和浩特:内蒙古师范大学,2014 (5):8,21.

高；其二，教师脱离实践，固守课本教材，缺乏反思成长意识，对原有经验盲目推崇。举例来说，"历史与社会学科学习的最高素养是以史为鉴、学以致用，体现了这一学科较强的实用性。学习历史与社会的最终目标就是用学到的历史知识和能力来指导自己平时的实践和行动，理性辩证地看待现实问题，从历史事件中找到现实问题的影子和借鉴。"[①] 这是新课程改革对历史与社会学科提出的新要求。可是，缺乏学科教学经验的教师可能在教学过程中并不能够很好地将理论与实践结合起来，因此，其教学能力水平有待提升。同时，部分有着丰富教学经验的教师，同样也会出现偏差。如果要达到上述要求，就要克服历史社会学科教学中的"题海战术""死记硬背"等固有的传统教学方法。但是由于在过去很长一段时间里，教师的思维定式导致了教学模式的僵化，尤其是唯知识论曾一度占据了课堂教学的主线，考试侧重于考查理论记忆，所以脱离实际的教学倾向并不容易改变。

四、教师学科素养的养成路径

（一）以文本解读巩固教师学科素养

文本解读，并不是简单意义上的教材捆绑，而是教师对文本进行广泛的、有选择性的、深入的解读。这是基于实践、基于学情的创造性思考，意在改善学科知识素养失衡的现状。

"2011年3月起，温州掀起了一场'重读'课本的教学改革，即开展以'文本解读'为核心的教师学科素养提升行动。这场行动将历时五年，从幼儿园到高中，从职业教育到特殊教育，将近十万名中小学教师

---

① 胡秀菊.培养学科素养，提升教学质量：谈谈历史与社会教学中学科素养的培养[J].新课程学习，2010（1）：35—36.

参与其中。"① 其主要目的是让教师以"实战者"的身份与教材编写者进行深入的精神性交流。这就要求教师要读出课程的基本内容，读出教学要达成的目标，读出学生的疑惑点，读出教学过程的关键处。当教师能够与课本进行"深度对话"时，"用教材而不是教教材"的理念才会真正落地生根。与此同时，细化解读文本，教师能够精准掌握教学目标，从而选取合适的教法。如此一来，不仅有利于避免重心不稳的局面，同时可以弥补教师知识性的欠缺，增加教师学科知识的广度与深度。教师的思维逻辑得以锻炼，教学水平也得到提升。从教师学科素养的角度出发，文本解读是固本强基的过程，能够有效提升教师的学科素养。

（二）以师本培训提升教师学科素养

师本培训，指的不仅仅是培训基于教师、为了教师，同时也意味着培训在教师生活中也可进行，能够切实巩固教师学科素养，帮助教师形成专业的教学理念，让其已有的能力水平得以进一步的提升。"师本培训旨在促进教师走向个性化和特色化的创意发展，使每位教师个体逐步形成自己专业发展的亮点。"②

教师培训并不是新鲜事物，我们可以经常看到中小学教师利用寒暑假参加不同层次不同形式的培训。但是，教师对此类培训非但不感兴趣，反而具有一定的排斥心理。究其原因，培训方式单一、培训内容陈旧、培训理念空洞等因素，导致教师的积极性受挫。所以，简单培训要向师本培训转化，体现教师主体的自身意愿与发展需求。培训方式多元化，要以教师的实际需求为出发点，又以具体实践为落脚点，结合教师的不同特色及其发展状况，让培训有效转化为教师的教育教学能力。其具体

---

① 单茹茹．以文本解读提升教师学科素养［J］．思想政治课教学，2013（7）：23．

② 潘涌．走向师本新课程背景下的师训范式转换［J］．师资培训研究，2005（3）：4．

途径大致如下：立足学校，以学校为培训基地；教学诊断；自主研修反思；教学沙龙；说课评课；等。① 同时，教师也要在培训过程中有意提升自我学习意识和反思意识，并形成一定的专业情感，树立终身学习的观念，从心理层面认可教师培训的可行性与必要性。师本培训是实现学科素质提升的重要影响因素，其贯彻落实是实现教师学科素养自我提高的关键一步。

（三）以教学实践深化教师学科素养

教师学科素养是在教学实践的过程中不断完善、不断提升，并最终得以深化落实的。教师要创造性地参与到教学实践中去，以专业发现的眼光投身于教育活动中来。这包括提升教师的教学能力、创造能力与研究能力，以及在课堂教学过程中结合理论进行实践的能力。深化教师学科素养，重在完成理论到实践的过渡，提升基本技能与基本能力，形成必备的教学实践智慧。

"直接决定教学活动优劣成败的是教师的教学实践智慧。教学实践智慧是学科专业知识、教育教学知识和技能充分内化、整合、升华的结果。"② 教学实践智慧的高低，很大程度上反映了教师学科素养水平的高低。这就要求课堂教学融入生活，引导学生探究，尤其是实用性较强的学科更应该注重实践。

"以化学学科为例，它是实用性的综合学科，化学教师应具备综合的知识网络，才能使化学的科学性、实用性落到实处。"③ 教师学科素养的

---

① 许丁铃. 新课程背景下语文教师素养的新建构 [D]. 金华：浙江师范大学，2006：64—68.

② 刘华. 教学实践智慧的养成：实践哲学与现象学的考察 [J]. 教育发展研究，2010（4）：41—45.

③ 姚启勇. 化学学科全日制教育硕士学科素养调查研究：以首都师范大学全日制教育硕士（化学学科）为例 [D]. 北京：首都师范大学，2011（4）：9

最终指向归于实践层面。实践成效也恰恰是检验学科素养水平高低的重要依据,成为最重要的评价标准。

综上所述,学科素养是课堂教学的灵魂,缺乏学科素养的教师,其课堂没有灵性。同时,教师学科素养的发展,也是教师终身学习和不断解决现实问题的过程,是教师专业精神、专业知识、专业能力不断成熟、不断提升、不断创新的过程。因此,不断探索教师学科素养的发展路径,有着极其重要的现实意义,教师要努力成为懂学科的学科教师,提升教学效能,实现教学目标。

(刊于《基础教育参考》2016年第20期)

立德树人视域下的中学生军训变革

中学生军训是法律明确规定必须开设的国家课程,是国防教育、体育、德育的有效载体。我们要根据立德树人的发展目标,坚持以人为本的教育理念,创新形式,结合实际生活,充分发挥学校、部队、家长和社会的合力,实施好军训课程,充分发挥军训的价值与作用。

"国无防不立,民无兵不安。"历史证明,一个国家和民族的兴衰,与人民的国防观念、忧患意识有着十分密切的关系。中学生军训是国防教育的重要环节。本文尝试在"立德树人"的背景下,考察中学生军训的价值与作用,并提出改善中学生军训课程实施的建议。

一、中学生军训具备丰厚的德性内涵

(一) 中学生军训体现国家意志

对学生进行军训,是我们国家的法律要求。1955年7月,我国颁布的第一部《中华人民共和国兵役法》,就从法律上做出了在大学生、高中生中进行军训的规定。现行《兵役法》的第八章第四十七、四十八条也明确规定,普通高等学校、普通高中和中等职业学校须配备军事教员,由教育部、国防部负责对学生实施军训。将高等院校和高中生军训单列为一章，充分体现了国家对学生军训的重视。2001年4月通过的《中华人民共和国国防教育法》第十五条也规定："高等学校、高级中学和相当于高级中学的学校应当将课堂教学与军事训练相结合，对学生进行国防教育。"2007年4月，教育部、总参谋部和总政治部联合印发《学生军事训练工作规定》，进一步明确：普通高等学校、高中阶段学校应当把学生军事训练工作纳入学校教育、教学计划，统筹安排；高中阶段学校应将学生的军训纳入社会实践活动中，且将军事技能训练和军事知识讲座考核成绩载入本人学籍档案。

然而，当前不少地方的中学生军训还是比较盲目的自由式课外活动，有的则是把军训当成"吃苦夏令营"或纯粹的军事演练，而对国防知识教育、军事动作操练、解放军优良传统教育等缺乏周密安排，没有建立起内容丰富、规范科学的中学生军训课程体系。这使得中学生军训效果大打折扣，难以达成《教育部关于在高级中学开展学生军事训练若干问题的意见》中规定的"为中国人民解放军培养后备兵员，为国家培养社会主义事业建设者和接班人打好基础"的军训目标。

从课程管理的角度看，中学生军训是相关法律明确规定必须开设的国家必修课程。作为体现国家意志，由中央教育行政部门规定的统一课程，其相对于地方课程和校本课程来说更为严肃。虽然允许各学校因地制宜地实施，但时间、场地、人员和经费必须予以保证。

（二）中学生军训是显性的德体双修课程

依据课程的表现形式划分，课程可以分为显性课程和隐性课程。而军训作为高中生入学后的第一门显性课程，其重要价值不言而喻。军训的过程，既是强健体魄的过程，也是对学生进行思想政治教育、心理品质培养和作风纪律训练的过程。在军训中进行国防教育，能够激发学生热爱祖国的热情，培养其历史责任感和时代使命感。因此可以说，中学生军训，既是一门体育课程，也是一门有效的德育课程。

叶圣陶先生曾说过："有没有单纯的空无依傍的德育？似乎没有，德育总跟智育或者体育结合在一起。"军训作为体育的一种典型表现形式，体现出竞争性、实践性、直观性、社会性和突发性等特性，这为学生的德性培育提供了良好的环境和条件。自古以来，国内外的教育均重视在体育中培养人良好的德性品质，如英勇、顽强、进取、忍耐、竞争、合作、自立、公正、尊重及责任等。军训课程以其丰厚的德性内涵，理应成为学校道德教育的重要途径和学生德性生成的重要源泉。

二、中学生军训要创新形式

军训作为国家规定的必修课程，对中学生的全面发展意义重大。但是我们也看到，近几年来，军训导致的教官与学生冲突，以及因军训而造成的学生受伤或自残事件时有发生。这些看似偶然的导火索，也点燃了军训制度存废之争以及军训该如何改革的话题讨论。究其原因，主要是军训不够规范，形式异化僵化，未能适应社会发展的要求，脱离了受训学生的生活需要。

当前中学生军训的主要内容是队列训练和内务整理训练，虽然其对培养团队协作意识和良好的纪律作风大有裨益，但不免会使学生感觉有些单调和枯燥，且他们在日常学习生活中似乎也用之甚少。在社会迅速发展的背景下，不少学校的军训仍是"老几样"——站军姿、左右转、正步走、叠被子；还有些学校的军训过程存在走过场现象，进行思想教育就是发几本连教官都不经常看的书，在"拉歌"比赛中唱流行歌曲……随着时代的发展，不少师生和家长对"冒酷暑、踢正步、整内务"的军训模式和效果也提出了质疑，呼唤军训模式做进一步的改革和完善，使其更加科学有效，从而更好地发挥作用。然而现实的情况是，由于军训资源设备欠缺，作为让学生好奇和欢迎的持枪射击、熟悉兵器、防灾防恐、野外生存、掩护救护等军训必修内容，本是培育国防后备力量的应有之义，但在中学生的军训期间根本无从谈起，达不到军训的真正目的。

另一方面，由于教官缺乏，不少普通高中学校的军训，基本上都由学校所在区县人民武装部干事、部分退伍军人或预备役人员出任教官。这部分人大多是临时召集的，很多人没有军训经验，教学水平参差不齐，个人素质也多有差异，军训中简单粗暴、体罚学生的现象时有发生。虽然当前将军训的重点引向培养学生的意志品质方面有一定现实意义，但如果军训只单纯强调学生绝对服从，往往容易导致矛盾冲突。固然冲突与学生的"娇生惯养"有关，但简单机械、未顾及学生身心特点的操练，一味地以吃苦忍耐和体能消耗为训练目的，也明显背离了国家设置中学生军训的初衷，甚至给正处于身体发育阶段的中学生造成意外的伤害。事实上，军队日常的训练、惩罚手段，用在未成年学生身上未必都是合适的。如果随意请人民武装部安排的军训教官开展学生军训，某些缺乏管教经验的教官就有可能采取粗暴、简单的方式训练学生，从而引发问题。

因此，教育部门和军事部门合作筛选帮训人员时必须严格把关，并对相关人员进行教育学、心理学和基本的教育法律法规培训，特别是《未成年人保护法》相关知识的培训。与此同时，教官还应不断改革教学方法和手段，充分发挥现代教育技术的优势，采用多媒体教学、远程网络教学等形式，使军事思想讲座、现代武器认知、国际战略环境和高技术战争等军事理论课教学生动直观，从而提高学生学习军事理论的兴趣。或许很多学校无法提供各种军用器械供学生进行演练，但可以通过"走出去、请进来"的途径，带领学生到军营、派出所、交警队或消防队参观，了解"军人"和"准军人"的生活；还可以邀请老红军、退伍军官到学校开展国防教育讲座。通过采用中学生喜闻乐见的形式，实现理论教学与实践体验的有机结合。

三、中学生军训要结合实际生活

要想落实立德树人的根本任务，坚持育人为本，必须适应当前中学生的身心特点，使"军训教学大纲"校本化、生本化。

当前，有很多地区的军训制度过于死板，时间一般安排在8月底至9月下旬，少则几天，多则半月，无论是35℃以上的骄阳似火，还是在狂风暴雨的情形下，都一味强制学生坚持训练。这极易引发学生中暑、诱发潜在疾病等现象。中学生的军训应围绕训练目标，针对中学生群体的特点、身体状况等，灵活调整军训时间计划。在军训过程中，要注意科学安排施训，做到苦中有甜、劳逸结合。把军事训练科目与各类国防教育交替进行，做到知识教育课与体能训练课相得益彰，比如可将训练课放在11点前和15点后，在温度较高的中午组织国防知识教育，一张一弛，切实提高军训的效果。军训不应该仅仅只是艰苦、忍耐和服从的代名词，训练休息之余还可以组织军事游戏、集体拉歌等活动，在调剂大家情绪的同时，培养学生的革命乐观主义精神。

军训广受诟病的原因，除了形式老化，有点"不合时宜"外，还由于其严重脱离了学生生活。一份《基于浙江省内四所高校军训成果的调研报告》显示，军训后的成果保持得并不是很好，没有体现长效性。譬如我们经常看到，一段时间之后，军训时养成的良好习惯，如举止得体、顽强拼搏、互帮互助、自立自强、严格遵守组织纪律等，都逐渐消失或减弱。这主要是很多学校在军训结束后，忽视了巩固军训成果所致。我们必须认识到：军训不是为了完成规定的任务，而是应该追求"立德树人"的目标，培养学生受益终生的爱国情怀、坚韧品质和军事技能。因此，为了充分发挥和巩固军训的成果，学校要做好军训课程与入学课程、常规教育教学的衔接。

一方面，中学生军训的根本目的之一是让学生树立国防意识，所以在军训中应通过多种形式带领学生学习军事国防知识，把主要精力放在掌握军事知识和军事技能上，以培养中学生的国防意识和爱国主义情怀。另一方面，要注重军训的实用性，抓好体能训练。针对当前中学生身体素质逐年下降的事实，可组织开展必要的军体和体能训练，既让广大学生学会军体拳、捕俘拳等搏击防身技能，又学会俯卧撑、仰卧起坐、越野跑和蛙跳等体能训练的方法，使他们在今后的生活中能自己锻炼，提高身体素质。这种实用性的军训内容，能有效避免学生产生枯燥乏味的感受，提高他们的训练积极性。

另外，为了军训真正走进学生生活，还可以组织各种相关活动。比如军训期间可组织国防知识竞赛、军训成果手抄报评比、队列会操和教官学生联欢等；军训后可结合国庆节、建党节、国耻日、抗日战争胜利纪念日等重大节日活动，以及学校开学典礼、升旗仪式、运动会、十八岁成人仪式等主题活动，组织学生进行军训成果汇报演出，开展专题征文、演讲等系列活动，不断深化巩固军训成果。与此同时，各学校还要扎实做好学生军训后的日常养成教育，形成良好的校风校纪。为了促使军训"保鲜"工作贯穿于学生在校学习生活的全过程，可以经常利用学校墙体、黑板报、橱窗等进行国防知识宣传；结合班级日常评比考核引导学生养成良好的行为习惯。如通过开展班级卫生和宿舍卫生评优评先活动等督促内务整理秩序，让检查评比贯穿于学生日常管理的各个方面，促进军训成果以多种形式保持，使学生、家长、学校和社会长期受益。

军训作为中学生开启新生活的一门必修课程，不存在"存废"问题。只有站在"立德树人"的高度，充分发挥学校、部队、家长和社会的合力，才能达成中学生军训的课程目标，帮助学生以良好的身体状态和精神状态开启人生美好的新生活，以满足加强国防后备力量的需要，适应我国人才培养的战略目标。

（刊于《中国德育》2015年第14期）

郑州：向"有道德的教育"奋进

郑州教育的价值追求究竟是什么？这是郑州教育人一直以来深深思考的问题。2012年，我们经过深入总结和反思，提出了"郑州要做有灵魂的教育"的论断。灵魂就是价值观，有灵魂的教育就是具有正确价值追求的教育。做有灵魂的教育，要明确教育的价值追求，要实现教育的回归——回归教育本质、回归学生心灵、回归教育道德，还要实现文化的传承与创新，用文化为学校立魂，用文化浸润孩子的心灵。做有灵魂的教育，就要办有灵魂的学校，让每一位校长都成为有思想、有灵魂的校长，让每一位教师都成为有思想、有灵魂的教师，推进有灵魂的教学，培育有思想、有灵魂的学生。

做有灵魂的教育就是要实现"有道德的教育"，即"合乎道，至于德"的教育，就是以合乎规律的途径达到"德"之目标，其具体目标和内容包括：构建有道德的校园，让高尚的道德引领师生生活；构建有道德的课堂，让教师在道德的环境中进行有道德的教学，让课堂学习成为学生高尚的道德生活和丰富的人生体验，让学生学科知识增长的过程成为学生人格发展的过程，让课堂学习的过程和结果符合道德的要求、体现道德的关怀、孕育道德的心灵、洋溢道德的光辉,让课堂生活充满生命的活力。

2012年,郑州教育以建设"新课堂、新教师、新学生、新学校、新文化"为抓手,勇于创新,大胆实践,朝着"有道德的教育"的目标迈出了坚实的步伐。

镜像1:班主任是"铺路石"

加强班主任培养,促进班主任成长,建设好每一个班级,是学校发展的基础,也是追求"有道德的教育",铸就教育灵魂的基石,更是学校德育工作的关键之道。近年来,郑州市深入贯彻落实教育部《中小学班主任工作规定》,在如何建设一支师德高尚、理念先进、业务精良、素质过硬的班主任队伍方面进行了积极探索。各级教育行政部门建立并逐步完善了班主任成长服务机制,建立健全了班主任成长档案库;各中小学校也逐步形成了具有校本特色的促进班主任发展与成长的服务体系。为加强班主任培训提升工作,各级教育行政部门和各中小学校制订实施了班主任培训计划,建立了班主任业务档案,实行了中小学班主任梯级攀升激励机制。班主任梯级划分为四个等级,即首席班主任、一级班主任、二级班主任、三级班主任,实行分级聘任的办法。班主任梯级的认定,从班主任工作年限、工作业绩、年度考核、德育成果及个人辐射引领作用等方面进行,兼顾教师学历、专业技术职务、参加培训情况等因素。在此基础上,我们启动了郑州市"名班主任工作室"建设工作,从全市中小学校"首席班主任"和符合相关条件的市级优秀班主任中评出若干"名班主任工作室"主持人,进行重点培养,以发挥名班主任的示范、引领、带动作用。为保障这些工作的顺利推进,我们在落实班主任津贴制度的基础上,还设立了"班主任培训专项资金""名班主任工作室专项资金"和"班主任科研专项资金",建立了完善的奖励和激励机制。这些有力的措施造就了一批名班主任,他们成为郑州打造有灵魂的教育的多彩"铺路石"。

镜像2:变化中的课堂

追求"有道德的教育",铸就有灵魂的教育,最终要落实在课堂上。推进道德课堂建设、做有灵魂的教师,推进有灵魂的教学、培养有灵魂的学生,催生"新课堂、新教师、新学生"的成长,成为郑州课程改革的重要目标和内容。我们欣喜地看到,课堂在变、教师在变、学生在变。这是郑州市第一零七中学的一节英语课,大家刚走进七(1)班的教室,就发现原来的"排排坐"变成了"团团坐"。仔细一问,原来是六人结成了小组,围坐一团是为了合作学习。难道课堂的变化仅仅停留在形式上的创新吗?带着疑问,大家对这节课充满了期待。授课教师于文伟是英语教研组组长,她精于教学研究,勇于实践,以期达到"新课堂、新教师、新学生"的目标要求。变了!课堂真的发生了变化,教师走下讲台、走近学生,学生走上讲台进行讲解和展示,小组内部热烈讨论,优等生变成了学困生的"老师",展示的机会更多地留给了潜能生;小组成员针对一个难点激烈争辩,教师认真观察并倾听,适时地进行点拨和释疑。整节课,教师和学生相互学习,共同达成了课堂学习目标,实现了主体与主导的和谐共进。从这节课可以看出,做有道德、有灵魂的教师是实现"有道德的教育"的关键,作为学生学习的组织者、引导者、参与者、促进者,教师要树立正确的教育观、教学观和学生观。有道德的课堂是追求"有道德的教育"的主阵地,教师把表演的舞台让给学生,把展示的空间留给学生,教师使用"班班通"系统授课,学生自主学习、合作探究、体验感悟、生成新知,让新课堂成为知识的"超市"和生命狂欢的"舞台"。

把课堂还给学生,尊重和突出学生学习的主体地位,让学习发生在学生身上，让学习落实在过程之中，"让学习看得见"，这是课堂教学之道，更是课堂教学之德！

镜像3：人文精神的光辉

著名学者周国平说过："人文精神是教育的灵魂。"人文精神是什么？是以人为本，把人放在最重要的位置上，充分尊重人的价值。"教育的根本使命就是要实现人之为人的价值"，就是要通过教育把人身上的那些最宝贵的价值挖掘出来。随着实践的深入，人文精神的种子在郑州的校园里已生根、发芽。郑州市回民中学坚持绿色教育理念，不以牺牲学生的自有资源和学习环境为代价而取得良好学业成绩，以培养思想健康、行为规范、意志坚定、方法良好的学生为目标，以为学生终身发展奠基为价值取向，以培养未来创新型人才为目的，走出了一条"有道德的教育"的生态文明之路。走进校园，除了干净整洁的学习环境、井然有序的学习秩序，你会发现，一尊雕塑、一个展板、一处报栏、一幅标语不时出现在校园的各个角落。操场上、教室外、楼梯口，浓厚的校园文化气息在悄无声息中滋润着每一位学子。做一个懂得生活、热爱生活的人，了解自我，尊重他人，珍惜拥有，开拓未来，这才是人活着的意义，才是人的灵魂之所在。回民中学"绿色教育"的成功实践，正走进每一位学子的灵魂深处。

镜像4：回归学生的心灵

从本质上讲，教育就是"以心灵感应心灵"的过程。教育之道，道在心灵。心灵是一切经验的基础，它创造了快乐，也创造了痛苦。欲望使我们存在，而心灵决定我们存在的品质。一个人的快乐与幸福，并非取决于你获得了多少，而是取决于你感受到了多少。如果教育未能触及人的灵魂，未能引起灵魂深处的回应，就不能称其为教育。如果教师无法走进孩子的心灵,教育将是无效的,教育的本质将离我们越来越远。因此,教育应该回归孩子的心灵深处,让每一位学生都成为有灵魂的学生。有灵魂的学生,就是有思想、有追求的学生,就是有正确的价值观、人生观和世界观的学生,就是有爱心、善心、责任心的学生,就是悟出了生命的意义和价值的学生,就是能够担当大任的学生。要知道,未来的担当是由现在的一点一滴累积而来。郑州市第八中学开展了"我给老师接杯水"活动,以促进学生养成尊重他人的行为习惯,培养尊师美德,优化师生关系,让爱的种子在孩子们的心田里生根发芽。于是,每到课间,总会看到学生主动为老师端茶送水的温馨场面,老师接过学生小心翼翼递到手里的水杯,面带微笑地说声"谢谢"。"一杯水"可以促使学生自觉成为向上、向善的好人,帮助他们独立地走向未来。

我们的学校教育应该让学生产生幸福的感受,让学校成为学生心存感激的地方,让老师成为学生心中最柔软的存在。

镜像 5:用文化为学校立魂

做有灵魂的教育,要用文化为学校立魂,用文化浸润孩子的心灵。学校是文化浸润的地方,是塑造灵魂的殿堂。学校育人,实质上就是用文化育人。文化是学校凝聚力和活力的源泉,是学校的灵魂。学校文化是学校成员认同的信念、观念、语言、礼仪等内容的聚合体,决定着人们的价值追求和发展目标,并显现于学校的一切教育行为和物质载体之中。教育本身是一种文化的传承,推进课程改革就是为了更好地实现文化的传承。课程改革不断深入推进的过程,实质上就是文化的传承与创新的过程,也是文化的不断生成、提升和丰富内涵的过程。所以,站在文化变革、文化重构的高度来审视学校的一切教育活动,已成为郑州教育人的共识。

2012年10月的一个下午,郑州市第五十七中学学区组织成员学校举办了以"用文化的方式做有灵魂的教育"为主题的德育工作经验交流会。会上,各学校的德育主任抓住精神文化这一核心,围绕班级文化、课程文化、德育文化、生态校园建设等方面展开深入交流。郑州市第二十二中学结合生源实际,从班级制度文化入手,围绕班风、学风建设开展有特色的班级文化活动;郑州市第八十二中学为每位学生发放的《学生文明礼仪公约》"口袋书",有效促进了学生文明行为习惯养成;郑州市第五十七中学的"文化墙"彰显了班级特色文化,"第二课堂"校本课程充分激发了学生主动参与探究的热情;郑州市启智学校根据学生的特点,开展了以年级为主体的文化建设……大家一致认为,校园文化建设的过程就是学校提升质量的过程,理应注重人文精神的培育和隐性课程的开发利用,进一步凸显郑州教育的道德文化,努力用文化的方式做有灵魂的教育。

实践证明,做有灵魂的教育、追求"有道德的教育",是郑州教育的又一次提升,郑州教育人正循着教育之"道",朝着教育之"德"奋进,用自己的智慧和汗水履行着诺言:以理念文化明方向,塑造办学灵魂;以环境文化浓氛围,体现办学灵魂;以管理文化强内涵,践行办学灵魂;以课程文化铸特色,浸润办学灵魂;以行为文化砺品行,彰显办学灵魂。我们将继续努力凸显郑州教育的区域文化特色,铸就郑州教育的灵魂,办好每一所学校,建设好每一个班级,提升每一个课堂,发展好每一个学生,为民族造就有思想、有追求、有生命活力的一代新人。

(刊于《中国德育》2012年第24期)

下篇
探索与实践

让孩子的心路历程中多一点愉悦的风景

2014年的中小学德育建设会,我们要在分享荥阳市中小学德育建设"塑造高尚心灵的教育"经验的基础上,进一步明确"以心灵感应心灵"的教育之道,为实现教育局提出的打造"学在郑州""影响全国"的惠民教育品牌的目标而努力。下面,结合荥阳市的经验谈几点意见,供大家参考。

一、确立"教育即心育"的理念

一个人经历什么样的心路历程,就会有什么样的价值判断,就会表现出与他的价值判断相一致的行为。对于孩子十二年的求学之路,我们应该让一个孩子对学习生活有一种什么样的体验和感受,让他对学校、对教师形成什么样的情感、态度与价值观?我们的动机、行为与我们所期待的结果是不是一致?我们是在办学校,还是在办工厂?这些的确是我们应该认真思考和解决的重大命题。

立德树人是中华民族和人类教育理想的共同追求。"立德",最早见于战国的《左传·襄公二十四年》:"大上有立德,其次有立功,其次有立言,虽久不废,此之谓不朽。""立德"其意为树立高尚道德。"树人"

出自西汉编修的《管子·权修》,"一年之计,莫如树谷;十年之计,莫如树木;终身之计,莫如树人。"其意为培植成长、培养成才。立德,才会成人。立德树人,就是要把我们的孩子培育成为具有高尚道德情操的国家栋梁之材。就如何落实立德树人的根本任务,各区县、各学校都积累了很多成功的经验。

多年来,荥阳市始终坚持"立德树人,德育为先"的办学理念,紧紧围绕"品德高尚、身心健康、有一技之长"的培养目标,秉承"全员德育、全面德育、全程德育"的建设思路,以道德课堂建设为载体,以"阅读""家长会""心理健康"等课程建设和特色德育活动开展为切入点,"引领师生阅读,以读养德;促进家校和谐,以情育德;提高心理素养,以知修德;开展社团活动,以行立德",创新了德育形式,丰富了德育内容,在孩子的心路历程中呈现出了一道道赏心悦目的风景,丰盈了孩子们的精神世界,涵养了孩子们的道德心灵,促进了孩子们的健康快乐成长。

俗话说,"养鱼养水,养树养根,养人养心"。"养(育)心"是教育的本质所在,教育就是"以心灵感应心灵"的过程,应该回归孩子们的心灵深处。一个人求学的过程,应该是一个心灵不断愉悦、精神不断富足、灵魂不断升华的过程。如果我们的每一所学校都能像荥阳的学校一样,让孩子们在十二年的学习生涯中持续不断地享受成功的幸福与快乐,我们也就迈向了"学在郑州"的目标。

二、树立正确的德育观

教育是基于理念的行为,不是一种简单的操作行为。我们办的是学校,不是工厂。我们是培养人,不是训练猴子。把"立德树人"作为教育的根本任务,是教育本质的回归,是教育价值观的重建。解决教育目的与功能的异化问题,需要树立正确的德育观。

(一) 教育就是使人向善向上

使人为善，使人向上，是教育的根本目的。《说文解字》对此做过非常精辟的解释："教，上所施下所效也；育，养子使作善也。"教育必定包含着教人做人、使人向善、使人向上的意图和努力。使人为善、使人向上，是教育的道德目的，也是判断一种活动或影响是否属于"教育"的道德标准。满足了这种标准的活动或影响，才堪称"教育"。从20世纪40年代开始，享誉世界的教育家、美国芝加哥大学教授菲利普·W.杰克森，用了六十年的漫长时间，一直在思考杜威的要"弄清教育是什么"这七个字，其一生思考的结果是《什么是教育》这本书的问世。这本书用十二万字，追根溯源，引经据典，旁征博引，得出了九个字的结论：教育是一项道德事业。需要思考的问题是，我们向孩子施加的影响是否都符合"向善向上"这一教育的道德标准？我们在经意不经意间有没有伤害过孩子？有没有因为我们的伤害而使孩子失去了上进的勇气和信心？

(二) 德育是目的，不是工作

德育即育德，就是培养孩子高尚的道德情操，帮助孩子形成正确的世界观、人生观和价值观。许多人试图在"教育工作"的框架中思考和解决学校德育的困境，可问题是：德育是工作吗？如果德育是一项工作，那么，它是谁的工作呢？如果在思想上把德育当"工作"看待，在行动上把德育当"工作"来抓，本意是加强德育，殊不知，这不但在实践中削弱了德育，降低了德育在学校教育中的地位，而且改变了德育的性质，使之从"教育目的"沦为"教育手段"。教育之不同于教唆，教育者之不同于教唆犯，教育机构之不同于培训机构，就在于教育包含着使人向善向上的意图和努力。德育所代表的就是这种教育意图和努力，它不是一项具体的工作，而是一切教育工作最终必须落实的目的，是全体教育工作者的共同责任。

(三) 学校育人是文化育人,课程育人

东方人与西方人价值观的差异,本质上是文化的差异。学校是个文化浸润的地方,是塑造灵魂的殿堂。学校育人,实质上就是用文化育人,用一个民族的优秀文化育人。文化是学校凝聚力和活力的源泉,是学校的灵魂。学校有灵魂,才会走出应试教育的怪圈,以先进的价值取向、适宜的教育环境、合理的课程体系,成为学生终身怀念的学校。课程是学校教育的心脏,没有课程,也就没有了学校。我们应该站在"课程"的高度,去审视学校的一切教育活动。明确课程思想,加强课程建设,构筑课程文化,彰显办学特色,应该是每一位中小学校长办学的基本思路和工作目标。学校校长最值得炫耀的是学校的课程,饭店老板最值得炫耀的是饭店的饭菜。学校校长之于饭店老板,学校课程之于饭店饭菜,虽然比喻并不十分妥切,但是应该能够促使我们去深入地思考课程的价值与功能。

(四) 让学生喜欢上学,就是好德育

九岁的孩子想退休!因为爷爷退休了可以不上班,自己退休了就可以不上学。这是一种悲剧。国家也好,民族也好,理想也好,梦想也好,人生也好,幸福也好,我们还是得从让学生喜欢上学开始!马斯洛的需求层次理论认为,归属感是人不可缺少的中等层次需求。三年来的绿色评价指标体系表明:学生的学校归属感指数每提高10%,小学学生品德指数能增长7.16%,中学学生品德指数能增长7.5%;小学高层次认知能力指数能提高2.6%,中学能提高2.82%;小学网络成瘾倾向会下降7.71%,中学会下降6.38%。要提高学生的学校归属感指数,校长的责任,应该是办一所学生喜欢的学校,让学生喜欢上学,让学生走出校门之后,能够不恨同学,不恨老师,不恨学校。教师的责任,应该是构建

一个学生喜欢的课堂,让学生上课不瞌睡,不厌学,不逃学。教师的能力,应该是让学生喜欢自己,喜欢自己的学科,喜欢自己的课堂。学生不喜欢上学,不是教育体制和政府的问题。学生不喜欢教师,不是学生的问题,是教师的能力问题,是教师自身的价值有没有体现出来、能不能获得职业幸福和生命质量与人生境界问题。

(五)运用道德的方式达到道德的目的

教育即道德,合乎道,至于德,以合乎道的途径,至于德之目标。所谓"道",即规律:教学过程要遵循规律;所谓"德",即德性、人性:教学的最终目的在于增进人的幸福。《道德经》中的"道",即天道,即自然规律,阐述的是合乎自然规律,人类才能健康地生存下去。"德",即人德,即人生的行为准则,还是要求人与人顺其自然地共处,合乎社会规律地生存。人的行为准则,符合了自然规律、社会规律、人与人交往的规律,才能称其为美德。"道德"一词,在现代汉语中的解释,即社会行为规范的总和。社会生活离不开道德,学校生活同样离不开道德。我们所从事的是"有道"的事业,当然应该同于"道";我们所从事的是"养德立德"的事业,当然应该同于"德"。教育孩子"立德"的成年人,首先应该是一个"有德"之人,而且教育的方式还应该符合"道德"的要求。美国教育家、哲学家内尔·诺丁斯在经典著作《关心——伦理和道德教育的女性路径》中,提出了一个主张:教师以"关心者"的身份出现,才能与学生的道德相遇。我们无法奢望也根本不可能让孩子在冷漠、歧视、体罚、伤害中喜欢我们、爱我们。

(六)课堂是德育的第一途径

这是一个学科教育的功能与价值的认识问题。有人认为,课堂上就是学知识、学技能,课堂之外搞活动才是搞德育。不知道持这种观点的人,还占多大的比例。三维教学目标的要求是让孩子在获得知识、掌握技能的过程中，获得学科思想、掌握学科学习的规律和方法，同时让孩子的情感、态度与价值观得到协调发展。课堂上，让孩子在获得知识、技能的过程中，获得向善向上的情感体验和心灵感悟，促进孩子的思维发展和精神成长，是最大的课堂道德，也是教师职业道德水准的具体体现。我不同意甚至反对"抓德育，要抓学科渗透、课堂渗透"这种说法，因为它不符合新课程的要求，不符合学科教育的功能与价值定位，不符合学科教育的规律。学科德育、课堂德育不是外部渗透的问题，而是本身固有的东西如何自然而然呈现的问题。每个学科都有思想，都有"情感、态度与价值观"的因素。教师应该把学材中隐含的固有的育人内容和因素挖掘出来，自然而然地呈现出来，让孩子体验到、感受到，从而获得价值认同。这是教师的课堂能力、课堂艺术、课堂智慧、人格魅力的集中体现，是课堂生态、课堂文化氛围的营造，是体验与感悟，不是那种肤浅的贴标签式的直直白白的罗列与告知。学科德育、课堂德育不是渗透，是自然呈现、溢出、洋溢。教师应该在道德的环境中进行有道德的教学，让学习成为孩子高尚的道德生活和丰富的人生体验，让学科知识增长的过程成为孩子人格健全和发展的过程，让课堂教学过程和结果既合乎道德的要求，体现道德的关怀，又孕育道德的心灵，洋溢道德的光辉。

三、遵循德育建设之道

世界上的任何事情都有规律可循、路径可走，德育建设也是一样。

（一）要明确德育建设的基本思路

2008年，我们明确的全市中小学德育建设的基本思路是：以学校文化建设为核心，强化内涵建设，充分发挥三种途径的重要作用，切实做好三项基础性、常规性工作，不断提升学校的文化品位。

(二) 要充分发挥三种途径的重要作用

一是孩子在获得知识、技能过程中获得向善向上的情感体验和心灵感悟。这既是课堂生态、课堂文化问题,也是课堂道德问题。教育的纯真,就在于孩子在学习生长过程中的向善向上的情感体验和心灵感悟。孩子学习成长的过程就是孩子在体验中不断感知、感悟、积累的过程。有体验才有感知和感悟,只有悟到的,才是自己的。悟了,就会内化为自己的一种素养;悟得多了,就能积累一种境界和高度;有了高度以后,自然流露出来的心态,就是最好的教育。

二是教师群体的言传身教。从《说文解字》对"教育"的精辟解释,我们会感悟到教师"所施"的重要;从"使人向善向上"这一教育的道德目的,我们会感悟到教师"向善向上"的重要;从"德育是目的,不是工作"这一理念,我们会感悟到教师群体共同承担教育责任的重要。细节是一种力量,我们要十分关注细节对孩子潜移默化的影响。教育孩子的过程,就是教育我们自己的过程。这是教师文化问题。

三是学校文化氛围的情操陶冶。学校文化,依据不同的标准,会有不同的分类。我的理解是,应该分为物质文化、制度文化和精神文化。精神文化应该包括课堂文化、教师文化、活动文化等。精神文化是学校文化的核心价值,物质文化、制度文化,应该体现出精神文化的核心价值追求。学校的文化建设,应该以物质文化作基础,也应该以制度文化作支撑,更应该以精神文化作底蕴。

(三) 认真抓好三项基础性、常规性工作

一是书香校园活动。读书是一种心境,心态平静才能读得进书,读得懂书。读书是一种牵挂,当读书成为一种牵挂,时时记挂书、关心书、期盼书的时候,人生才是另一种境界。读书是一种生活,在读书人眼里书是物化了的神灵、升华了的财富,在生活中阅读,在阅读中生活,或倾听蝉鸣鸟语，或静听花开的声音。读书是一种享受，明代于谦说："书卷多情似故人，晨昏忧乐每相亲。眼下直下三千字，胸次全无一点尘。"阅读是一种生命状态，孩子的精神世界持续地得以丰盈，孩子的道德心灵持续地得以浸润。让孩子的心灵不荒芜，才是教育的大"道"。

二是师生的心理调适。我不喜欢"心理健康"一词，喜欢用"心理调适"。既然"教育即心育"，那么"心理调适"就应该是学校工作的重点，应该贯穿于教育教学的全过程。开设心理健康课，设置心理咨询室等，只是心理调适的一个方面，更重要的是要营造和培育适合孩子学习与生长的环境与生态，尤其是心理环境。心理安全，至关重要。要想使孩子"心理健康"，就必须提高教师群体的"心理健康"水平。校长的第一要务是为师生创造一个最适合工作和学习的环境，营造一种和谐生长的教育生态，让郑州的学校都成为最适宜孩子们学习的地方。

三是学生良好行为习惯的培养。"教育就是帮助人养成好习惯"，"行为养成习惯，习惯形成品质，品质决定命运"。这是魏书生先生三十余年教育教学经验的总结和教育本质的高度提炼。十多年来，我们一直把养成教育作为学校的一项重点工作来抓，很多学校都积累了新鲜的经验。今后，我们还要继续把良好行为习惯的养成教育，作为学校教育的基础性、常规性工作，持之以恒地坚持下去。

（四）务必加强班级建设

加强班级文化建设，促进班级均衡发展，是区域教育均衡发展之道。区域教育的均衡，离不开校际的均衡。校内的均衡，离不开班级的均衡。当教育均衡发展推进到每一个班级，每一个课堂，落实到每一个孩子身上之时，我们才会认为区域教育进入了内涵发展、品质提升和本质展现阶段。2013年我们向全市的班主任提出了"明白两个要点，回答好三个问题，确立四个理念，开发好三类课程"的班级建设的基本要求，希望各学校切实抓好落实。从今年开始，郑州市辖区内每所中学，每年都要有一个优秀班级受到市局的表彰，以鼓励班级建设成效卓著的优秀班主任。

（五）高度重视学习小组建设

学习小组建设是道德课堂建设的十大行动策略之一，也是道德课堂建设的三大任务之一。开展小组合作学习，是培养孩子社会适应性、合作意识、合作能力、自主性、独立性的需要。课堂上教师的主要任务是有效地指导孩子进行小组合作学习。对于小组合作学习，我们不能仅仅把它视为孩子学习方式的变革，而应该把它视为孩子成长方式和发展方式的变革，更应该视为孩子思想方式的变革。这种思想方式的变革，能够促进孩子正确价值观的形成，促进孩子的社会性发展和健康个性的发展。小组组小事大，能成就大品德，正所谓"大上有立德"。因此，我们今年表彰了325个学习小组，两千多名孩子的名字出现在了郑州市教育局的表彰文件中。今后我们每年都要为一大批孩子的心路历程上增加一道靓丽的愉悦风景。

（六）切实做好校本课程开发

校本课程所彰显的是学校的办学特色。校本课程开发要体现目标、内容、实施、评价四大课程元素。开发的原则是：围绕学校的培养目标，以孩子为本，适应孩子成长需要。学校要切实开发好心理课程、阅读课程、活动课程、社团课程、班会课程、入校课程、离校课程、家长会课程等，体现校长的课程思想，构筑课程文化，彰显学校办学特色。

"做有灵魂的教育"，彰显的是郑州教育正确的价值追求，体现的是郑州教育的大气、层次与品质。郑州教育人所追求的是有道德的教育、遵循教育规律的教育、有德性有人性的教育、回归教育本质的教育。如果我们这些成年人都能够确立"教育即心育"的理念，树立正确的德育观,遵循德育建设之道,"以孩子为本""以孩子的发展为本""以心灵感应心灵",就能够让我们的孩子望得见童年那郁郁葱葱的"青山",看得见童年那碧波荡漾的"绿水",记得住童年"梦乡"的"乡愁";就能够让我们的孩子,清晰地记得住童年的梦的生成与升华、做梦的心路历程、获得梦想实现的幸福!我们就能够与孩子们一起共享"青山绿水"与"梦乡"的快乐,就一定能够实现打造"学在郑州""影响全国"的惠民教育品牌的梦想!

谢谢大家!

(本文系笔者在 2014 年全市中小学德育建设会上的讲话)

回归本原，
让学校充满"教育的味道"

在前半场的会议中，孙红保副主任总结了上一学年我市基础教育在课程建设、教师专业发展、教学研究方面所做的工作和取得的成绩；结合大量数据，对各学段学生学业水平发展状况、高考情况进行了分析；针对教育教学中存在的主要问题，在问卷访谈的基础上做了归因分析；对全市学校普遍采用的学案教学法进行了实证研究，梳理了需要我们关注和思考的问题，明确了提高课程实施有效性的策略和路径。二七区教体局、郑州市第七中学、郑州市第一零一中学分别从校本课程建设、国家课程整合与评价等方面与我们分享了他们的实践经验，郑州外国语学校、郑州市回民中学、二七区汝河路小学呈现了他们在作业建设和指向改进的学业评价方面的校本探索，相信这些经验会对各校进一步提升教学质量有所帮助。下面，我就下一阶段全市中小学课程与教学工作谈几点意见，供大家参考。

一、体育成绩是第一成绩

上海市徐汇区向阳小学校长洪雨露说过，在各类教学活动中，体育成绩是第一成绩，第一成绩第一重要。他认为，对学生的培养教育，身体和心理是最重要的。身心素质是首要的物质前提,学生正处在身心迅猛发展时期,必须关注他们的身体和心理健康。身心素质比学习成绩更重要。要是学生身体坏了,心理扭曲了,考一百分都没用。因此,他在学校里连续二十多年推广校园足球,并且亲自上场参加比赛。

钱伟长从一个身高不达标的学生成长为远东奥运会运动员,乃至在科学上取得辉煌的成就,就是因为他"钟情体育一辈子",有一种"敢于胜利"的特质。体育尤其成为他七八十年无往不胜的支撑力量。他说,如果学校还要培养国家栋梁的话,就要重视体育。体育绝非点缀,而是国家大事。他任上海大学校长期间,曾亲自为校园足球运动队建设撰写竞赛章程。

张伯苓认为,近代中华民族之大病有"愚、弱、贫、散、私"五端,其中"弱、散、私"三病均可通过体育来根治。学校体育不仅关注技术之专长,尤重体德之兼进,体与育并重。他曾言:不懂体育者,不可当校长。在他创办的南开学校里,体育真正与智育、德育同等重要。他在南开学校推行的"强迫体育"包括体育训练、卫生习惯、严禁陋习三个方面,"每天下午三点半,教室全部锁上,每个人必须到操场参加一种球队,除了下大雨,天天练球、比赛,无处逃避"。许多南开学子对"强迫体育"都有过美好的回忆。他还是中国奥运会的创始人,被尊为"中国注重体育第一人"。

我认为,全市所有的中小学校长和教师都应该牢记"体育成绩是第一成绩,第一成绩第一重要""如果学校还要培养国家栋梁的话,就要重视体育。体育绝非点缀,而是国家大事""不懂体育者,不可当校长"这几句话,牢固树立"健康第一"的思想。全市中小学体育教学改革,应该根据"全市中小学生运动处方体育教学模式推进会"的部署安排,切实抓好"运动处方体育教学模式"的推广。

何谓运动处方?即对从事体育锻炼的人,根据医学检查资料,按其健康、体力及心血功能状况，结合生活环境条件和运动爱好等个体条件，用处方的形式确定适当的运动种类、时间及频率，并指明运动中的注意事项，以便有计划地经常性锻炼，达到健身强体的目的。

运动处方强调以学生自身发展为基础，充分发挥学生的主体作用，培养学生的能力，发展学生的个性，淡化竞技体育教育，融体育技术、健身锻炼、健康教育为一体，达到增强体质、增进健康、协调发展的目的。

为什么要推进中小学生运动处方体育教学模式？运动处方体育教学模式，既是体育与医学相结合的重要研究成果，又是道德课堂理念在体育教学领域的有效应用与实践。道德课堂的核心是"合乎道，至于德"，以合乎道的途径，至于德之目标。道德课堂主张：尊重和发挥学生学习的主体作用，尊重和遵循教育教学规律、学生的认知规律和成长规律。尊重和发挥学生学习的主体性，因材施教，实施差异化教学，才是尊重和遵循规律的，才能达到强身健体、身心健康的目的。道德课堂建设，我们只给理念，不给模式。我们要求不同学校根据校情、师情、生情，打造适合本校实际的高品质的课堂形态；我们要求不同学科根据学科特点，探索实践适合本学科的课堂教学模式。中小学生运动处方体育教学模式，就是全市广大中小学体育教师为进一步深化体育课堂教学改革，在推进道德课堂建设的过程中，综合国内外的研究成果，探索实践总结生成的一种符合规律、遵循规律的体育课堂教学范式。

因此，各个学校的校长要和体育教师一起，认真研究《郑州市中小学生运动处方体育教学模式实施方案》，明确目标任务和实施内容，吃透运动处方的内涵，把握运动处方的"运动目的、运动类型、运动强度、运动时间、运动频率、运动监控及调整、注意事项"等基本要素，研究运动处方的教学方法，确保运动处方体育教学模式有效推进。

二、课程整合是第一要务

课程整合是国家课程校本（生本）化实施不可或缺的至关重要的环节，是学校课程建设的第一要务。国家课程是国家规定的高中、初中、小学必须要开设的课程，是有相对统一的学材的课程。一所学校教学质量与另一所学校教学质量的差别，很大程度上在于对国家课程的把握。虽然国家课程是由国家制定的，但是具体到学校里，还得从教师的实际、学生的实际出发，对课程加以重新编排，包括教学内容、教学方法的处理。教师在课堂教学中首先要确定学生的起点，据此决定教学内容的详略安排：有详有略，有取有舍，有加有减。就国家课程来说，教师对教学中空白点、关键点和难点的分析把握是至关重要的。国家课程是中考、高考的必考课程，如果不对国家课程进行二次（校本化、生本化）开发，学校教学质量的提升肯定是困难的。

何谓课程整合？课程整合，即教师按照课程标准要求，依据学生学习特点，对学科内部知识进行顺序调整及内容删减，对课程进行二次开发；或将学科间的知识按照系统性、层次性的特点重新"建构"，对学习目标、学习内容、学习方法、学习评价进行校本化调适。这样能使教学不再唯学材论，而是根据学生的需求和现有水平，着眼于学生的长远发展，灵活地、有创造性地使用学材，对其内容、编排顺序和教学方法等方面进行适当取舍或调整，使学材内容和教学活动更加符合学生的需要，更加贴近学生的实际。

为什么要进行课程整合？从客观上讲，世界具有整体性，世界的不同构成元素——个人、社会、自然，是彼此交融的有机整体。文化知识作为世界的一部分也具有整体性，文化的不同构成——科学技术、艺术、道德、人文，也是彼此交融的。课程的整合性实施可以使学生的学习变得更加有意义，因为各个学科的内容本来就是以交叉的形式存在于社会生活中的，整合后可以帮助学生掌握多维度思考问题的方法，培养学生独立、综合思考问题的能力。有研究者发现，碎片化的问题设计不利于培养学生的高品质思维能力，零散、重复的教学会让学生丧失对知识学习的乐趣。合理有效的课程整合，能增强学生的学习动机和教师的成就感，使师生更巧妙地安排学习设计，节约时间。与此同时，课程整合有利于教师从"教书匠"变成自主选择和开发课程的"课程研究者"，还教师课程开发的权利，促进教师同伴之间的交流和学习共同体的成长。在学校形成教师团结协作的氛围，有利于教师更好地服务学生，减轻学生不必要的课业负担，提高学习质量。通过长期跨学科的协作与学习，能帮助学校建立学习型组织，增进教师和学生的团队合作精神。

　　课程整合的现实原因，主要是课程目标的重合。品德与社会、科学、综合实践活动三门课程都涉及人与自然的目标。地方课程中的环境教育、安全教育等，其课程目标也与上述三门课程的目标存在广泛的相容性。在实践上，可以国家课程科学、品德与社会、综合实践活动等为主体，将地方课程环境教育、安全教育等，根据学生的认知规律，编排知识内容和设计学习方式，克服因某个学科中知识点过少而采用简单识记方式学习的倾向，可以抽出专门时间系统组织学生在探究中学习。通过删减、融合、增补、重组，形成以自主性、体验性、开放性、生成性为主要特征的"主题模块"实施教学。整合后的课程称为主题课程，属于综合课程范畴。在学习内容上，体现自然、社会、人文领域与学科课程内容的综合；在学习方式上，体现实践性学习、研究性学习、合作性学习、体验性学习等多种学习方式的综合。整合后形成的"主题"教学内容，在学校内或学校间可以交流、分享。

　　整合，其实就是调整后重新组合。课程整合，首先是学科内的整合。其次才是学科间的整合、学科与学生生活经验（社会问题）的整合。学科内的整合，一定是以学科思想、学科方法为主线进行整合。整合的成果，一定是生成一个学科课程纲要。学科课程纲要中，一定是体现知识点、能力点、价值观的。作业的规划设计，一定是根据知识点、能力点、价值观进行的。

课程整合初期，教师的工作量会增大，教师可能会产生抵触情绪。但我们必须使教师认识到，课程整合是教学常规。既然是常规，就得遵守。课程整合是教学之道。既然是教学之道，就得遵道。课程整合是课程发展的必然趋势，课程整合本身对教师来说既是专业成长的机会，又是专业成长的标志，更是减轻负担、提高质量的必经之路。

当然，不是所有的知识都需要整合，有完整体系的章节只需按照知识逻辑顺序和学生认知规律组织学生学习即可，不能盲目为整合而整合。同时，在课程整合的过程中，要避免打破每个学科自身的结构和处理问题的方式，导致缺乏系统的技能和概念顺序，使学生缺乏必要的基本素养；同时还要注意避免课程整合低效而造成教学时间浪费。

在整合的过程中，学校校长要做好课程整合的统筹规划，绘制包含各个学科的知识思维导图，寻找其中重合或有联系的地方。首先是对课程整合涉及的所有课程进行统筹，确保课程目标不降低、无缺失，包括整合后的课程由谁来上、什么时候上、占用哪些课时、未整合的部分如何处理等；其次是对未参与整合的国家课程、地方课程和学校课程进行统筹，其中包含国家课程、地方课程和校本课程三者的整合实施。学校可成立"课程发展工作小组"，并对教师进行课程开发、整合方面的培训。整合的工作需要各学科教师的协作和共同努力，同时也需要每个教师自身具有综合的知识以及驾驭这些知识的能力。

三、作业建设是关键环节

从世界范围来看，在各国的教育改革中，作业是课程改革的关键词之一。由于社会和家长无法每天走进学校和课堂去了解学校教育的全貌和过程,所以,作业就成为社会、家长直接接触和了解学校教育的主要途径之一,社会和家长通过作业的质量来反观学校的教育价值导向和教育质量。

作业的价值不可小觑。作业往往会成为学生喜不喜欢一门学科、是否喜欢一位教师的重要依据。作为课程教学和评价、学校和家庭的衔接点,作业能否有效设计和实施,从某种角度直接影响到目标的达成,甚至影响到教育目的的实现与学生的健康发展。

作业是"减轻学生过重课业负担"的焦点之一,作业是课程改革内涵发展的难点和重点。课程改革推进十几年,虽然我们的课堂教学有了一些改观,但作业改革依然步履缓慢。尽管这些年我们在作业建设方面做出了努力,但是,作业仍然是教育研究领域待开垦的"荒原",作业设计与实施中"问题比经验多"仍然是一种无奈的现状。只有极少数学校关注到作业的整体设计问题,能够布置一些实践类作业。教师花费在作业设计和统计分析上的时间最少。绝大部分教师、家长和学生认可作业对学生的作用,但是多数仅仅将作业的功能定位为"巩固课堂知识与技能",最不认同作业"激发学生学习兴趣"的功能。作业设计的整体质量明显不佳:教师在进行作业设计时,作业目标意识明显缺乏,缺乏针对性;作业难度整体不高,低水平的机械重复类作业比例过高,弱化了学生的作业兴趣;作业类型极其单一,基本以书面作业为主,有少部分口头作业,合作型、实践型、开放型作业匮乏,无助于学生的全面发展。此外,教辅资料泛滥并且题目质量低下,作业批改方式欠佳并且缺乏理性的作业统计分析,学校的作业管理缺乏科学性和有效性等等问题亦普遍存在。作业设计与实施问题的严重程度和危害性,我们真的不能一再低估。

要解决这些问题,首先要转变作业观念,优化对作业功能的认识。虽然说观念不是万能的,但没有观念是万万不能的。有了观念不一定能产生实质性的改变，但没有观念就会迷失方向。就目前而言，对作业功能的认识需要实现两个转变：一是要强化作业对保持学生学习兴趣的功能，作业兴趣对于提高学业成绩有着巨大的影响；二是要适当弱化作业增强学生对学科重视程度的功能，不能强化作业越多越有助于学习的观点，不能把作业作为争夺学生业余时间的主战场。

其次，要从系统的角度看待作业问题，系统化地解决作业问题。作业问题，折射出的是整个教学系统的问题。教师必须依据课程标准的要求，参考学材的编排，合理、合规律地安排教学内容，设置教学课时，设计对应作业。要倡导单元作业设计，从单元整体上考虑作业目标的分配、作业题目的分配以及作业类型的分配。一是要依据标准，参考学材，合理将单元作业目标分解至各个课时，体现作业目标的递进性；二是分配各课时的作业题量，要注意避免新授课题目与复习课题目的简单重复，更要避免新授课题目的重复训练；三是考虑作业类型问题，对于合作型、实践型的作业，需要就单元整体进行设计，注重实效性，避免为体现新观念而过度增加此类题目。

第三，要关注教师作业方面的专业能力发展，提升作业设计与实施质量。学生作业量大、作业时间长、作业效果不佳的原因，归根结底在于教师自身缺乏设计作业的能力，甚至缺乏判断和选择作业的能力，从而导致作业品质不高，作业实施效果不佳。提高教师设计作业的能力应该成为今后作业建设的重点，包括作业目标设置、作业内容选择、作业难度确定、作业整体结构反思等方面。教师作业方面能力的发展，既需要学校系统规划，持续深入地给予教师相关的专业培训，也需要教师自身查阅有用的资料，并在实践中加强研讨，不断反思提升。

总之，作业是学生学习过程的重要环节，在学生学习中具有不可替代的地位和作用，作业作为学生个性化学习的手段，是课堂教学的延续和补充，但又不完全是课堂教学的附庸。对作业的研究需要置于学科课程整体改革的背景之下,把作业作为实现课程目标的重要组成部分,综合考虑课程标准、教学、作业和评价的系统协同作用,共同促进学生的发展和教师的发展。

这么多年以来,面对作业痼疾,各级部门颁布严格的规定,采取严厉的措施,进行严肃的处理,比如统一采用行政命令减少作业时间,比如坚决制止教辅材料的购买,等等,但是所有的措施似乎都收效甚微,学生的作业负担依然是"涛声依旧"。究其原因,在于措施的针对性与操作性欠缺,往往没有综合考虑各类要素,更为重要的是没有以系统的研究为基础。纵观国内有关作业的研究与实践,我们还遗憾地发现,国内鲜有与作业有关的完整、系统、深入且具有说服力的作业研究,现有的研究主题或者宏大,或者仅仅琐碎到某个具体的操作技巧,或者仅仅是揭露问题缺少对策,或者是缺乏学科针对性等,不一而足。种种客观的原因,加上我们自身的主观原因,导致作业成为我们实践时间最多却是研究最少的内容之一。我们似乎总是离作业的现场很近,却离作业的本质很远。

我们必须加强对作业的研究。郑州市各县(区)教研室、教科所,各个学校要把对作业的研究作为道德课堂实践研究的重要课题,力争用三年左右的时间取得突破性进展,能够生成一个成系统的阶段性成果。在大家都还没有取得突破的时候,如果我们有所突破,我们就是专业引领者。我很希望,也很渴望郑州市各个学段、各个学科的教师成为全国同仁的引领者。

四、评价改革是必须攻克的难题

在教育的改革与发展,走过了仅仅依靠分数指标、物质计量、工具价值来判断教育效益的阶段之后,我们必须对学生全面发展、学校内涵建设、教育人本价值做深度审视和实践突破。内涵发展"深水区"的攻坚难题之一就是评价改革。过去以普及率、入学率、毕业率、达标率这样一些相对比较粗放的指标来衡量教育水平的教育评价方式，已经远远不能适应社会发展的需求。原有的评价体系已经成为素质教育落实的重要瓶颈。分数指标至上，忽视学生的全面发展；评价方式简单，缺乏对学生的真实写照；结果功能单一，难以实现教学的过程改进。把考试分数作为教育教学的根本的、唯一的目的，把对学生的施压作为实现这一目的的主要手段，造成教育价值观的偏移。前述三大弊端必须根除。

今天的课程，已经不再只是学科知识的综合，而是学生在学校的全部生活，是学科、学生、学习、社会的有机整合。学生的生活经历、个人知识、直接经验正在成为课程开发的基础和依据，其核心就在于改变学习方式，以学习者为中心，让教育教学产生结构性的变革。因此，我们必须回归教育的本原，在教育价值取向上，从过度追求现实功利转向追求教育对人的发展的价值；在教育质量评价上，从过度注重学科知识成绩转向全面发展的评价。现在，中小学生学业质量评价改革的焦点，并非改还是不改，而在于朝什么方向改和怎么改。开展什么样的评价、怎么实施评价、如何对待评价结果，都是评价改革的关键。教育质量检测是国际通行做法，世界各国将其作为促进本国教育质量提升和教学教育质量比较的重要手段。

我们这几年一直不遗余力推进的义务教育"健康体检"和高中"增值评价"，以学生身心健康指数、学生学习生活幸福指数、学生学业成就发展指数为综合指标，以学生健康快乐成长为追求，关注学生的学业成绩、品德行为、身心健康、学习动力、学业负担等，改变了长期以来只关注学生学业成绩单一指标的现象。其采用现代评价技术和方法，从系统论的视角对学校教育进行全程性的描述和测量；评价功能主要是诊断与改进；是一种从教育投入、产出两个方面对教育质量进行描述与评价的综合评价，是一种体现了素质教育基本要求和国际教育质量评价改革总体趋势的现代教育质量评价。

郑州市评价改革的总体架构是：逐步建立政府层面（市、县区）的基础教育质量综合评价体系和以校为本的教育质量综合评价和保障体系。我们首先开展"区域教育质量健康体检与改进提升"项目实验研究，建立义务教育学业质量评价的基本框架、技术基础、监测工具，构建郑州市义务教育学生学业质量综合评价体系（健康指标）。其次，横向延伸，在义务教育学业质量综合评价的基础上，增加对教师和对学校的评价，并结合高中"增值评价"项目的研究成果，将义务教育阶段的研究与实施经验推向普通高中，逐步形成郑州市基础教育质量综合评价体系。第三，纵向深入，构建以校为本、基于过程的教育质量综合评价体系。宏观的评价结果只能呈现整体的状况和趋势，不足以直接解决一所学校改进教育教学环节的问题。对学生学习过程的即时评价，并依据反馈用于下一阶段的教学改进，需要建立以校为本的质量保障体系。

评价改革是以校为本的。目前，最重要的是解决"学业质量评价体系校本化"问题。"学业质量评价体系校本化"，制订合适的方案，需要三个方面的支撑：一是指标的选择。"健康指标"内容丰富，校本化实施中首先需要根据不同的办学水平、办学现状，不同的学情、师情，有针对性地选择研究指标。二是数据的获得。学生在学习过程中所表现出来的负担、压力、兴趣、态度、观念等状态，要通过基于过程的真实性评价来有效获得。因此，学校应该开辟和利用有效途径获得学生的真实数据。三是结果的分析与运用。评价的主要功能，不是证明、排队，而在于正确引导、合理分析、科学改进，让管理、教研、教学架构到科学的评价信息上来，解决学业成就背后的关键问题。"学业质量评价体系校本化"，当下最急需的是校长、教师学会研究、分析、使用"区域教育质量健康体检与改进提升"项目的"学校报告"。当然，市县教研部门和科研部门如何研究、分析、使用各自的报告，也是当下亟须解决的关键问题。

评价改革，是对专业领导教育发展能力的一次考验，也是提升专业领导力的一次契机。教育质量评价是国际性难题。但是，为了孩子们的全面发展、健康成长，我们必须迎难而上。通过评价改革的推进，我们要推动教育管理模式的转变，形成"综合评价→问题认定→原因分析→教育决策→行动落实"的良性管理机制，推动教科研方式的转变，推动教育教学行为的转变，推动培训、督导等相关领域的协同改革，推动社会价值观念的转变，以回归教育的本真。

体育成绩是第一成绩，第一成绩第一重要，这是教育常识。课程整合是教师的教学基本功，是有效教学的前提条件，是课程建设的第一要务，又是教育常识。加强作业建设，提高作业的针对性，实现教、学、评的一致性，提高教学效率，也是教育常识。把学生当成一个完整的人，改革评价内容与方法，解决学业成绩背后的问题，促进人的发展，促进人的健康快乐成长，更是教育常识。既然是教育常识，我们就应该敬畏教育常识，尊重教育常识。只有敬畏、尊重教育常识，才能回归教育本真、教育本原。只有常识、常规，才是"原汁原味"的。只有回归教育本真、本原，才会有"教育的味道"。让我们为回归教育本真、教育本原，回归"教育味道"而一起努力。

谢谢大家！

（本文系笔者在2014年全市课程与教学工作会上的讲话）

让"悦读"成为一种心常态

教育需要一种花苞心态,生长是花朵的自然属性,我们要做的只是疏松根系、涵养水分和耐心等待,至少不要挡住阳光。叶圣陶先生的话道出了教育的真谛:教育不是工业,把产品以固定的模式和流程批量生产出来;教育是农业,给予作物适当的土壤、养分和阳光,它们就能自己成长。适当,意味着撒下的如果是小麦种子,就不能用种植土豆的方法来培土、施肥、治虫。"顺木之天,以致其性。"种树仿佛育人,育人犹如种树,生命有差异,成长各不同,最常态的表现永远是:适合而生、适宜而长。适合的才是最好的。让每一个拔节成长的生命,都能以最美的姿态精彩绽放,就是好的教育。

如何为学生营造适合的教育?新郑市的经验,一是放手——让生命成长的土壤更具生机。解放学校,为孩子们创设一个自由呼吸的空间;解放学生,成就学生自然生长。二是涵养——让生命成长的源泉更加丰盈。通过"顶层设计"和"润物无声",让学生体验道德影响力。三是培育——让生命成长的空气更有味道。和谐温馨的文化氛围,让孩子们吮吸品味着教育的原汁原味。四是播撒——让生命成长享受更加多彩的阳光。五彩斑斓的课程,成就了学生的姿态万千。五是积淀——让生命成长的根基更富营养。书籍的营养,丰盈了孩子们的精神世界。

大家要认真研究和借鉴新郑的经验，丰满自己的理念，改善自己的行为，增强行为的效果，为孩子们提供适合的教育，静听孩子们生长的声音，分享孩子们生长的幸福。结合新郑市的经验，就下面几个话题谈一谈我自己的感悟和生成，以期达到抛砖引玉的效果。

一、阅读是一种生命状态

这是一个读懂阅读的问题。一个人的自然生命要生长，需要物质食粮；一个人的价值生命要生长，需要精神食粮。读书，是一种最自然的生命状态，是一种须臾不可缺少的存在方式，是一种至贵至美的人生境界。一个人的精神发育史就是他的阅读史；一个民族的精神境界取决于这个民族的阅读水平；一个没有阅读的学校永远不可能有真正的教育；一个书香充盈的城市才能拥有美丽的精神家园；共读共写共同生活才能够拥有共同语言、共同密码、共同价值。因此，多年来，郑州市教育局一直把阅读作为最根本、最基础的工程，把营造"书香校园"放在学校教育的三项基础性、常规性工作的首位。

在今年"两会"中外记者见面会上，有记者问李克强总理为什么那么看重全民阅读，并且连续两年写进了政府工作报告。这真是一个很有趣的现象，也真的让人弄不懂了：难道全民阅读的事情算不上国家大事，或者不够迫切吗？且不说多数人读了些什么书的问题，单是我国成年国民年人均阅读图书仅四本，电子图书阅读量也就两本，就让人难以启齿。全民阅读一定要成为一项国家战略，这是"两会"代表一致达成的共识！

至于阅读的重要性，总理从个人层面、社会层面、生活方式与工作方式结合的层面，回答得很清楚了。其实，当下更要紧的不是讨论全民阅读的重要性，而是如何倡导和推动全民阅读。对此，我个人认为应该解决好"阅读的广度"和"阅读的深度"两个问题。

首先是拓展阅读的广度。应该说，从小培养阅读的兴趣，是逐渐形成全民阅读习惯的根本途径。如果一个人从小就对阅读感兴趣，养成阅读习惯，渐渐地，阅读就会成为一种生活方式，读书就会成为他的终身爱好。而且如果大多数人都有阅读的爱好，都将其作为一种生活方式，自然而然也就形成了书香社会。其中非常重要的一点，就是在中小学教育阶段，让孩子充分感受到阅读之美，培养孩子对阅读的热爱。

就目前而言，我们的中小学教育在这方面发挥的积极作用少，反作用多。这主要是以应试为目的的语文教育，不仅败坏了孩子对语言文字的亲近感，而且影响了孩子们的阅读兴趣；刻板化的语文教材选文，让人无从感受语言文字之美；填鸭式的知识灌输，肢解了文字的感性力量；陈腔滥调的作文训练，让学生丧失了发乎内心的表达欲。这一切，无一不在慢慢腐蚀学生对知识的感知和对阅读的兴趣。因此，形成全民阅读氛围，有赖于加快基础教育课程改革，让孩子们在中小学教育阶段，亲近母语，热爱阅读，养成课外阅读的良好习惯。一门好的语文课，不是让学生记住一篇课文的中心思想，而是让人从中感受到语言文字的魅力，体会到阅读的美好。如此，才能逐渐形成全民阅读的氛围，并且长期保持下去。推进道德课堂建设，提高课堂效率，把课外时间还给学生，让学生有时间阅读，不仅仅是语文教师的问题，更是所有学科教师的共同责任。

其次是抵达阅读的深度。阅读的深度，决定着思想的高度。抵达阅读的深度，这是教师有效指导孩子阅读的目标。叶圣陶先生说过，"阅读主要靠学生自己读书，自己领悟"。读书，一是熟之，读得佳句在胸。这是一个熟能生巧的过程，更是体验感悟的过程。二是入之，读得自我陶醉。促使学生、作者与文本的情融汇在一起，达到三情和谐，形成共鸣；当孩子进入阅读的情境，是"入进去"，是性情的陶冶，是入境的体验，这样方能体味到阅读的乐趣。三是疑之，读得自能生问。阅读贵在有疑，有疑才有问，有问才有探究，有探究才有收获，这是阅读治学的至理。

四是跳之，读得自我生成。文本的意义永远只对向它敞开历史的人呈现，学生的体验和解释是揭示作品的意义的关键；当孩子跳出文本，于生疑之处探求文本理解的创新之时，就是孩子精神成长和阅读品质提升之时。

2012年5月，美国馆藏量最大、历史最悠久的国会图书馆遴选出88部对美国社会最具影响力的书籍，定名为"塑造美国的书"，包括诗歌、散文、小说、戏剧、人文经典著作、科学著作以及儿童读物等。国会图书馆的专家表示，这些书体现了"美国精神"的形成，对于美国国家民族的认同有着重要的意义。同时，这些书承载着人类对科学文化不断追寻和探索的奥义，对了解美国社会及其发展有着重要的作用。难怪，多少年来，有不少人一直在追问：是什么塑造了美国人的精神世界？

语言学家吕叔湘先生说："我认为对祖国语言的理解、欣赏、热爱，这也是爱国主义教育。"语文体现着民族精神品格、审美情趣、文化内涵。教学生理解、使用、热爱语文，就是教育学生热爱人民、热爱中华民族、热爱社会主义祖国。可以说，语文的德育内容不必外求，其本身就是最好的德育。

当下，真的是没有必要再去争论语文的属性问题，当务之急，是各个学科教师都要加强阅读，提升自身的语文素养，让孩子有时间读，指导帮助孩子解决怎么读、读什么的问题。拓展阅读的广度，抵达阅读的深度，我们期待琅琅书声的本色回归，期待孩子们在正确方法的指导下，读出作者的匠心独运，读出文本的精致内涵，读出文本的春华秋实，读出孩子们童年的青山绿水，读出中华民族的民族精神。

二、体育运动是美德的搬运者

这是一个读懂体育的问题。古希腊的历史文明印证：体育运动是美德的搬运者。有着136年办学历史的加拿大著名的雷克菲尔高中，有着颇为独特的校训：高尚的灵魂寓于强健的身体。

"寓德于体""体德并进",即以体育德,融道德教育于体育之中,在体育活动中培养学生良好的道德品质,让学生强身健体的过程成为学生人格健全和发展的过程。这一思想古已有之。古今中外不同历史时期、不同领域和不同学派,诸多著名的哲学家、教育家、思想家及体育家,都曾对道德教育与体育的关系进行过深刻阐释,他们都认识到体育对人基本品质发展的独特价值。

我们的任务是,在课程改革的背景下,把体育作为全面推进素质教育的突破口和切入点,充分认识和切实把握体育的固有品质,弘扬古今中外"寓德于体""体德并进"的教育思想,发挥体育对人的基本品质培养的价值,从而提升体育的教育价值和教育品位,以实现体育教学的育人目标。

体育教学具有身体练习和开放空间的特征,体现出竞争性、实践性、直观性、社会性和突发性等特性,这为学生的德性培育提供了良好的环境和条件。国内外自古以来重视在体育中培养人良好的德性品质,如勇敢、顽强、进取、忍耐、竞争、合作、公正、公平、自立、尊重及责任等。体育课程以其丰厚的德性内涵,成为学生德性生成的重要源泉,是学校道德教育的重要课程资源和实现途径,具有其他学科不可比拟的价值和魅力。

体育教学中的道德教育目标,要合理设定和明确表述,要符合学生的年龄特点,体现出层次性与差异性;目标的实施,要遵循因材施教、持之以恒、循序渐进和全面发展的原则。体育的竞争精神是德性生活的特征,体育的最大魅力在于永恒的竞争,在于有规则的、公正的、平等的竞争。学生在奋力拼搏和积极进取中,恪守体育的规则,追求体育的价值,锤炼拼搏、进取、公正、自律和节制的个性品质。体育的魅力还在于不停地追求与超越,学生从中激发自己的运动潜能,挑战自身的生理极限,努力实现自我超越,以追求个人的健美、完善、聪慧、愉悦,进而追求人类社会的友谊、和平、公正、进步。

郑州市的中小学体育课程改革已经走在了前面,"寓德于体""体德并进"的思想已经成为行动的引领,"运动处方"体育课堂教学模式的推广已经全面展开。绝大多数学校都根据学校的现有条件进行了卓有成效的实践与思考,初步掌握了根据学生体质状况进行分组的方法,并针对实施操作层面遇到的问题研究了改进的措施,对"理念推动教学"已经有切实的感悟。"数据采集的真实性"成了各个学校要解决的首要问题,"学处方、用处方、看疗效、调处方"成了广大体育教师所遵循的基本工作方式,"走班"成了广大体育教师的自觉行动,"课题研究"成了广大体育教师的自觉需要。但是,两个突出问题仍存在,即概念不清、观念滞后。目前,要解决的首要问题是理清概念。"运动处方体育教学模式",是新课程背景下的体现道德课堂理念的体育课堂教学改革的有效范式,是课堂教学范畴的概念,不要把学校所有的体育活动都置于"运动处方"的概念之下,反对用"大课间处方""田径处方""球类处方""社团处方"等概念。至于为了巩固提升课堂教学的效果,根据学生的体质状况,为学生开具的课外锻炼处方,那是课堂教学的延伸与拓展,是课外作业、家庭作业,可被叫作"课外处方"或者"家庭处方"。而"把运动处方教学模式与体育课堂教学有机结合起来"这种说法,更是典型的概念不清。其次是更新观念,读懂体育。对学生小组,不要称作"优组、良组、弱组",或者"强组、中组、弱组",而要称作"A组、B组、C组",或者"一组、二组、三组"。这不是简单的称谓问题,而是学生观和对学生的呵护与尊重的大问题。当然,还有进一步提高对体育教育本质的认识的问题,这是体育观问题。因为教育不是一种简单的操作行为,而是一种基于理念的行动。

随着"运动处方体育教学模式"深入实践,课堂教学有效性的持续凸显,学生对体育课兴趣的持续提升,大课间活动的有效落实,其他群体活动的扎实开展，师生关系的不断改善，学生学校归属感的不断增强，"寓德于体""体德并进"的思想就会真正落地，学生掌握终身受用的锻炼身体的技能的过程、强身健体的过程就会成为学生的人格健全和发展的过程，也就落实了立德树人的根本任务。

三、孩子是家庭美德的使者

这是一个读懂家庭教育的问题。家庭是社会的基本细胞，是人生的第一所学校。不论时代发生多大变化，不论生活格局发生多大变化，我们都要重视家庭建设，注重家庭、家教、家风，紧密结合培育和弘扬社会主义核心价值观，发扬中华民族传统家庭美德，促进家庭和睦，促进亲人相亲相爱，促进下一代健康成长，促进老年人老有所养，使千千万万个家庭成为国家发展、民族进步、社会和谐的重要基点。2月17日，习近平同志在春节团拜会上的讲话中对家庭的论述，阐明了家庭建设、家庭教育在国家发展、民族进步、社会和谐中的重要作用。中华民族历来重视家庭建设，把家庭建设看成是和谐社会、国家建设的基础性工程，而不是一件单纯的家庭事务。中国既有"求忠臣于孝子"的古训，也有"齐家、治国、平天下"这样的伦理境界。目前，中国的社会建设亟须补上家庭建设的短板，以有效地应对家庭教育面临的前所未有的挑战。

第一，要正视家庭教育存在的问题。无论是社会的还是家庭的文化建设、道德建设、伦理建设都缺失和薄弱，这是一个非常严重的深层危机。家庭建设中最主要的问题是家庭精神的迷失。习近平同志讲家庭建设的"三个注重"，主要抓的还是深层精神的问题，可以说切中要害。家庭教育存在着两个基本危机，第一个危机是谁来做家庭教育。当然是父母，广义一点叔叔、伯伯等家族长辈都可以。现在还有多少父母能够真正认真地做家庭教育，还有这种意识，或者还有这个精力和能力。第二个危机是家庭教育内容完全偏离。有的家庭基本上只关注子女的学习和分数，有的家庭基本上关注的是挣钱。一个关注分，一个关注钱，使得我们在树立核心价值观方面遇到相当大的阻力。还有溺爱无底线。一个是没有道德底线，如家长坐公交车带着孩子逃票等。还有一个是没有教育底线。过去的家长都嘱咐老师严格管教孩子，现在完全相反，孩子吃一点小亏就找学校闹事。这是一种扭曲的家庭教育。家庭和社会的配合是一个大问题。

第二，要正确理解和界定家庭教育的概念。家庭教育的现有概念存在问题。什么是家庭教育？相关的著作、论文和词典对这一概念的解析都是把家庭教育作为学校教育的附庸和依附来看待，并没有把它当作一个独立的教育形态，当作具有独立价值、独立使命和特殊规律的领域。一说教育就是学校教育，言教育必学校，这是一个很大的误区。本来各有使命、各负其责的学校教育、家庭教育两大教育形态，前者被"加倍期待、加倍投入、加倍负担"，后者则被严重削弱，自乱营盘，失守应有职责。一边是某种程度的"教育过度"，另一边则是某种程度的"教育失责"。

裴斯泰洛齐三百年前就讲过，一切学校教育都应该以家庭教育为基础，就是说家庭教育应该是人类一切教育最基本的形态。学校教育固然非常重要，但是不能抹杀家庭教育的独特性，不能漠视家庭教育的独特规律。其实人类有学校教育的历史不过四五百年，中国从有正规学制开始算最多一百多年，而家庭教育有几千年的历史。学校教育本质上是为工业化批量生产专业人才服务的教育，它的目标是培养人才。而家庭教育是培养人格、涵养人性的教育，它最终带来的是人生的幸福。二者之间存在着交集，但又有其基本的分工和各自独立的价值存在。所以，把家庭教育完全作为学校教育的附庸和助手，这种界定需要探讨。

第三，承担指导家庭教育的责任。学校有责任指导好家庭教育。在正视家庭教育存在的问题、正确理解和界定家庭教育的概念的前提下，首先，要加强家庭价值观建设的指导。要充实完善家庭教育的内容，研究开发好"家长会"课程，设置指导家庭价值观建设的内容。家庭价值观，即一个家庭及其成员在家庭内外活动中所信奉的是非、善恶、对错标准，是一个家庭及其成员共同的理想信念和做人准则。家训是对家庭价值观的凝练和表达，是家庭价值观的核心体现。家风是对家训的追求和实践。家风亦即"门风"，是一个家庭或家族在长期的生活中逐步形成的，被家庭、家族成员认可并共同遵循的生活方式、生活习惯、思想作风、审美观点、价值取向、精神追求等方面的总和。家风不是物质层面的东西，跟家庭、家族的贫穷与富有、社会地位高低没有关系。家风是精神、文化层面的东西，属于意识形态范畴，也可被称为家庭文化。指导家庭价值观建设，促使学生传承或者形成良好的家风，是我们的责任。

其次，要精心培育好"未来的父母"，尤其是"未来的母亲"。苏霍姆林斯基有一段忠告："请记住，远不是你所有的学生都会成为工程师、医生、科学家和艺术家，可是所有的学生都要成为父亲和母亲、丈夫和妻子。假如学校按照重要程度提出一项教育任务的话，那么放在首位的是培养人，培养丈夫、妻子、母亲、父亲，而放在第二位的才是培养未来的工程师和医生。"我们每一个人都应该以培养儿子、女儿的心态来解读自己的职业，秉承挑选女婿、儿媳的理念来改造自己的行为。学校应该根据中小学生守则、社会主义核心价值观、中华民族优秀传统美德等，依据一定的分类，为学生制定具体明确的品德行为标准，并在持续习练的基础上让学生内化为自己的价值观，以监督家长、影响家长、影响他人、影响社会，为十年、二十年之后培养他（她）的孩子和家庭建设奠定基础。这样才能达到总书记寄予的让家庭建设、家庭教育在治国方略中发挥重要作用的期待。

中国是一个十分重视家庭的民族，在汉语中，国与家不可分割地联系在一起，这是任何其他国家语言所不具有的深刻意蕴。家庭好了，教育才会好;父母好了,孩子才会好;家庭教育好了,学校教育就会轻松高效。这是一个非常简单却管用的道理,需要我们全力践行。

四、话语体系是一种文化品位

这既是一个读懂自己的问题,也是一个读懂时尚、读懂发展的问题。语言是思想的反映。我是想探讨一下教师的话语体系对学生成长的引领作用问题。如果"话语体系建设是一种文化建设"是一个真命题的话,那么,教师的话语体系就一定具有育人的功能。

黎巴嫩纪伯伦有一句话说得好:"我们已经走得太远,以至于忘了当初为什么要出发。"话语体系是一个人教育价值观的直接反映,也是一个人文化品位的展现。前面我已经讲过,教育不是一种简单的操作行为,而是基于理念的行动。我们不仅仅要实现思想引领、专业引领、人格引领,还要实现时尚引领。这里的"时尚",不是"时髦",是与时俱进,不只是跟得上时代发展的步伐,更要站在时代的潮头。一个人有没有话语权,一定程度上取决于他的话语体系。曾有这样一个说法,科技的发展一日千里。当下的科技发展,其实是一小时千里,一秒千里。今天的学生,是要适应十年、二十年之后的社会需要的,适者生存。如果我们明白当初出发的目的,那么,我们为什么不能与时俱进、更新观念、改造甚至重建自己的话语体系呢?往小处说,这是一个我们能不能获得自己应有尊严的问题;往大处说,这既关系到学生以及我们自己的幸福,也关系到国家、民族的前途命运。

话语体系建设,可以从以下几个方面思考与实践:

一是角色转换方面。要从管理走向服务,走向发展。变学校管理为学校发展,变教师管理为教师发展,变学生管理为学生成长,变班级管理为班级建设,变后勤管理为后勤服务,等等。能不用"管理"这个词的地方,尽可能不用,它太沉重、压抑。我们是为孩子的成长提供服务的。角色转换了,心态会随之改善,幸福指数会随之提升。

二是教学创新方面。变教学管理为教学诊断、教学改进,变听课为看课、观课;变教室为学室,变教材为学材,变教案为学案,变教学目标为学习目标;基于标准的教学,基于思想方法的教学,从"双基"走向"四基",教、学、评的一致性,教育质量综合评价,区域教育健康体检,增值评价,等等,应该成为日常教学用语。

三是秀晒幸福方面。俗话说,孩子都是自己的好!谁家的父母,会天天在外人面前说自己的孩子坏?不要说自己的"学生素质差",这有损自己的形象;不要总在别人面前说自己同伴的坏话,别人会对你的人品产生疑问。把周围的人看成魔鬼,自己就生活在地狱;把周围的人看成天使,自己就生活在天堂。秀儿子,"晒"幸福;秀学生,"晒"幸福;秀同伴,"晒"幸福;秀单位,"晒"幸福。

四是时尚潮头方面。同学们真给力啊!同学们都蛮拼的,给大家点个赞!朝着自己的目标,任性地走下去!类似这些体现正能量、时代气息的网络用语,适当地使用,会完善自己在学生心目中的形象,有助于自己走进孩子的世界,真正成为"成人世界派往儿童世界的使者"。

一个时代有一个时代的话语体系,一个人有一个人的话语风格。荀子说:"口能言之,身能行之,国宝也。"我们应该及时地融入时代话语体系,引领创新,引领发展。"互联网+河南",加的不是一点点,城市交通、教育、医疗、政务、金融等众多领域,将释放出智慧城市巨大红利。我们怎样才能最大限度地分享红利?创客时代,前途一片湛蓝。处处是创造之地,天天是创造之时,人人是创造之人。"创客运动"让孩子们"玩创新",鼓励将创意变成行动。美国政府敏锐地看到了这一点,计划自2012年起用四年时间在1000所中小学校引入"创客空间"。如果我们也能趁着这个潮头,把"创客空间"整合到教育项目中,把课堂变成一个制作、交流、共享的活力空间,撬动和改变整个教育生态,幸莫大焉。

做教育的人，需要保持一种心理常态。任何一个人，每天早上一睁开眼就开始了阅读，阅人、阅事、阅万物。一踏进校园，阅学生、阅同伴、阅校长，就成了常态。阅他人，就是阅自己。读懂了自己，才会读懂他人，才会产生喜悦之情。读懂了阅读，读懂了体育，读懂了家庭教育，读懂了评价，读懂了时尚，读懂了发展，才能从阅读走向"悦读"，才能记着自己当初为什么要出发，才能一路保持一种向善向上的心理常态，才能获得原本属于自己的那份幸福。

大道至简，"悦读"他人，幸福自己，成就未来。

让"悦读"成为一种心常态！

（本文系笔者在 2015 年全市中小学德育建设会上的讲话，选用时有所删减）

让创新成为学校生活的主旋律

生活很美好,一定要好好生活。这句话是我多年来的一句口头禅。因为教育就是为了改善人的生活,促进人的幸福。改善生活,无论是物质的,还是精神的,其实就是更新生活的内容,创新生活的方式。回过头来,仔细审视一下这些年我们所走过的路,就是一条创新的路。就是因为创新,我们对生活的美感度、幸福指数、品位才有了提升。从围观别人到被围观,从倾听别人到被倾听,其实就是改善生活、提升生活质量的过程。单就"课程与教学会议"来说,会议的内容也在不断创新。无论是郑州市教研室、二七区教研室,还是郑州市第四中学,与我们分享的都是这些年工作创新的成果。只是还有一个小小的缺憾,就是我们未能筛选出高中"增值评价"和初中"健康体检"的成果与大家分享。仔细想想,这是一种缺憾美。追求完美,只是一种愿景。追求完美的过程,其实就是一个不断地弥补缺憾的过程。为了弥补缺憾,我把自己的思考与大家分享。

一、实施创客教育,让学生人人成为创客

创客,作为自信执着、乐观勇敢、善于发现并将奇思妙想变成现实的"顺时代人群",是新世纪的造梦者、逐梦者。他们是以个性需求为导

向、追求自身价值实现的创意精灵；他们将跳跃着的梦想音符编织成美妙的音乐，用智慧的火把照亮未知的夜空，成为技术产业领域最鲜活的血液；他们以强大的生命力，推动和引领新一轮产业革命，也为教育的改革与发展提供了新的方向。

（一）人类社会第四次教育革命的实质与核心

创客运动，是世界各地正在进行的技术和创意的革命。幸运的是，对于教育人而言，创客运动天然地与儿童的天性和学习力量高度吻合。今年的全国两会上，"创客"一词首次出现在政府工作报告中，报告还第一次用"大众创业、万众创新"来描述对就业问题的期待。这些词瞬间成为最热门的话题。教育的改革与发展要为"中国创造"服务。"互联网＋"战略的提出，意味着国家层面的战略布局，在教育领域将产生出新的教育教学模式，同时也将催生新的教育服务业态。这是基础教育发展与改革的机遇和挑战。从微课、慕课、翻转课堂到创客运动——我们是在见证一场新的教育革命。

回顾人类教育的发展史，社会形态的更替和媒介技术的发展一直是推动教育产生变革的根本性力量。迄今为止，人类社会已经经历过三次教育革命，目前我们正在见证着第四次教育革命的发展和演变。

第一次教育革命发生在原始社会向农业社会的过渡期，其标志是文字和学校的出现。第二次教育革命发生在农业社会，其标志是造纸术和印刷术的发明。第三次教育革命发生在农业社会向工业社会的过渡期，其标志是班级授课制的出现。第四次教育革命发生在工业社会向信息社会过渡的当下。以计算机和互联网为代表的信息技术正在引发教育系统的全面变革：教学对象由"数字移民"变为"数字原住民"；教学环境由线下的教室课堂变为线下线上融合的"O2O"环境；教学资源由纸质的教材课本变为海量的在线资源；教学模式由以教师为中心的知识传授转变为以学生为中心的混合式教学和翻转课堂等。

与前三次革命一样,第四次教育革命也是一个漫长的过程。当前微课、慕课、翻转课堂和创客运动是第四次教育革命的最新发展态势,也是这场革命的重要推动力量。"创客运动"就是在全球范围内推广创客理念和推进创客实践的时代潮流,包括开放共享的理念、动手实践的精神以及对新技术的极致追求等。

在创客运动的带动下,创客教育日渐兴起。在创客教育中,学生被看作是知识的创造者或贡献者,而不仅仅是消费者。如同北京十一学校校长李希贵所言:"过去教材是学生的世界,今天世界是学生的教材。"创客运动正在创造一种教育文化,鼓励学生参与其中并针对现实世界的问题探索创造性的解决方案。

如果说微课是信息化环境中的教学资源,慕课是在线教学平台,翻转课堂是教学方法论的话,那么,创客则是最终的培养目标。透过微课、慕课、翻转课堂和创客教育,我们可以清晰地看到第四次教育革命所带来的教育理念和教学模式的变化,即基于班级授课制,以教师为中心、教材为中心、教室为中心的知识传授模式,逐步让位于基于广泛学习资源,以学生为中心、问题为中心、活动为中心的能力培养模式。这种教育理念和教学模式的变化,才是第四次教育革命的实质与核心。

(二)中小学生要先会"造"再去"创"

创客教育是普及教育,不是精英教育。创客教育是一种教育活动,但它并不只是针对青少年学生的,而是针对全社会所有人的,期望社会的每个人都能够像创客一样去把自己的想法付诸实践。在学校教育的层面上,创客教育是一种不以比赛为目的的、让每一位学生都能参与的学科融合性的、实践性的、创造性的学习活动。它视学生为知识及物化产品的生产者,并且让学生在物化知识中学习,在这个过程中每个学生都是创客。建构主义学习理论相信学生是通过建构一个可以分享的物品来学习的,叫作"建构以思考",学生通过做东西去思考,而不是仅仅只停留在对知识的记忆上。

创客的本意是"制造者",指的是那些出于兴趣爱好,把各种创意转变为现实产品的人。我们要特别关注"转变"这个词,这个词很重要!就整个国家而言,要从"制造"走向"创造",需要的是创意、创新。但对每一个个体而言,创客运动呼吁大家从物的消费者走向物的创造者。要实现这种转变,不仅需要创意、创新,同时还需要会"制造",能"做"出一个实物来。而且细想起来,"造"应该在"创"的前面,因为如果你只有创意,却不能造出东西来,那你仍只能去消费别人造的东西。

我们必须要理解这一点。否则,学校中的创客活动很容易走到拼创意的路子上去,最后成为极少数人的游戏甚至竞赛,或者变成学生背后的家长、教师在拼创意。不是说"创"不重要,但在基础教育阶段,我们应该重点帮助孩子打好基础,练好基本功——"造"。即使现在大家都在谈创造、创新,学校也不要被这股热潮冲昏了头脑,就算喊着"创"的口号,实践中也应该多侧重点"造",而不要过度苛求学生出创意、会创新。更重要的是要让尽量多的学生参与进去,动起手来,"制造可以触摸的实实在在的物品"。人的成长是有一个过程的,小的时候会"造"了,长大有了一定的条件,"创"是水到渠成的事情。这是符合规律的,因而是道德的。

创客教育的最终目的是培养学生的开创性个性。教育拥抱创客运动的关键在于保留其最精彩的部分,即在教学过程中保持以学习者为中心的态度——虽然我们常常忘记这一点。学校要真正从知识传授中心,转变成以实践应用和创造为中心的场所,把学生看作是创造者而不是消费者。"做"是最重要的,要让学生通过做东西来学东西。

(三)教育人要担负起"教育担当"

李克强同志曾经指出:"让创客一代的奋斗形象伴随着中国经济的升级,成为创新中国、智慧经济的重要标识。"实施创客教育,是我们这些教育人的教育担当。

一是要解决"观念孤岛"问题。首先要重新认识"创新"。搜狐教育有一项关于教学创新的调查，66.6％的一线教师认为：因为教学任务重，没有精力和时间进行教学创新。这真是一个天大的国际笑话！这种观点与十多年前"教师教学任务重，没有时间搞校本教研"的观点如出一辙。真是滑天下之大稽！其实，这是一种典型的"心理贫困"，是职业倦怠、职业疲惫，甚至职业痛苦的重要根源之一。"创新"一词，很重要的含义就是"更新与改变"。新世纪推进了十五年的课程改革本身就是创新，教学理念需要转变，课程、课堂、评价等等都需要重建，由此言之，创新与日常教学又怎会对立呢？

其次要"＋"上互联网思维。"互联网＋"时代，在重新认识"创新"的基础上，我们必须"＋"上互联网思维：运用"跨界思维"，让教师拆除思想的藩篱，以跨行业、无边界的思维来思考问题；运用"平台化思维"，建构多方共赢的生态圈；运用"大数据思维"，来改善自己的教学行为；运用"碎片化思维"，把学习分解到非正式场合；运用"迭代思维"，在不断的自我反思中成长；运用"免费思维"，让教师学会知识共享；运用"用户体验思维"，促进教师"以人为本"理念的确立。让我们主动改造自己，做一个"互联网＋"时代的教育人，永立时代的潮头！

第三要树立"生活设施"观念。信息时代赋予教育公平新的内涵。互联网就像道路、水、电一样是一种必不可少的生活设施，如果我们不能为孩子们提供这种生活设施，就无法缩小数字鸿沟，也无法实现信息公平。"互联网＋"所体现的是以人为本、人人受益的普惠原则，如果我们不能充分地利用互联网，对我们的孩子来说就是一种新的不平等。2013年的课程与教学会上，我谈的是"利用网络解决共性问题，利用课堂解决个性问题，成就学生更自主的学习"；今天我要讲的是"利用网络既可以解决共性问题，又可以解决个性问题"。我们的名校，尤其是传统名校，如果不积极拥抱互联网，去解决好冰（老师摸不着头脑：冰）火（互联网新模式层出不穷：火）的问题，就会被使用互联网的名校淘汰。

第四要确立"创客是改革的新生力量"的理念。新课程改革的核心理念，就是要转变教师教的方式和学生学的方式，这与创客教育的理念是一致的。创客，既是课程改革的新生力量，又是课程改革新的载体和新的抓手。如果我们的学生都在搜索信息、选择信息、使用信息、创造信息的基础上，成为学习资源的创造者、建构者，那么我们的学生也就走上了创客之路。

过去，人类文明从石器时代走到青铜器时代，并不是因为我们的祖先把石头用完了；今天，人们不用胶片相机了，改用数码相机，也不是因为柯达公司的胶片技术不够先进；今后，我们的学生不到教室上课了，并不是因为大学的排名不够靠前、院士不够多等等。技术促进人类文明走上新的台阶，我们必须及时转变观念。

二是要解决"学"而不"习"问题。子曰："学而时习之，不亦说乎？"强调的是"习"的重要性。习，就是做、动手、实践。课程改革十五年了，有些人课堂上还是一讲到底，用自己的讲代替学生的学，他心目中的"习"就是作业，重复的海量的作业。就连理化生实验操作课，也还是课本上做实验，黑板上做实验，学生就没有动手的机会。这不是条件装备的问题，而是理念问题，是还学生"学习权"的问题。1985年，联合国教科文组织发布的《学习权宣言》强调，学习权是每一个人生存和发展不可缺少的条件。学习方式，是一个人的生存方式、思维方式、发展方式。新课程所倡导的"自主、合作、探究"的学习方式所承载的是我们的教育梦想。

三是要创设学校"创客空间"。要像装备图书馆、实验室一样，为学生装备创客空间。学校创客空间要做到三有：有一个固定的场所能够让学生来造物，而且在课余时间学生绝对能够进入这个场所；有一个老师能够陪着孩子们去做,而不一定是指导,因为孩子要做的东西太多;有一系列课程来教孩子们怎么造物。结合每年一次的全市中小学生科技创新大赛,每年举办一次"创客大赛"。从2016年开始,像招收体音美特长生一样,在省示范高中试点招收"创客人才"。

基础教育处牵头、教科所参与、信息中心负责拟定《关于实施创客教育的工作意见》,十月底下发;装备中心负责拟定创客空间的装备标准、教研室负责拟定创客空间的课程内容,年底下发。

四是要创新学习生活,让学生喜欢上学。兴趣是最好的老师。"知之者不如乐之者,乐之者不如好之者。"要增强学生的学校归属感,让学生喜欢上学,就要创新学校的学习生活,让学习生活有意义、有价值。不仅仅是课堂学习生活,班级活动、团队活动、社团活动、升旗仪式、毕业典礼、运动会、学校学生大会等等,学校里的所有活动都需要更新内容,创新形式,都应该凸显"以学生为本"的理念,彰显学习的意义与价值。

五是要建立中小学生创新教育基地。市、区县、学校都要在科研院所、企业等社会单位、机构建立自己的"创新教育基地",以涵养"学在郑州"的区域教育生态。

创客,就像一粒粒神奇的种子,播撒在时代的土壤上,为时代的变革培育创新力量。时代的变革终将引领一场以创客为主导的产业革命,创客必将成为技术产业领域最鲜活的血液,终将爆发出强大的生命力量。未来的经济将是鲜活的创新经济,未来的教育一定是为经济发展服务的教育,而创客精神正是教育改革与发展的不竭源泉。

二、创新学校美育,让艺术成就学生的美丽人生

"德智体美"全面发展与个性协调发展,是国家非常明确的教育方针。但在中小学教育实践领域,美育是最薄弱、最被忽视的。"短板原

理"告诉我们，忽视学生审美素质的培养，会影响学生整体的发展水平，也会影响教育整体的实践效果。在当前的美育理论研究和实践中存在一些混淆不清的地方。这是造成美育补短不佳、短板更短的关键原因。今天，我要表达几个观点。

（一）美学是未来的教育学

高尔基曾经说过，"美学是未来的伦理学。"这个预言显然不是主张美学在未来取代伦理学，它的意思非常明确：伦理要真正变成自由、有效的实践，就必须具有审美的气质。德国美学家席勒认为，人的生活有力量的国度、伦理的国度、审美的国度之别，力量的国度靠弱肉强食的自然法则运行，伦理的国度靠社会规范的强制维持，而审美的世界，人们对于一切道德的服从均来源于自由人对于美的向往。二者，确有异曲同工之妙！而北师大教授檀传宝基于教育的立场，一再强调：美学是未来的教育学！他是在主张：从现在开始，让审美、立美的教育在全部教育生活里成为教育人的自觉，让审美标准成为所有教育实践的基本标准与常识。美育事业是全部教育的使命！

（二）美育，也是德育

教育是一个整体概念，所体现的是整体作用。把教育分为德智体美几个方面，这本身已经弱化了"教育"的作用。我们一直很重视德育，效果却难尽如人意。其实，美育和德育是分不开的，忽视美育，也就忽视了德育。与德育无关的美育只是形式美育，并非完整美育。

"美育者，神经系也，所以传导。"蔡元培先生将教育的方方面面比喻为人的生命整体的各个子系统，其中德育被喻为呼吸系统，美育被喻为神经系统，两者各为相对独立的子系统，又共同贯穿和塑造了完整的人格。德育和美育都是关于人性的教育，相成相生，不可分割。德育是塑造人的美德美行；美育不光塑造人的美德美行，还培养人健康的审美情趣、美的欣赏力、美的表现力、美的创造力等，其对人心和人性的塑造更为立体，方法更为形象、生动、丰富。认真做好美育，也就辅助了德育，有力支持了"立德树人"的教育目标。

美育的根本，就是以审美的方式育德、育心、育魂。美的事物，包括自然美、社会美、艺术美、科学美等，因其形象、生动、自由和丰富的特性，比其他任何事物都更容易让人动心，更容易激发人们向往美好的高尚情感，更容易让蒙上灰尘的灵魂，接受最痛快的洗礼。如孔子所说"兴于诗，立于礼，成于乐"，就是美育对于确立人心、铸造灵魂的作用。

（三）艺术是生命质量与人生境界的展现

英国艺术教育家罗斯金曾说："一个有艺术修养的人，才是真正称得上有道德的人。"若一个人在成长过程中，能够主动地、充分地释放情感，使其感性和理性、情感和理智以及心理结构的各个方面得到和谐统一，他的个体人格便能得到较好的发展和完善。

我对艺术的理解是：艺术，不仅仅是技术与技巧的问题，她应该是生命质量与人生境界的展现。艺术教育一定要彰显它的人文内涵。让人感受到人生的美，拓展人的胸襟，提升人的精神境界，这才是艺术教育的灵魂。没有这个"灵魂"，单纯地学技术、学技巧，就不是艺术教育，更不是美育。对学生进行艺术教育的最终目的，是使孩子们提升人生境界和完善人格结构，从而具有良好的综合素养，是让孩子们在多才多艺的基础下享受生活、表现生活，甚至创造一种属于自己的存在方式。

我们这个时代面临一个突出问题，就是人们的物质追求和精神生活之间失去平衡。从物质的、技术的、功利的统治下拯救精神，已经成了时代的要求与呼声。学校的艺术教育应该引导学生提升自己的人生境界，让他们去追求一种高尚的精神生活，给他们的生活注入一种高尚的严肃性，注入一种人生的神圣感，通过维护每个人的精神的平衡与和谐，来维护人际关系的和谐，从而引导他们进入一种具有生命力和创造力的人生境界。

（四）从"艺术教育"走向"艺术美育""人生美育"

美育不等同于"艺术教育"。艺术是美育内容的一个重要且主要的构成部分。美育是以审美尤其是以对艺术的审美，来发挥全面育人作用的。需要特别提醒的是：这叫"艺术美育"，不等同于"艺术教育"。艺术教育是培养具有专门艺术技能的特殊人群的教育，这不是普通教育中"美育"的目的。普通学校教育是要培养具有审美素质的人，包括艺术审美素质。一个人具有"审美素质"和具有"艺术素质"并非同一概念。美育，不仅包括道德美育、艺术美育，还包括社会美育、自然美育、科学美育等，将这些内容整合起来，才能够系统实现"提高学生审美与人文素质"，达成"立德树人"的教育目标。

我们必须倡导"为人生"的美育，通过改良人的精神和心灵进而实现改良人生的目的。美育是以美来化育人生，其立足在"美"，路径在"育"，目标在"人生"。因此，美育必须回归人生本位，以审美的精神去建构人生、发展人生，实现"以美成人"的目标。美如果不能影响到人心，作用于人生的改良，便毫无美育的价值。在我们这个时代，构建人生美育，可以改变人们把美育只当作"奢侈品"而非"必需品"的误解，也是美育重塑责任、再建庄重的必由路径。

一是启动中小学艺术教育评价工作。根据教育部《关于推进学校艺术教育发展的若干意见》，建立中小学学生艺术素质评价制度，建立学校艺术教育工作自评公示制度，建立学校艺术教育发展年度报告制度，促进中小学艺术教育规范发展。

二是建立郑州市中小学艺术教育基地。其一，以各艺术特色学校为基础，建设一批中小学艺术教育基地校，发挥其示范引领作用。其二，建立中小学艺术教育基地校评估制度，促进其规范健康发展。其三，规划建设郑州市中小学艺术教育基地，打造郑州市艺术教育航母。

三是整体建构学校美育实施体系。首先是设置以提高学生审美素养为目标的美育综合课，此为核心课程；其次是开设好国家课程方案规定的艺术教育课程；第三是发掘各学科潜在的内容美与形式美，开展审美化教学，形成教学中美育渗透；第四是班团活动审美化，站在美学的层面上进行活动设计，增强活动美育的效果；第五是校园文化建设审美化，以无声的语言给学生以美的熏陶。学校五个方位的美育建设，使学生时时处处置身于美的陶冶育化之中，符合美育特点，契合美育规律，收到了美育成效。

其实，美育很"平常"，它无处不在。审美欣赏、审美表现和审美创造能力涉及学校建设、课程、教学、评价等教育的各个方面。同时，学校美育还与社会美育、家庭美育合并构成潜移默化的大美育圈。美育很"科学"，它不仅是感性的，更是理性的。早在20世纪80年代，美育心理学家刘兆吉先生就用实证研究的结果验证了美育对学生的审美、道德、智力等素质全面发展的效力。

美育很"系统"。横向的美育课程包括专门的系统培养学生审美素质和能力的"美育综合课程"，在中小学以音乐、美术或综合艺术为主要载体的"艺术美育课程"，以科学和社会等各门学科为主要载体的"学科审美课程"，以校园各种活动为载体的"美育活动课程"和以学校文化、校风校纪、校园美化为载体的"美育潜在课程"。给孩子一双发现美的眼睛、感受美的心灵、创造美的双手，已是现代教育不可推卸的使命。让我们一起，以全天下所有的美好，唤醒拥有美之初心的孩子们！

三、创新思维，让评价引领学生健康快乐成长

从2011年起，郑州市与教育部课程中心、北京师范大学合作开展区域教育质量健康体检（绿色评价），目的是诊断教学、改进教学、提升教

学，促使教育教学从"经验主义"走向"数据主义"，进而促进郑州市基础教育的健康发展。

（一）学业质量始终保持较高水平，学习生态开始改善

2011—2014年，我市小学阶段参测学生在语文、数学学科上达到课程标准要求的人数比例均保持在95%以上；初中阶段参测学生在语文、数学和科学学科上的达标率均保持在85%以上，英语学科除2011年达标率为78%以外，2012—2014年达标率均达到80%以上。无论在小学还是中学阶段，我市参测学生达到课程标准要求的比例均远高于全国常模水平。

数据显示，义务教育阶段学生课余活动日趋丰富。小学阶段，学生周一至周五课余时间看自己感兴趣的书超过两小时以上的人数比例逐年增加，从2011年的20.3%增至2014年的30.5%；初中阶段，学生周一至周五课余时间参加体育活动超过两小时以上的人数比例从2011年的6.8%增至2014年的17%。目前，我市正在尝试为义务教育阶段的学生创设更加宽松、愉悦的学习环境。

数据显示，义务教育阶段对每学期测验及考试的控制较好。小学阶段学生认为上学期测验及考试次数较多的人数百分比在2011—2013年保持相对平稳，三年总计增长未超过1%，2014年由于测试年级升了一级，故有小幅上涨；初中阶段认为上学期测验及考试次数较多的人数百分比自2011年起逐年下降，截至2014年已累计下降逾17个百分点，且与小学阶段结果相比，在2014年仅高出1.5个百分点。

数据显示，初中阶段学生"唯分数论"的观念有所改善。2011年，初中阶段有近一半（47.5%）的学生认为努力学习就是为了取得好成绩。截止至2014年，这一人数比例压缩至1/3左右（34.6%），下降近13个百分点。河南是人口大省，郑州作为河南的省会城市，虽拥有着河南最优质的教育资源，但郑州市学生同样面临着高强度的竞争和来自中高考

的巨大升学压力,在这一背景下,能够逐渐转变初中生的学习观念,这一成果殊为不易。

数据显示,小学阶段师生关系得到了良好的发展,而初中阶段教师教学方式在四年间得到了有效提高。小学阶段表示"敬佩老师"和"愿意把心里话告诉老师"的学生比例逐年递增,增幅分别为 20.3% 和 16%;初中阶段表示"老师能够使课堂气氛活跃"和"老师将所教内容与生活实际相联系"的学生比例亦逐年上升,且增幅比例同样明显。由于儿童心理年龄发展的不同阶段具有的特征不同,小学阶段对学生情感方面的关怀常常要大于教学方法上的影响;初中阶段正值学生青春期,学生往往具有叛逆心理,因此在教学方法上的引导可能更为有效。

(二)学生睡眠状况堪忧,应对挑战的毅力不足

2014 年 8 月教育部发布的《义务教育学校管理标准(试行)》,规定学校要保证小学生每天 10 小时、初中生 9 小时睡眠等。

我市义务教育阶段学生睡眠状况普遍不理想。2011—2014 年小学阶段睡眠能够达到 9 小时以上的学生比例持续下降;2011—2013 年中学阶段睡眠 8 小时及以上的学生比例亦持续降低。

同时,我们也应该看到四年来郑州市在规范办学行为方面所做出的努力。数据显示,小学阶段睡眠能够达到 9 小时以上的学生比例 2012 年比 2011 年下降 5 个百分点;2013 年比 2012 年下降 2.7 个百分点;2014 年比 2013 年下降仅 0.9 个百分点。中学阶段 2014 年比 2013 年反而增长了 3.1 个百分点。这一数据同时说明,我市以往学业负担过重的态势正在向逐步缓解的方向发展。

数据显示,无论是小学还是中学阶段,学生在学习过程中面临挑战时,往往还不能表现出足够的毅力。小学阶段,学生在面对复杂问题时,不愿意去尝试的人数比例在过去的四年间逐年升高;中学阶段亦有类似现象,且人数比例与小学基本持平。在义务教育阶段,复杂的问题往往

是开放的、与现实结合相对较为紧密的问题。在这类问题上的表现通常也能够在一定程度上与学生创造性解决问题能力的发展进行关联。综合考虑上述种种线索（学业负担、达标率等），也许可以做这样一种推测，即我市义务教育阶段学生对应知应会的问题、常规性问题的解决能力已经足够好，但是勇于探索与创新、直面现实挑战的能力，还有待于进一步提升。

（三）像是原因，又像是一种印证

华东师范大学承担的"中国学校课程和教学调查（ICIC）"项目，是以郑州市为样本完成的。这个项目旨在以我国学校教育中课程和教学等环节的过程质量改进为核心，围绕课程、教学、评价、教师专业发展等关键领域，从理论研究、测评框架和技术研发、数据集成和分析等方面入手，研究和分析学校教育现状，并为地方教育决策、管理和咨询提供客观数据，为学校改进提供专业服务。调查数据显示：

1. 学校课程领导力方面：大多数学校仍处于从课程管理向课程领导转型的起步阶段，在课程管理改革和课程领导建设上积极有为、全面拓的学校仅占全部学校的两成左右。（全面保守型38％、课改先导型24％、愿景引领型15％、全面拓展型23％。）

2. 学校课程规划方面：样本学校53所，提交《学校课程整体规划方案》的学校有23所，上交比例为43％。

（1）《学校课程整体规划方案》质量中等，"合目的"与"合好用"优于"合逻辑"。在提交的23份规划方案中，有52.17％的学校得分集中在37分—54分（满分72分）。这些学校比较完整地呈现了该校课程规划的依据、课程总计划以及实施建议与保障措施，虽然勾勒的毕业生形象不足够清晰，但明确宣称了学校教育哲学，体现了先进的教育理念，所提供的实施建议较好地回应了一些重要问题并提供了一些保障措施，总体上清晰地呈现了"谁来做，做什么事，做成什么样子"的规划要求。

但与此同时，现有课程规划方案也存在一些问题，方案在"合目的"与"合好用"表现上较好，但"合逻辑"性较弱。"合逻辑"是指规划方案中各个要素之间的一致性，以及学校课程设置与国家、地方一级课程设置方案中规定的一致性。

（2）《学校课程整体规划方案》质量分布失衡。一是《学校课程整体规划方案》区域差异明显，无论是在数量上还是质量上都存在；二是公立学校的《学校课程整体规划方案》比民办学校的做得好；三是生源好的学校整体上没有生源差的学校重视学校课程规划。

（3）《校本课程规划方案》整体质量稍好于《学校整体课程规划方案》，但也存在质量分布不均、"合逻辑"性不强等问题。《校本课程规划方案》质量分布不均衡：一是生源中等的学校的《校本课程规划方案》质量整体上比其他学校的好；二是公办学校的《校本课程规划方案》质量远高于民办学校的；三是城市中心地带学校的《校本课程规划方案》质量远高于其他学校的。

（4）学校课程结构失衡，与国家、地方课程设置方案出入较大：一是国家课程、地方和校本课程课时比重失衡；二是学科课程与综合实践活动课程比重失衡；三是中考科目课时与非中考科目课时比重失衡；四是数学课程是造成课程结构失衡的最主要因素。

3. 教师对课程的理解与专业投入方面：初中语文、数学教师的教学投入可以分为四种类型，其中，整体改编型和局部改编型的教师比例要大于忠实型和得过且过型教师。可见，新课改实施以来，关注学生需求、能对教学资源有效利用的教师比例（54%）远远高于忠实型的教师（18%）和得过且过型的教师（28%）。这反映出课改中"关注学生"的理念，已经渗透在大部分教师的教学行为中。

4. 课堂教学形态方面：无论从课堂时间分配还是课堂行为表现来看，我市初中语文（51.40%）和数学（46.80%）的互动型课堂占主导地位，其次是讲授型（语文 29.70%，数学 32.20%）。

5. 初中学生课堂学习品质方面：涉及高压无趣、被动听讲、互动友好和互动建构，四种课堂学习品质，其中语文课互动建构型占主导，数学课被动听讲型比重最高。随着年级提高，语文课被动听讲型和高压无趣型比例增加，数学课被动听讲型占据了主导地位。

6. 学与教中的人际关系方面：市区学校学生的人际关系优于郊区的，女生的校内人际关系优于男生，七年级学生的校内人际关系优于八年级的，同伴关系良好的学生更容易拥有良好的师生关系，反之亦然。

7. 家庭作业情况方面：初中学生对语文家庭作业的感受总体上积极，但在具体的作业形式上，有一定的机械训练倾向。初中学生对数学家庭作业的感受总体上积极，作业形式适合数学学科特点。

8. 学习结果方面：主要表现为学业成绩、学习动力和校内人际关系三个维度。其中，学习动力与学习动机、学习兴趣、学业自我效能感、学业自我概念、学校幸福感紧密关联，是采用主成分分析法构建起来的学生在这些指标上的综合表现。

整体趋势上，从七年级到八年级，学生学业自我效能感、学校幸福感、学习兴趣、校内人际关系都有所下降，逐渐从内在动机转向外在动机。少数学校同时保持了高学业成绩、高学习动力和融洽的校内人际关系。部分学校虽然具有较高学业成绩，但学习动力和校内人际关系均表现不佳，值得关注。虽然整体上有所下降，但仍有个别学校表现出随年级增加学习结果逐渐改善的态势，非常值得关注与研究。

义务教育健康体检，我们做了四年，目的是诊断、改进、提升。高中增值评价也做了三年，目的是改善、优化过程，要把问题解决在过程中。虽然我们多年来持续不断地组织大家进行同伴互助与交流分享，但是效果并不理想。一些学校，只有诊断，没有归因分析，也没有对症下药，也就谈不上改进与提升。要不，怎么连一份值得大家分享的经验都找不到呢？关于评价改革实验推进问题，2013年和2014年的课程与教学工作会上、2015年的德育建设会上，我已经讲得很清楚了。今天，我主要再着重强调另外两个重要问题。

一是数据的真实性问题。我们一再强调：义务教育健康体检，目的是教学诊断、改进与提升，让我们的教学从经验主义走向数据主义，不是学业成绩排队、评先表优，不与绩效挂钩。我们也是这样做的。但是，每年总有个别学校弄虚作假，校长带着老师、老师带着学生一起弄虚作假。这不是教育，这是"教唆"，是道德问题、人品问题。今年10月份测试，对学生的书面调查，将改为网上调查，调查面有所扩大，小学调查4—6三个年级，初中调查7—9三个年级，组织的难度也随之增大。各个区和各个学区必须认真负起责任，绝对不能再出现此类情况。如果再有此类情况发生，公开通报批评学校、所在区和所在学区，并将采取一定的惩戒措施。我们改革实验的目标之一，是建立属于我们自己的数据常模，一旦数据失真，我们几年的汗水将付之东流。

二是要创新思维方式，走出观念误区。初中、小学，每年抽测一个年级。说到这里，有人就有话说了，不能一个人生病，让大家都吃药。哪个年级存在问题找哪个年级，别找其他年级说事儿。这是第一个观念误区。抽样调查，是国际上的一种通用方式，其科学性毋庸置疑。虽然抽样一个年级，可反映的却是学校整体情况，何况我们还是全样本，而且初中三个年级已经进行了一个轮回，从去年进入第二个轮回，各个年级的状况从整体而言相关程度是可信的。不想做事情，总是能找到理由的。有的人怪罪报告出得晚，没有时间改进，对当届学生已经价值不大。报告出得晚一些是事实，但不应该是不做的理由。每年10月中下旬抽测，数据的处理、分析、判断，结论的准确描述，等等，都需要时间。只对当届有价值，这是第二个观念误区。有的人埋怨，专家也好，教育局也好，指导得不具体，老师们过去都没有做过，不知道怎么做，应该交给老师们一个拿来就管用的方法。这是第三个观念误区。体检工具由专家开发，数据处理、分析、判断，结论描述，报告撰写，报告反馈，由专家完成。形成这种状况的原因在我们自己，我们要查找原因，对症下药，改进自己的行为。就是因为过去没做过，我们才这样做；就是因为不会做，我们才学着做。没有做过、不会做的事情，做的过程中不出现问题是不可能的。出现问题不可怕，可怕的是没有问题。解决老问题，生成新问题，在不断解决问题的过程中，促进我们的专业成长。

评价，可以说是教育改革中专业化程度要求最高、改革进程最容易变形、改革成效最为缓慢的一个领域，但无论从学生发展，还是从民族未来的角度看，评价都是不做好绝对不行的事情。跨过"高原期"，质量再提升，我们必须改变过去那种害人的"惯性思维"，必须从评价上实现实质性突破。

四、推进基础教育国际化，提升学生的综合竞争能力

教育对外开放，是国家对外开放战略的重要组成部分，教育国际化是教育现代化的重要内容。《国家中长期教育改革与发展规划纲要（2010—2020年）》提出："坚持以开放促改革、促发展。开展多层次、宽领域的教育交流与合作，提高我国教育国际化水平。"基础教育国际化是教育国际化的一个重要组成部分，已成为我国深入推进基础教育发展与改革的一种必然选择。我们要具备基础教育国际化的战略思维。

（一）基础教育国际化是什么

作为一种广泛的经济、政治、社会、技术以及科学的趋势和力量，全球化引领了世界发展的潮流，带动了人才、资源、信息、技术、资本的全球流动与配置。从国家或组织的角度讲，国际化指的是国家或组织遵循有关国际规则，通过制定有关政策和开展各种项目，参与国际活动，加强国际交流，从而在国际上占得相应地位，获得相应利益的过程。教

育国际化，就是在全球化背景下，把教育放到国际教育的平台上来考察和审视，用国际视野来把握和发展教育，并以培养具有国际视野和国际交流能力的人为目标的教育实践过程。这是教育顺应全球化的必然选择。

基础教育国际化，就是在国际视野下把握和推进基础教育的改革与发展，培养学生对多元文化的理解能力和国际竞争意识，扩展学生的国际视野，推动跨文化交流，吸收和借鉴国际先进教育思想和理念，促进区域教育与学校教育的内涵发展和特色发展的实践过程。

基础教育国际化的最终目标，就是在经济全球化、贸易自由化的大背景下，充分利用国内和国际两个教育市场，优化配置本区域的教育资源和教育要素，为培养具有国际意识、国际交往能力、国际竞争能力的高素质人才奠定坚实的基础。

从20世纪80年代开始，基础教育国际化逐渐成为许多国家和地区基础教育改革的重点。可以预期在不久的将来，我国的小学、初中教育必将实施有限的开放，这是我国基础教育更加开放地面向世界，更加主动地进行国际交流与合作，更加积极地参与国际竞争的必然要求。我国基础教育的国际化处于一个持续渐进的过程，其发展趋势是必然的。

基础教育阶段，不仅是向学生传播本国本民族优秀传统文化，弘扬民族精神的关键期，也是培养学生拥有国际视野，学习国际多元文化，培养国际意识的关键期。在全球化背景下，教育要更多体现"以人为本"的价值追求以及为整个人类的生存与发展服务的理念。教育既要培养"个体"的人，又要培养"国家"的人和"世界"的人。

（二）基础教育国际化做什么

首先要确立"基础教育打基础"的理念。基础教育阶段是为培养具有国际意识、国际交往能力、国际竞争能力的高素质人才打基础的，教育国际化是面向世界、面向未来的基础教育应有之义。中小学"培养国际化人才"的说法是不妥的。

基础教育国际化重在培养学生的全球意识、对多元文化的理解力，培养学生的好奇心、想象力、批判性思维能力、沟通能力与合作能力，培养学生的规则意识；尊重学生的个性、潜能开发，给学生以适当的人生规划的指导；让学生突破狭窄学习环境的定式，关注社会、关注生活；培养学生逐步具备在全球化社会中获得成功所需要的技能。

其次要加强国际理解教育。国际理解教育是我国重要的教育政策。《国家中长期教育改革与发展规划纲要（2010—2020年）》提出："加强国际理解教育，推动跨文化交流，增进学生对不同国家、不同文化的认识和理解。"这是我国在国家文件中首次正式提出的国家教育政策，要求包括中小学在内的各级各类教育机构要积极推进国际理解教育。国际理解教育的根本目的是要"培养大批具有国际视野、通晓国际规则、能够参与国际事务和国际竞争的国际化人才"。

国际理解教育是经济全球化态势下的一种国际教育发展趋势。最初是第二次世界大战之后，联合国教科文组织为了防止战争重演在20世纪40年代末提出来的重要的国际教育政策。随着时间的推移，人们对国际理解教育的需要更加深刻而广泛。随着全球化影响日益加深，国际理解教育作为一种培养和提高人的国际理解意识、态度、技能和综合素养的教育理念越来越受到世界各国的重视。几年前，英国出台的《置世界于世界一流教育之中》的国际教育战略提道：在一个全球化的社会中，如果我们不能给予年轻一代国际教育，就好比没有给一个战士全副武装。

根据联合国教科文组织《国际理解教育指引》对国际理解教育目标的界定，国际理解教育的内容可以归纳入知识、态度、能力三个领域。三个领域中许多内容与国家教育内容是重合的，只不过在国际理解教育中，这些内容聚焦在一起，指向一个明确的教育目标：在青少年的思想中根植和平文化观念。因此，各中小学校一方面需要开发校本课程，单独设置国际理解教育课程；一方面还要通过主题引领加学科渗透的方式进行国际理解教育。

第三要加强国际交流。一是要开发对外交流课程，传播中华民族优秀传统文化。二是要引进国外课程。去粗存精，去伪存真，防止水土不服；办好"课程班"，遏制住"国际班"的"去中国化"；加强教师教育和培养，把提高教师的国际化素养放在核心地位；引进外籍教师，学习先进的教育理念和教育方法。三是建立国际友好学校，加强校际友好往来。四是实施好各种层次的"模拟联合国"项目，提升学生的交往能力。五是办好若干所真正意义上的国际化学校。

第四要"区域推进"。推进基础教育国际化，以区县为"区域"定位比较合适，由区县教育行政部门主导，科学规划，稳妥推进。如上海市浦东区、北京市海淀区、深圳市南山区、成都市武侯区等都有新鲜的经验可以借鉴。各个区县推进基础教育国际化的《规划方案》（三年或五年），2015年年底必须完成制定，并上报市教育局；2016年开始实施。郑州市教育局《关于推进基础教育国际化的指导意见》，由市教科所负责牵头，2015年年底完成制定并下发。

（三）基础教育国际化要注意什么

第一，国际化不是"去民族化"。鲁迅曾说：越是民族的，越是世界的。基础教育国际化是一把双刃剑！我们必须清醒地看到，它在促进全面国际交流与合作、提高人民综合素质的同时，也会对一个国家的主权和优秀传统文化形成一种侵蚀和影响，并容易带来意识形态、政治、宗教、文化和社会诸方面的问题。因此我们应把基础教育国际化看作是一种充满挑战性的机遇，只有认清教育发展的趋势，积极应对才能从挑战中获胜。当中国的教育拿来了西方有用的东西，而且使之本土化、民族化，并最终成为教育理念与方法的输出方时，当文化交流真正变成双向时，才算真正达到了教育的国际化。只有在走向国际化的道路上重塑民族化，才是真正的民族化，才是具有国际竞争力的民族化，才能从根本上体现"越是民族的就越是世界的"的共识。

第二，国际化不能变成"某国化"。教育国际化不等于各国教育的一体化、统一化、趋同化，更不能简单地等同于西方化。教育国际化首先是用一种国际视野的理念，培养学生对不同文化、不同民风的认同、理解、包容和接纳。教育国际化并不是要将国内孩子的思维方式纳入国外轨道，而是要培养他们自己的想法，同时了解其他不同思维方式、价值观的存在。正是那些特色鲜明的、多元化的思维方式和价值观构成了多样的世界。

第三，国际交流不是"越多越好"。国际交流要健康发展，就必须融入学校的整体发展当中，必须要有有效的载体和落脚点，学校拓展的课程、开设的专题都应该与之相互整合。国际交流的过程也需要根据学校和学生的实际情况进行精心研究和设计。随着国际交流的日益顺畅，学生出国的机会越来越多，但不是交流越多越好，也不是交流后学生马上就能得到提升。有的学生在国外看到相对宽松的教育环境，回来以后对学校和家庭的教育环境不满意，反而放松了对自己的要求。另外，对于没有机会出去交流的学生也需做好思想工作，减小学生的思想波动。对于思想上还不成熟的中小学生来说，若没有做好充足的准备，国际交流越多，反而适得其反。

第四，国际化理念与教育公平原则是不"矛盾"的。基础教育国际化水平提升的过程是质量提升与内涵发展的过程，"区域推进"是一个显著特点。以提高质量为核心的区域义务教育均衡发展，其发展要素不再是资源均衡发展所强调的经费、设备、校舍等物质环境，而是以优质国际教育为参照的课程、教学、师生关系、学校文化等，学校必须通过教学改革、课程开发、教师专业化、教育科研等途径，全面提升学校的教育质量，推进基础教育的国际化水平。不能因为基础教育存在着区域差异、城乡差异，就否认基础教育的国际化；也不能因为强调教育公平，就否认基础教育的国际化。

教育国际化也好,中外合作办学也好,课程改革和融合也好,我们的培养体系不能背离我们的目标——让我们的孩子在未来更具竞争力。如果没有站在基础教育的基础上,是绝对谈不上竞争力的。全球视野需要聚焦,先进理念离不开独立思考,现代化模型不像拷贝与粘贴那么简单,国际型学校不是国际学校,国际课程有可能水土不服,基础教育国际化注定是一条创新之路。

我们今天培养的学生,将来要从事如今还不存在的工作,使用现在还没有发明出来的技术,解决我们目前全然不知的问题。七十年前,我们的先辈们浴血奋战十四年,才使他们的儿孙们,今天的我们过上了今天的生活。今天的我们,一定要以创新的思维,指导孩子们打赢这场"争夺未来"的只闻火药味而不见硝烟的"战争"。

(本文系笔者在2015年全市课程与教学工作会上的讲话)

教育有道：从育分走向育人

育人，这个古老而又新鲜的教育话题，在21世纪即将走过六分之一时间的时候，我们还需要讨论，虽说有点滑稽，但总算让我们想起了当初为什么要出发。教育是基于理念的行为，绝不是一种简单的操作行为。教育价值观，在支配着我们每一位郑州教育人的教育行为。其实，多年来，各位局长、校长以及在座各位同仁，从办人民满意的教育、办发展需要的教育、做有灵魂（有道德）的教育，一路走来，一步步走上了"做有未来的郑州教育"之路；我们的教育理念一步步提升，教育价值观一步步丰盈，教育行为一步步改善，教育生态一步步向好，"学在郑州"的文化名片一步步靓丽……一批批有思想、有担当、有品位的局长、校长、教师在支撑着郑州教育的脊梁。经开区的唐保华局长就是杰出代表之一。今天，我们在此召开全市中小学德育建设会议，就是为了分享唐局长和他的班子团队的理念与经验。他们秉承着"教育即德育"的育人理念，一直铭记着我们当初为什么要出发，放大着德育的格局，人人都做德育者，智育育人，体育育人，美育育人，劳育育人，让学校成为学生喜欢的地方；与家长结成同盟军，家校共育。这样的孩子有未来，这样的教育有未来。经开区的教育人，值得崇敬；经开区的经验，值得分享，值得学习、借鉴。一会儿，李陶然局长还要就如何面向未来做好德育做重要讲话。下面，我结合经开区的经验，就如何从育分走向育人谈几点不成熟的意见，供大家参考。

一、目标：从三维目标走向核心素养

"核心素养"是当前教育领域最受关注的热词之一。核心素养是我国实现学校教育价值和确立人才质量标准的基础与核心，是在国家教育方针指导下建立起来的学生发展必须达到的目标体系。如果说"双基"目标是教学的 2.0 版、"三维"目标是教学的 3.0 版的话，那么，"核心素养"目标就是教学的 4.0 版。它直接指向的是学校教育的本质与价值所在、学生的未来所在、国家与民族的未来所在。

（一）学生发展九大素养

2014 年 4 月，教育部颁布的《关于全面深化课程改革，落实立德树人根本任务的意见》，深入回答了"培养什么样的人、如何培养人"的问题，并提出将"学生发展核心素养体系"的研制与建构，作为进一步推进课程改革、深化发展的关键环节，以此来推动教育改革与发展。

2016 年 2 月 26 日中国教育学会发布的《中国学生发展核心素养（征求意见稿）》指出，学生发展核心素养，是指学生应具备的、能够适应终身发展和社会发展需要的必备品格和关键能力，综合表现为九大素养，具体为社会责任、国家认同、国际理解、人文底蕴、科学精神、审美情趣、身心健康、学会学习、实践创新。核心素养突出强调社会责任感、创新精神和实践能力，促进学生全面发展。核心素养强调的不仅仅是知识与技能，更是获取知识的能力以及形成的品格和素养。核心素养教育模式取代知识传授体系，这是素质教育发展历程中的一个重要节点，意义重大而深远。

（二）价值观是发展的原动力

简单回顾国际社会对于学习目标定位的历史变迁，我们基本就可以确认，自二战之后，世界各国都经历了一个从"知识取向"到"能力取向"再到"知识""能力""价值观"三位一体的过程，而当下我们所处的时代就是这个对"知识""能力""价值观"要求都很高的时代，国际社会为迎接21世纪的挑战而提出了"21世纪核心素养"这样的教育概念，并得到越来越多国家和学者的认可。

尽管不同学者、不同国际机构对于21世纪核心素养的解读不同，但我们不难发现其中有很多相通之处，并呈现了以下两个基本趋势。

第一，价值观是"21世纪核心素养"的核心。如果将21世纪核心素养比喻为一个人成长的推进器，那么价值观就是这台推进器的引擎，它为人的发展提供最初的原动力，同时也是学生核心素养发展方向的重要保障。

第二，强调真实情境和非常规复杂思维的重要性。未来社会的不确定性和复杂性使得解决社会问题、创造社会价值都更为复杂，需要调度多学科的知识和多方面的能力，非常规的人际互动能力和可迁移技能，将是确保人们有效合作并解决问题的关键。

（三）要认真研究和解决好三种关系

在21世纪核心素养中，有以下三种关系非常值得研究。

第一，专业学科学习和跨学科主题学习的关系。真实情境和非常规复杂思维必然要求学生进行跨学科的主题性学习，这不仅能培养学生跨学科解决真实情境问题的能力，同时也是培养学生可迁移技能的重要平台。

第二，认知技能和非认知技能的关系。21世纪核心素养强调了很多非认知技能，如社会情绪、团队合作、可迁移技能等，但这并不意味着认知技能重要性的下降。

第三，本土性与国际性的关系。在经济全球化时代，我们总认为二者的关系是此消彼长的，但事实上，有国才有际，如果要提升国际能力，首先要确保具备强大的本土能力，特别是强烈的民族文化的认同。世界文明的多样性必然要求不同的文明各自发展、彼此交流，这样才能创造出更新、更持续的文明样态。如果国际性变成了一种文明的代名词，那么这种文明的样态在人类历史上的价值也基本走到了尽头。

（四）学校校长怎么办

1. 明确培养目标，丰满毕业生形象设计。我们每一位校长都要按照"一一三二一"校长办学的基本要求办好学校，即：确立一个办学理念，明确一个培养目标，抓好三项建设（课程、课堂、评价），建构两个体系（课程体系、评价体系），涵养一种生态（学习生态），为学生提供适合的教育。

这就需要我们每一位校长以创新的思维，认真研究"21世纪核心素养"，根据中国学生发展的核心素养，丰盈自己的办学理念，明确学校的培养目标，丰满自己学校的毕业生形象设计，完善学校的课程体系，并根据教育部《中小学教育质量综合评价改革指标体系》，重构学校的评价体系，站在育人的高度、建设的层面，认真抓好课程建设、课堂建设、评价建设，涵养学生发展的良好生态，以培养具有"本土根基、国际视野"的适应未来国际竞争需要的创新型人才。

2. 寻找学生发展的四个契合点。核心素养教育模式，要求我们一定要加强实践研究、行动研究，寻找学生发展的四个契合点：一是学生的全面发展与个性发展的契合点；二是班级集体发展与个人发展的契合点；三是学生的"本土根基"与"国际视野"培育的契合点；四是学生学习的主体作用与教师主导作用的契合点。这四个契合点，既是重点难点，又是关键点。寻找契合点，是明确基础教育课程改革的方向和目标、培育学生核心素养必须解决的关键问题。

3. 深入研究学科教学的育人功能。任何一个学科都具有教育的四个元素，即知识、技能、人格、文化。学科知识增长的过程，应该也必须是学生人格健全与发展的过程。培养学生的核心素养，首要的是让学生获得学科核心素养。以学科思想方法为红线，建构各学段、各学科知识体系，绘制学科知识地图（知识树），实现学科教学的育人功能，是今后一个时期各个学科教学必须解决的重大课题。实现各个学科教学的育人功能，是学科教学的本质回归，是学科本身所具有的，而不是需要外部"渗透的"。在学科教学中，实现育德功能、育美功能、国际理解教育功能、科学精神培育功能等等，是学科教学本身的价值指向，是学生核心素养发展不可或缺与"逾越"的基础工程。每一个学科、每一个知识点、能力点、价值观点所承载的学科核心素养，我们必须认真地研究与挖掘，必须让它来滋养孩子们的价值观。

二、教学：从"双基"教学走向"四基"教学

培育学生核心素养的首要任务，是让学生获得各学科核心素养。重视"双基"教学是我们教学的传统，也是我国特有的教育经验。它在一定的历史时期发挥了巨大的作用，具有一定的历史合理性，但在当今时代发展的背景下，也暴露出自身的不足。

（一）"双基"教学的不足

一是"双基"教学目标窄化了教育教学内容。强调知识的教学，却又使学生的知识学习陷入庞杂、零散而缺乏整合；强调解题技巧的训练，却又使学生的技能学习停留于浅表、机械的水平而缺乏创造。

二是"双基"教学不利于学生的个性化发展。关注学生的个体差异，既是因材施教的必然要求，也是促进学生个性发展的客观需要。然而"双基"教学目标忽视了学生之间的个体差异，不利于学生的个性化发展。

（二）"四基"教学是学科教学本质的回归

学科教学要从"双基"走向"四基"，即从"基本知识、基本技能"，

走向"基本知识、基本技能、基本思想、基本经验"。这是学科教学本质的回归。"四基"中，获得基本思想、积淀"基本活动经验"，最终获得学科素养形成学科思维方式，是学科课程最终的核心目标。在教学中，教师要以基础知识、基本技能为课程载体，让学生经历"做中学"的过程、"思考"的过程，增强学生发现和提出问题、分析和解决问题的能力，不断激发学科学习的兴趣，养成良好的学习习惯，特别是要帮助学生将那些感性的经验逐渐提升为理性的经验，最终获得学科素养，形成学科思维所特有的思维模式。

"四基"教学作为进入21世纪以来基础教育课程改革的标志性成果，已得到普遍认同。

一是扩充后的学习目标更加全面，更加完善。"双基"仅仅涉及新课程改革提倡的"三维目标"中的一个目标——"知识与技能"，新增加的两条则还涉及三维目标的另外两个目标——"过程与方法"和"情感、态度与价值观"。

二是"四基"强调对学生学习过程的关注。因为片面地理解"双基"，某些教师往往在实施中"以本为本"，见物不见人，而教育必须以人为本，新增加的"基本思想"和"基本经验"直接与人相关，符合"素质教育"的理念。"基本经验"和"基本思想"关注的重点是学习过程，强调学生在认识世界的过程中所获取的学习经验和情感体验。学习过程中的经验积累和情感体验，每个人都可以是不同的，我们可以鼓励学生用自己的方式来表达在学习中的收获，在学习的过程中增强自信心，提高学习兴趣。

三是"四基"可以更好地促进学生创新能力的提高和个性化的发展。信息社会最需要的是理念和创新，"双基"教学难以培养创新型人才，只是培养创新型人才的一个基础。

（三）课堂教学实现"四基"的基本要求

"四基"教学是一个完整的不可分割的体系。基本知识与基本技能是传统课程重视的核心内容，它的学习过程、形成过程、思考过程和应用过程，是获得基本活动经验、感悟基本思想的具体载体。教师在教学过程中，应树立"四基"的全面教学观，在传授基本知识与技能的过程中，催生学科基本思想的内化、基本活动经验的积淀与提升。

第一，要重视在教学层面基于"四基"教学目标的设计。教学目标是一节课的起点与终点，教学是完成预设目标的教学活动过程，"四基"教学理念在教学中，最基本的呈现形式是教学目标。因此，要践行"四基"理念，必须从教师每节课教学目标的预设开始。

第二，要重视并把握学科思想、学科方法的教学。学科教学是基于学科课程标准的教学，学科课程标准一定是较好地体现了学科思想和学科方法。知识、技能、思想是学科教学的三大要素，学科思想则是学科教学的精髓和灵魂，是知识背后的"知识"，它在很大程度上决定了学生知识储存和能力发挥的状况，同时在学生以后的学习、生活和工作中发挥着作用。基于思想与方法的教学是学科教学的最基本要求。

第三，学科活动经验是不可或缺的教学形式和过程。"课程论之父"泰勒指出，经验是课程编制的基本素材，教育的基本手段是提供学习经验。杜威曾经说过："一盎司的经验胜过一吨的理论。"对学科活动经验的积累是基于动态教学的需要，教师应该将教学活动看成一种充满情感体验的探索过程，让学生在深度体验的过程中获得情感的发展。

（四）推进有"灵魂"的教学

学科思想是形成学生情感、态度、价值观的重要因素，是赋予学生"价值生命"的营养要素。"基本知识、基本技能"的教学，是单一目的的浅层教学。教学的终极目标，不只是让学生单纯地获得知识，而是让学生获得知识背后的"知识",即学科思想、学科方法。有"灵魂"的教学,就是基于学科思想、学科方法的教学,即教师在学科思想、学科方法的指导和统领下,突破过去以"双基"教学为单一目的的浅层教学,以知识学习为手段,让学生在获得知识的过程中,领悟并获得学科思想、掌握学科方法、提升学科能力、促进人格健全与发展的深入学科本质与核心的教学。

一个好的学科课程标准,一定很好地体现了学科思想、学科方法。突出"基本思想",是新课程标准的要求。基于课程标准的教学,就是基于学科思想、学科方法的教学,就是把握学科精髓和灵魂的教学。

郑州市2007年开始推进学科建设,在学科建设"五三二二"基本框架中指出要"关注两个问题",其一就是"关注学生的学科素养、学科能力";在"道德课堂十八条"教师必备的"八项基本教学素养"中,第三条就是"把握三个前提",即"把握学科思想,掌握知识体系,明确课程目标"。经过多年的努力,我们在以学科思想、学科方法为红线梳理学科知识方面取得了一些可喜的进展,但远没有达到"能够举重若轻地组织教学"的目标。

如何以学科思想、学科方法(学科的本质和核心)来整合学科知识体系,解决学生学习内容的"过量"问题,实现学科教学内容"量"的压缩和"质"的精选,切实减轻学生不必要的课业负担,促进学生探究性学习能力、创造性思维和学科素养的提升和发展,仍然是未来几年郑州市深化课堂教学改革、推进道德课堂建设、培育学生核心素养,必须正视和认真研究解决的一个重大课题。

三、教师:从"二传手"走向教师创客

创客教育的最终目的是培养学生的开创性个性。教育拥抱创客运动的关键在于保留其最精彩的部分,即在教学过程中始终保持以学习者的

学习为中心的态度，学校要真正从知识传授中心，转变成以实践应用和创造为中心的场所，让学生用"自由的双手表达自信的头脑"。这正是基础教育课程改革的核心价值取向。创客精神正是教育改革与发展的不竭动力源泉，它既是课程改革新的推动力量，又是课程改革新的载体和新的抓手。

（一）推进创客教育的目标任务

未来几年，郑州市中小学推进创客教育的目标任务：

一是助力更新教育理念，推动走向深度课改，转变教师教学模式，改变学生学习方式，让学生从被动学习走向主动学习，从浅层学习走向深度学习。

二是面向全体学生开设普及性创客教育课程，让学生在"做中学、创中学"中，逐渐从知识内容的学习者向知识内容的学习者兼传播者、创造者转变，让学生人人成为创客。

三是满足不同学生群体的创造诉求，助力学生走上创新发展、创造成长之路，培养一批富于创新、敢于创造的较高层次的学生创客。

（二）创客教育是什么，不是什么

推进创客教育，让学生人人成为创客，首先要让教师人人成为创客。创客教育，是一种全新的、全面的教育，是以创客浪潮为机遇整合诞生的新教育系统，是基于制造力培养创造力的教育，是基于行动力培养想象力的教育，是面向所有学生的普及性教育。创客教育，是 STEM 教育，是基于功能室空间与设备而开展的创造性学习活动，是学生学习经验环节的补齐，是教育本质的一种时代表达。

创客教育，绝不仅仅是一种教育形式，更是一种教育理念，这种理念必将渗透到中小学教育的各个领域。创客教育，不是任何单一教育内容的升级版，不是科普教育的升级版，不是劳动技术课的科学版，不是发明创新课的普及版，不是机器人教育的扩容版，不是"精英教育"，不是"创业教育"，不是"一阵风"。

（三）创客教育课程怎么做

今天的课程，就是明天的国民素质。推进创客教育，课程开发是第一位的。创客课程是校本课程，是面向全体学生、培养学生创造性的课程。在学校课程体系中，创客课程一定是不可或缺的课程，既应该有面向全体学生的普及性课程，也应该有满足不同学生群体需求的课程，而且每一位学生都应该有属于自己的课程。一般来说，应该有机电类、材料类、机器类、数媒类、文学类、艺术类等等。创客教育，应该是基于项目的学习活动，即有专门的课程、在教师的指导下的基于项目的学习，也应该是基于学生的突发奇想的学习项目，我们要鼓励学生奇思妙想式的项目学习。

关于创客教育课程的研发与设计，我们仍然也必须要强调：以忠实落实国家课程方案为基础，比如小学的科学、艺术课程，比如从小学三年级到高中的综合实践活动课程，这些都是创客的基础。创客教育课程的研发与设计，应该遵循不同年龄段的能力成长差异，为学生提供多样化的实践操作载体，以满足不同阶段学生的能力基础和成长需求。

5年级以下以"动手、动脑"为基本诉求，在审美品位方面有意识地打下一些基础，可选择纸艺类课程、黏土类课程、少儿科学实验课程等；5年级至8年级以"创意、创作"为基本诉求，在创新和制作方面可以提出更高要求，可选择建筑木艺类课程、激光雕刻课程、三模（车模、航模、船模）制作课程等；8年级以上以"探究、智能化"为基本诉求，更加突出在项目复杂性和合作交流方面的要求，可选择传感器与物联网创新设计、智能机器人与智能家居功能竞赛、与学科实验相结合的创新项目等。

从课程设计的出发点来看，小学阶段，有必要以"产品设计"为主导向，培养小学生"关注"的习惯和"探查"事物的能力，开发求知的本能。

　　初中阶段，建议以"产品设计＋社会设计"为导向，培养初中学生"观察"的能力和"探索"事物的精神，生成求知的兴趣和欲望。

　　高中阶段应在初中基础之上，可以"人生设计"为主导向，培养高中生的"观悟"能力和探究事物的精神，激发求知欲望。高一学生的STEM教育可以重点学习以下三个方面的内容：（1）科学技术发展简史。重点是让学生了解技术和技术产品的分类，了解它们的发展现状和前景，以便开阔视野，统揽全局。（2）工业产品设计生产的基本工具和设备。掌握角度计、几何画板、万用表、GPS定位器、风力计等常用STEM研究工具的使用方法，了解常用的辅助设计软件，知道常用的工业产品生产设备，如数控机床、注塑机、流水线生产设备、3D打印机等的功能及用途。（3）真实产品的结构与功能研究。通过拆卸、组装，了解结构的功能设计和稳固性设计。通过收集和分析信息，理解真实产品的工作原理与系统控制过程。高二、高三年级的STEM教育，可以重点培养项目开发和实践的能力，让学生自主设定研究领域和方向，确立研究目标，将更多的课时交给学生自主探究。

（四）创客空间是什么

　　创客空间一定是课程支撑下的创新型、创造型实验室，是一个学生"造物"的场所。2013年以来，市直学校已经先后建成了55个创新型实验室，各个区县也都建成了一批这一类的实验室。这些创新型实验室本身就应该成为学生开展探究性学习、创造性学习的空间场所。各个学校要加快对课程的开发与完善，以有效地支撑起这些创客空间，充分发挥它们的作用，而不是让其沦为供评估检查、领导视察、兄弟学校参观考察的一种摆设。2008年高中课程改革以来，全市已经建成了38个通用技术课教室。各个高中学校要根据创客教育的理念，对通用技术课程进行整合，对通用技术课教室进行创新改造，不能再搞重复性建设。创新型实验室的利用、通用技术课教室的改造，一定是基于学生的"造物"，其功能绝不能仅仅是一个供老师讲解理论的报告厅。创客空间一般有六个功能区：阅读区、讨论区、活动区、材料区、创造区、展示区。各学校要以校为本，合理设置。

学校的创客空间，不是"富人俱乐部"，它既应该是学生的手工作坊、工厂车间、地头田间，又应该是学生的文学创作空间、艺术创造空间，也应该是学生的溪旁山涧、海洋世界，还应该是学生的网络空间，更应该是学生的"健身俱乐部"。学校这个学习空间，本身就应该是一个创客空间，每一间教室都应该是创客空间，校园里的每一个学习场所都应该是创客空间。

（五）创客教育怎么推进

实施创客教育，宜实行"两条腿"走路，普及与提高，齐头并进。虽然说创客空间不是"富人俱乐部"，但是学校必须有"富人俱乐部"。如果我们的学生都能够从手工作坊、工厂车间、地头田间，走向"富人俱乐部"，那就是"富人"（富有创造力的人），这正是我们所需要的和所期盼的。多年来，各个学校在推进创新教育方面，取得了显著成效，培养出了一大批创客型学生。我们要根据他们的需求，提供场所，提供工具，提供材料，让他们玩学习、玩创新、玩创造。同时，为所有学生提供课程，提供场所，提供工具，提供材料，让他们走向创新，走向创客。

（六）创客成果怎么评价

创客教育有两大特点：一是造物，二是分享。对学生创客成果的评价，一定不要分数量化，不要等级化，而要采用赞美式、认同式、鼓励式。可以从科学、技术、工程、艺术、数学等多维度进行评价，最终目的是实现学生的价值，使他们的想法得以实现和分享。

（七）创客教育师资怎么来

学校的创客教育，是一种不以比赛为目的的，让每一位学生都能参与的学科融合性的、实践性的、创造性的学习活动。实施创客教育，必须与科学课、综合实践课、研究性学习、信息技术课、通用技术课等的开展有机结合。其实，每一个学科课程都应该是创客课程。教师要提升课程整合的能力，学科内需要整合，学科之间也需要整合，要让学生学科学习过程成为知识创造的过程。教师要从一个知识的传授者蜕变为一个创客型教师。其实，推进创客教育要求学校的每一位教师都应该是创客型教师。目前，学校解决创客师资问题，也要创新思维。一是要基于对本校教师的培养，这应该是最主要的途径。其实，我们的每一所学校都不乏这一类创新型的教师，校长既要善于发现，又要积极鼓励，也要从指定某些学科开始，还要合理地计算课时量与工作量。二是要有计划地引进或者招聘。三是要与社会上的众创空间合作，聘请兼职教师等等。只要想做，办法总比困难多。

要让教师人人成为创客，校长必须先于教师成为创客。校长们一定要基于国家与民族未来的高度，规划、实施好创客教育这一关乎国家与民族生死存亡的基础工程。

下一步，要由基础教育处牵头，由信息中心主笔，体育艺术处、团委、财务处、督导室、教研室、教科所、装备中心等九个部门共同研究制定中小学创客教育评价指标体系，六月份完成、下发，年底之前，对已有的创新型实验室、改造后的高中通用技术课教室进行评估验收。

四、学生：从浅层学习走向深度学习

过去，我们多侧重从教师教的角度研究变革教的方式，新一轮课程改革提出从学生学的角度研究变革学的方式。这是一个质的飞跃。然而，新课程实施十多年来，在实践中，学习方式的变革仍然停留在一些较浅

层次的探索上,如加大学生自学的力度、教师尽可能少讲,甚至出现了对自主、合作、探究等学习方式的机械化使用等等,致使学生的课堂学习大多仍然停留在表面化的浅层学习上。

培育学生的核心素养要求我们必须推动课程改革持续走向深度课改,推动课堂变革持续走向深层变革,推动学生的学习持续走向深度学习。

首先,我们必须明确深度学习是让学生有获得感的"学习"。根据北京师范大学伍新春教授对"学习"一词"真义"的探源,我们可以知道,真正的学习,应该发生在"学习的主体"学生身上,让学生获得经验,并且能够让学生"习",能够让学生解决生活中的实际问题。根据学术界和卓越教育联盟对"深度学习"的解释,深度学习,应该是主动学习,是能够抓住事物"本质"的学习,并且能够学以致用。根据华南师大皇甫全教授的介绍,学习中的学生才是真正的学生,学生学习的过程其实就是一个知识创造的过程。因此,对"学习主体""学习对象""学习方式""学习场所"的考察和研究,应该成为每一个教师专业发展最核心的功课。科学的"学习",不仅包含了经验的获得,也包含了经验的使用;不仅强调了学习的方式,也强调了学习的动机。教师们只有深入地研究和重新认识"学习",才能真正树立起科学的学习观,才能促进课堂学习方式的深度变革,并最终促进学生的高质量学习和可持续发展。

其次,推进道德课堂建设是促进学生深度学习。道德课堂,是"合乎道,至于德"的课堂,是充分体现学生学习主体地位的课堂,是能够很好地实现"三维教学目标"的课堂。

道德课堂要求教师,把课堂还给学生,还学生学习的主体地位,还学生学习的主权。道德课堂最终要实现质的飞跃:教师的教学变非理性为理性,变体力劳动为智力劳动、智慧劳动,知识课堂变情感课堂,"教本"变"学本";学生的学习变被动为主动,变苦学为乐学,变单纯依赖教师为自主、合作、探究;最终形成师亦生、生亦师、师生相长,兵教兵、兵练兵、兵兵互动的课堂生态，实现学生学习品质和精神品质的共同提升。

新一轮基础教育课程改革的核心目标，是学生学习方式的变革。新课程倡导的学习方式，是自主、合作、探究。新课程课堂教学的三维目标要求，让学生在学习掌握知识与技能的过程中，掌握学科学习的方法与规律，同时在情感、态度、价值观方面获得协调发展。基于此，我认为：深度课改，在于课堂学习模式的变革；深度学习，在于学科思想的获得，在于与所学知识相关的生活经验的获得，在于三维目标的达成。那么，能够达成（或指向于、趋向于达成）三维目标的学习，才是具有获得感的学习，才是深度学习。至此可以说，道德课堂较好地彰显了新课程的价值取向，较好地体现了教育的"知识、技能、品格、文化"四大元素。

因此，真心地期待我们的老师们能够深度领会和体悟道德课堂理念的精髓，深入实践道德课堂，尊重、突出学生学习的主体地位，通过学习小组、学习流程、评价标准三大建设，重建教与学、师与生、动机行为与结果三大关系，实现低碳高效、促进学生思维发展、促进学生精神成长三大目标，推动课堂深层变革，走向深层教学，促进学生深度学习。

这样的课堂教学，才是道德的环境中有道德的教学，在这样的教学体系下，课堂学习的过程才能成为学生高尚的道德生活和丰富的人生体验，学科知识增长的过程才能同时成为学生人格健全和发展的过程，才能让学生获得学科核心素养。

第三，推进创客教育是激发学生深度学习。创客运动，是世界各地正在进行的技术和创意的革命。幸运的是，对于教育人而言，创客运动天然地与儿童的天性和学习的力量高度吻合。从微课、慕课、翻转课堂到创客运动，我们是在见证一场新的教育革命，即人类社会的第四次教育革命。

透过微课、慕课、翻转课堂和创客教育，我们可以清晰地看到第四次教育革命所带来的教育理念和教学模式的变化，即基于班级授课制，以教师为中心、教材为中心、教室为中心的知识传授模式，逐步让位于基于广泛学习资源，以学生为中心、问题为中心、活动为中心的能力培养模式。第四次教育革命在扩展学生的学习空间、课程内容的同时，既改变着学生的身份，也改变着学生获得新知识、新技能的方式。学生在"创中学"时，就逐渐从知识内容的学习者向知识内容的学习者兼传播者、创造者转变。当我们的学生都可以在搜索信息、选择信息、使用信息的基础上，成为学习资源的创造者、建构者，成为知识的物化者，学生才真正走上了创客之路，真正的学习才会发生，这样的学习才真正是我们所期望的深度学习。

今天的学习方式，就是明天的生存方式。学习方式，其实就是一个人的生活方式、思维方式、发展方式、成长方式。新课程所倡导的自主、合作、探究的学习方式承载的是我们的教育梦想。

5G 时代，信息随心至，万物触手及。人工智能在各领域的落地，处理器、存储器性能的提升，使得需求从以人为中心的交互通信，向着以物为基础的交互通信转化。万物互联的物联网时代即将来临。移动通信对速度的要求越来越高，未来远程医疗、车联网、智能工业控制等应用的实现，更不是目前的 4G 技术所能及的。5G 最大的特点之一是时延很低，只有一毫秒，我们基本上感觉不到。另一个特点是吞吐量大，和云技术相结合，就连现场同传的工作都可以放到云上去做。5G 可以改变我们参与游戏的方式。等到 2026 年世界杯足球赛，鞋子、场地都装上感应器，我们不光获得信息，还可以从裁判的角度来看，因为你得到的信息与裁判得到的信息一样多。

目前，中国的转型改革与发展所面临的首要问题是提高劳动生产率，提升制造品质。中国的工业化进程还需要十年，改善制造品质还需要二十年。要想实现中国制造 2025 计划，首先需要的便是更多的自主研发和创新。

推进供给侧结构性改革实质上就是要提高供给体系的质量和效率，扩大有效供给，满足有效需求。供给侧结构性改革会实现消费升级，供给跟进这样的良性循环，能为经济发展注入持续、强劲的增长动力。

教育的供给侧改革问题，其实就是一个为学生提供什么样的教育的问题。我们是供给侧，学生是需求侧、消费侧。我们实在是应该通过实实在在的改革，为我们的孩子们提供适合的、高质量的教育：既能满足全面发展，又能满足个性发展；既能促进集体发展，又能促进个人发展；既具有"本土根基"，又具有"国际视野"。十年之后，我们要让我们的孩子既有生存能力，又有参与国际竞争的能力，更有争取胜利的能力。

孩子们的老师们、父辈们，现在都什么年代了，别再"育分"了，咱"育人"吧！

谢谢大家！

（本文系笔者在 2016 年全市中小学德育建设会上的讲话）

倾注洪荒之力，
创造用眼睛"倾听"的可能

创造，是一个人来到这个世界的唯一目的，其他一切皆为准备。教育本身就是一种创造，通过教师的创造性劳动，培养学生的创造性，为学生创造美好未来的"准备"提供服务与帮助。郑州市的课程改革在经历了启动探索阶段（2001—2005）、整体推进阶段（2005—2007）、重点突破阶段（2007—2010）和道德课堂建设的常态化发展阶段（2010—2015）之后，于 2015 年进入了创新发展阶段。如果我们把 2001—2015 年这十五年所经历的四个阶段统称为"探索之旅"的话，那么从 2015 年开始，我们所开启的就是"创新之旅、创造之旅"。"洪荒之力"，就是改天换地之力，就是创造之力。教育是一种力量，它能直击我们的心智。寻求这种力量，运用这种力量，在帮助别人的同时，也帮助自己的人，就是教师。郑州基础教育的创新发展、创造成长，需要这种力量。郑州的校长、教师能寻求到这种力量，更能创造出这种力量。

一、创造性地落实学生发展核心素养要求

2016 年 9 月 13 日，"中国学生发展核心素养"研究成果正式发布，致力于回答要"培养什么样的人"。可以说，这在国家的层面上开启了从

"育分"走向"育人"的进程。中国学生发展核心素养体系，可以用以下几个关键词来表述：一个概念、三个方面、六大核心素养、十八个基本要点。学生发展核心素养体系是一套经过系统设计的"育人"目标框架，其落实需要从整体上推动各教育环节的系统变革，最终形成以学生发展为核心的完整"育人"体系；今后将通过课程设计、教学实践、教育评价等三个方面进行落实。从此，学生发展核心素养的要求将成为课程建构的依据和出发点，帮助学生明确未来的发展方向，引领教师的专业发展；作为检验和评价教育质量的重要依据，围绕核心素养建构的新的课程标准将明确学生学完不同学段、不同年级、不同学科内容后应该达到的程度要求。

当下中小学开展核心素养的研究与实践，如果不能廓清一些基本问题、把握核心素养的基本要义，在教育实践中就很有可能发生偏差。甚至可以这么说，对于核心素养，某些地方、学校、教师当前要把握的重点还不是如何落实的问题，而是怎么认识、怎么理解的问题。因此，我们需要把握住以下几个关键问题，创造性地落实学生发展核心素养的要求。

（一）明确学生发展核心素养的价值定位

学生发展核心素养，主要指学生应具备的、能够适应终身发展和社会发展需要的必备品格和关键能力。研究学生发展核心素养是落实立德树人根本任务的一项重要举措，也是适应世界教育改革发展趋势、提升我国教育国际竞争力的迫切需要。

学生发展核心素养的价值定位：核心素养是党和国家的教育方针的具体化，是连接宏观教育理念、培养目标与具体教育教学实践的中间环节。党和国家的教育方针通过核心素养这一桥梁，可以转化为教育教学实践可用的、教育工作者易于理解的具体要求，明确学生应具备的必备品格和关键能力，从中观层面深入回答"立什么德、树什么人"的根本问题，引领课程改革和育人模式的变革。

（二）弄清学生发展核心素养的内涵与指标体系

如前所述，学生发展核心素养，主要是指学生应具备的，能够适应终身发展和社会发展需要的必备品格和关键能力。

核心素养综合学生知识、技能、情感、态度、价值观等多方面要求，是每一位学生获得成功生活、适应个人终生发展和社会发展所不可或缺的共同素养，其发展是一个持续终身的过程，可教可学，最初在家庭和学校中培养，随后在一生中不断完善。

中国学生发展核心素养以培养"全面发展的人"为核心，分为文化基础、自主发展、社会参与三个方面，综合表现为人文底蕴、科学精神、学会学习、健康生活、责任担当、实践创新六大素养，具体细化为国家认同等十八个基本要点。

文化基础、自主发展、社会参与三个方面构成的核心素养总框架，充分体现了马克思主义关于人的社会性等本质属性的观点，与我国治学、修身、济世的文化传统相呼应，有效整合了个人、社会和国家三个层面对学生发展的要求。

责任担当等六大素养，均是实证调查和征求意见中各界最为关注和期待的内容，其遴选与界定充分借鉴了世界主要国家、国际组织和地区核心素养研究成果。

六大素养，既涵盖了学生适应终身发展和社会发展所需的品格与能力，又体现了核心素养"最关键、最必要"这一重要特征。六大素养之间相互联系、互相补充、相互促进，在不同情境中整体发挥作用。

为方便实践应用，课题组将六大素养进一步细化为十八个基本要点，并对其主要表现进行了描述。根据这一总体框架，学校可针对学生年龄特点进一步提出对各学段学生的具体表现要求。

（三）厘清与学生发展核心素养相关的几组关系

一是学生发展核心素养与素质教育的关系。学生发展核心素养是素质教育内涵的具体化。素质教育作为一种具有宏观指导性质的教育思想，主要是相对于应试教育而言的，重在转变教育目标指向，从单纯强调应试、应考转向更加关注培养全面健康发展的人。素质教育是被应试教育"逼出来"的教育概念，因为培养素质是教育的应有之义。但素质教育喊了这么多年，并没有明确描述哪些素质是学生所必备的，而核心素养的研究，填补了空白。核心素养是对素质教育内涵的具体阐述，可以使新时期素质教育目标更加清晰，内涵更加丰富，也更加具有指导性和可操作性。核心素养是对素质教育过程中存在问题的反思与改进。尽管素质教育已深入人心并取得了显著成效，但我国长期存在的以考试成绩为主要评价标准的问题，影响了素质教育的贯彻落实。解决这一问题，要从完善评价标准入手。全面系统地提炼和描述学生发展核心素养指标，建立基于核心素养发展情况的评价标准，有助于全面推进素质教育，深化教育领域综合改革。

二是学生发展核心素养与学科核心素养的关系。学生发展核心素养与学科核心素养的关系，符合育人目标与课程内容的内在逻辑。核心素养的获得必须以课程为载体，否则就会成为无源之水、无本之木，因此，学科课程目标的确立和内容的选择必须打破学科知识逻辑，要围绕核心素养的关键指标思考学科的育人价值，从而以素养逻辑替代学科逻辑和知识逻辑来建构课程。核心素养是基于学生终身发展和适应未来社会的基本素养建立的，而非基于学科知识体系而建立。学生的问题解决能力、创新精神、社会责任感等方面的素养不是仅靠某一个学科就能够培养的，而是需要借助多学科、多种知识和多种能力的共同作用。核心素养推动的课程和教学改革，从人的跨学科能力出发，有利于打破学科界限，促进学科融合，共同培养全面发展的人。

把学生发展核心素养落实到教育教学过程中,需要各个学科根据核心素养体系和本学科特点,研制学科核心素养,并把它贯彻到学科教学当中。日本和我国台湾地区都是将学生核心素养的具体指标直接分解到不同的学科之中,特别强调跨学科的统整性,既可以明确地看到如何通过不同课程的合力共同培养出学生的核心素养,也可以看到不同课程在培养学生核心素养方面的侧重。

特别应该注意的是,核心素养是以整合各个学科共同培养学生的核心素养为宗旨,在构建学科核心素养时,需要重视学科融合的思想、摆脱分科解构的思路,否则容易导致各学科抛开总的核心素养框架,各搞各的学科核心素养,从而把学生核心素养拆解为一个个与学科特定内容直接挂钩的零散部分。"各门学科之间的边界不应当是刚性的、僵化的,而是软性的、互通的。超越了这个底线,无异于否定了核心素养本身。一个严重的后果是容易导致分科主义思潮泛滥",这样核心素养就变了质,发挥不了促进学生全面发展及学科整合的作用。

三是学生发展核心素养与三维目标的关系。学生发展核心素养与三维目标的关系,体现育人目标与学习方式的深度融合。核心素养的内化和稳定是一个过程,需要经历知识学习、过程体验、能力提升,缺少了有意义的过程,即便知识是有价值的,也无法对人的成长生发意义。

从"双基"到"三维目标"再到核心素养,通常被表述为发展与超越的进程。但要看到,"双基"与"三维目标"的关系、三维目标与核心素养的关系,不是等距的,也不是等值的。前者是转折性的,彼此冲突;后者是递进式的,两者有着高度的内部一致性。核心素养对三维目标的发展和超越,主要表现在课程改革进一步"深化"方面,"超越"并非"超出",核心素养并非因此就可以替代三维目标。要形成核心素养,就离不开三维目标。

"核心素养"的提出,更是基础教育课程改革的创新点和突破点。其创新在于,以核心素养为统摄,使得教育"立德树人"的育人价值更加凸显;其突破在于,它是课程"三维目标"的整合。自从世纪初新课改以来,课程的"三维目标"已经人尽皆知,但人们往往只在教学文本知识时去关注,将其机械地割裂开来,并且存在贴标签的现象。"核心素养"作为课程育人价值的集中体现,贯穿于课程目标、结构、内容、教学实施以及质量标准与评价的整个过程中。"三维目标"可以在核心素养的目标下,在整个教学过程中得以完整体现。因此,"核心素养"是"三维目标"的整合和提升。

四是学生发展核心素养与综合素质评价的关系。学生发展核心素养与综合素质评价的关系,体现育人目标与评价体系的价值统一。核心素养概念的提出,体现了教育对人的关注。如果把人作为知识的附庸,那么"育分"必然取代"育人"。育人目标的确立和全面评价体系的建立,体现了教育帮助个体成长和适应社会的价值取向,核心素养为综合素质评价建构了关键指标,而综合素质评价将明确核心素养在课程学习中的地位。综合素质是对学生发展的整体要求,关注学生不同素养的协调发展。学生发展核心素养是对学生综合素质具体的、系统化的描述。一方面,研究学生发展核心素养,有助于全面把握综合素质的具体内涵,科学确定综合素质评价的指标;另一方面,综合素质评价结果可以反映学生核心素养发展的状况和水平。

(四)创造落实学生发展核心素养的学校力量

落实学生发展核心素养,学校必须有自己的表达。学校表达实质上就是学校的创造。我们需要这种研究精神和创造精神。

第一,落实核心素养,从学校的课程规划角度,要完成两种课程的设计:一是学科课程,二是跨学科课程(即综合性课程)。学科课程是基于学科的逻辑体系开发的,目的是要让学生掌握学科知识的间接经验。跨学科课程是学生获得直接经验的过程,它关注的是学生面对真实世界时的真实体验和直接经验,是以社会生活统合和调动学生已有的知识基础和生活经验。它有利于学生获得对世界的完整认识,有利于培养学生的创新精神和解决实际问题的能力。

两种课程的主要学习方式也各有特点,后者是以探究性学习方式为主导的。两种学习交互在一起,才能够实现让教育和学习回归生活,才能体现学生学习的全部社会意义。也许可以这样说,所有以核心素养为指向的教学,需要通过学习者间接经验学习和直接经验学习的交互才能实现。因此,当前学校完善两种课程的设计就极为重要。

第二,核心素养的落实,显然不仅仅是对教学内容的选择和变更,更是以学习方式和教学模式的变革为保障的。我们不能不承认,在当下的教学中,知识灌输和技能训练仍然是教学的基本方式,过度关注固定解题过程和标准答案的现象非常普遍。所以,要把"知识为本"的教学转变为"核心素养为本"的教学,必须大力推进学习方式和教学模式的改变。

要真正实现这一改变,就需要深刻理解人是如何学习的,进而回归到学习的本质。纵观人类社会,无论是思想发展史、社会进步史,还是科学发现史、技术革新史,无一不是在不断发现新问题中解决问题,又在解决问题中发现新的问题;而对于每一个独立的个体来讲,都是在不断的自我追问中寻找到自己的精神家园。只是,在现代知识的海洋中,我们似乎迷失了自己。所以,回归对问题的探求,并在这个过程中找回自己应有的智慧,应是学习的本意。

从以讲授为中心的课堂转变为以学习为中心的课堂,中间的桥梁是"问题化学习"。"问题化学习"让我们看到,所有的教学必须以学生学习为主线去设计,必须让学生真实的学习过程能够发生并且展开。但在今天的教学过程中,学生的学习并没有真正发生和充分展开,甚至出现了"假装学习"。

因此，今天我们需要在教学中强调"问题化学习"。以真实的问题形成问题链、问题矩阵，就是试图让孩子在学习中，在对问题的追寻中，慢慢形成一个知识结构——从低结构到高结构，从本学科的结构到跨学科的结构，从知识到真实的世界。在"问题化学习"的过程中，以认知建构的方式去重组问题、重组内容，让孩子在问题与问题的联系中，在综合地带和边缘地带，进行知识的碰撞，进行知识之间的联系。这就是"问题化学习"方式极具价值之处。

问题化与情境化是紧密联系的，问题往往产生于"情境"。真实的生活情境，在以核心素养为本的教学中具有极其重要的价值。如果学生在学校学到的知识与现实生活建立不起联系，那么非常重要的原因就是：学校教学活动所应依存的情境缺失。情境是学生核心素养培育的途径和方法，是核心素养实现的现实基础。知识是素养的媒介和手段，知识转化为素养的重要途径是情境。如果脱离情境，知识就只剩下符号，知识的应用和知识蕴含的文化精神就无从谈起。

我们需要重新认识学科活动的真正价值。在教学中，要大力倡导和精心设计学科活动。学生的学科能力和学科素养是在相应的学科活动中形成和发展的。学科活动的目的是让学习者的亲身经历与学科知识建立联系。学科活动要体现经验性，让学生通过经验的获得来重构知识；要体现主体性，尊重学生的主动精神，让学生成为活动的主体，而不是"被活动"；要体现校本性，应该结合不同区域和环境的特点选择资源和组织活动；要精心设计活动，充分体现活动的教育性，在核心素养的目标下，结合学科内容和特点设计活动。

鼓励教育研究者和教师开发更多促进学生核心素养生成的教学模式。无论是传递知识、开拓思维、组织活动还是互动交流，教师在设计和组织教学时都要将传统的"以知识点为核心"的教学，转变为"以核心素养为导向"的教学。具体而言，需要体现以下三个着力点：一是由"抽象知识"转向"具体情境",注重营造学习情境的真实性。二是由"知识中心"转向"能力(素养)中心",帮助学生形成高于学科知识的学科素养。三是由"教师中心"转向"学生中心",促进学生主动学习和合作学习意识与能力的培养。

郑州市从 2006 年启动的中小学学科建设,形成的"抓五项建设,提升三种基本能力,关注两个问题,做好两项基础工作"的"五三二二"基本要求,就关注到了学科思想、学科方法等学科素养的教学。学科教学体现上述三个着力点,将传统的"以知识点为核心"的教学,转变为"以核心素养为导向"的教学,就是"关注研究学生、提高学生的学科学习能力"所要研究与实践的核心内容。希望各级教研室要在认真梳理多年来学科建设成果的基础上,积极实践探索,推动"以核心素养为导向"的学科教学生成新的成果。

二、创造性地培育中小学教育的新样态

关于学校的课程体系,我个人认为其本身就应该是核心素养型与创客型课程体系。关于创客教育,我曾经说过决不能搞成"又一阵风"。为切实推进我市中小学创客教育的深入健康发展,打造"创客郑州"教育品牌,根据《郑州市教育局关于开展创客教育的实施意见》精神,结合郑州教育和创客教育的发展实际,市教育局制定并下发了《郑州市教育局关于切实推进中小学创客教育健康发展的指导意见》。《指导意见》有三大目标任务、六大创新行动、五大服务保障和一个评价指标体系,我们称之为"创客教育 15 条"。"评价指标体系"有 6 项一级指标、26 项二级指标和指标说明。此《指导意见》体现了我国基础教育改革与发展的趋势与要求,是今后几年我市推进课程改革的指导性文件,需要大家将其与学生发展核心素养的学习研究结合起来,一并落实。创客教育所体现的是教育的本质、学习的本质、人的发展的本质,其生命力在于它的

课程。下面，我重点谈一下对"STEAM 教育"的理解和认识。

（一）STEAM 教育是创客教育的优秀样态

STEAM 教育是美国政府提出的教育倡议，被誉为美国的"素质教育"。"STEAM"由科学（Science）、技术（Technology）、工程（Egineering）、艺术（Arts）、数学（Maths）5 个英文单词首字母的缩写构成。它由 20 世纪 80 年代美国为提升国家竞争力、劳动力、创新力而提出的"STEM"教育战略衍生而来，旨在打破学科领域边界，培养学生的科学素养。2011 年，美国弗吉尼亚理工大学学者 Yakman 第一次在研究综合教育时提出将"A"（艺术）纳入进来，这个"A"，广义上包括美术、音乐、社会、语言等人文艺术。"STEAM"逐渐发展为包容性更强的跨学科综合素质教育。2012 年，奥巴马就发布了《总统 2012 预算要求和中小学教育改革蓝图法案》，决定斥资两亿多来推进 STEAM 课程的实施，两年内，要招聘一万名 STEAM 教师；未来十年中，要培养 10 万名 STEAM 教师。近三十年来，美国政府和美国的一些科研机构、高校、基金会通过立法、拨款、专门项目等方式推动着 STEAM 的深入发展。

STEAM 教育，其实正是目前世界各个国家正极力推行的教育理念，即推崇以培养孩子的探索和创新能力为主导，加强关于科学、技术、工程、艺术以及数学的教育。学生可以在兴趣学习的同时实现创新的个性化，让"创造思维"与"创新能力"取代传统的课堂式学习。STEAM 教育理念也更加注重与前沿技术的相互结合，具有独特创意的科技技术引入教育中，将让科技成为创新教育的推动力。

近两年，STEAM 教育越来越受到我国教育界关注。2015 年 9 月，教育部发布《关于"十三五"期间全面深入推进教育信息化工作的指导意见（征求意见稿）》，谈到未来五年对教育信息化的规划时，提出学校要探索 STEAM 教育、创客教育。2015 年 10 月，上海接连举办了两场与"STEAM 教育"有关的活动。目前，全国已有 600 余所中学引入了

STEAM 教育课程。

（二）STEAM 教育的核心特征

"STEAM 教育是现代社会科技发展的产物。现代社会的发展越来越依赖于科学技术的进步，对人的科技素养要求越来越高。"北京师范大学教育学部副部长余胜泉教授认为，"我们在现实生活中遇到的问题越来越具有综合性，这就要求人们必须具有跨学科的综合素养，才能在现代社会很好地生存。另一方面，改革开放三十年来，我国的基础教育已从规模扩张阶段，过渡到追求质量的现代化教育阶段，过去以讲测考练为主的应试教育模式已不适应现代社会创新发展的要求，因此引入 STEAM 教育也是整个社会发展转型的现实需要。"他认为，STEAM 教育是未来基础教育发展的一个新方向。

在 2016 年"STEM＋"创新教育学术交流研讨会上，余胜泉教授在他的题为《从 STEM、STEAM 到 STEM＋》的大会主题报告中认为：STEAM 的核心特征是跨学科整合，而不是加一个或几个学科。如果只是在学科内容上增减，会造成教育的误导。目前很多中小学的 STEM 教育搞成了职业教育或大学预科教育，很大程度上就是忘了 STEM 教育的初心。因此，STEAM 的表述是一种误导。他提出了"STEM＋"的概念，"＋"代表连接、跨界整合。"STEM＋"回归 STEM 的本质，要在众多孤立的学科中建立一个新的桥梁，为学生提供整体认识世界的机会，通过把这多个领域内学科知识和技能的教与学整合到一种教学范例中，使学生学习的零碎知识变成一个互相联系统一的整体，这样就消除了传统教学中各学科知识割裂、不利于学生综合使用解决实际问题的障碍，是一种跨学科的学习方法。

要从教育的角度去理解 STEAM，我们不得不提到"建构主义"。我们过去经历的学校或者培训班教育，主要是"讲座式"教育，老师无论是风趣还是无趣地在讲台上讲课，学生都在或专心或走神地坐着听课。

这里不讨论这种教学方法有效无效,但这种教学方式其实是基于我们对于知识的一种假设,也就是知识可以通过老师传递给学生。但是建构主义的支持者们认为这种"传递"假设是不正确的,他们认为知识是由学习者自己建构起来的。所以教育不需要刻板运动,而是需要给学习者提供能够让他们自己建构知识的环境和机遇。STEAM 教育注重实践、注重动手、注重过程,正是受到了建构主义教育理论的影响,希望让孩子们通过制作自己喜欢的东西,在制作的过程中建构起关于科学、技术、工程、艺术和数学的知识。

(三)创造性地培育学校教育的新样态

关于"STEM+"与创客教育,真正的创新是建立在丰富知识基础之上的,创客是"STEM+"很好的载体,创新、分享所带来的成就感以及内在的驱动力是"STEM+"的动力源泉。

STEAM 教育非常值得借鉴和学习的有两点:一是注重学习与现实世界的联系,二是注重学习的过程,而非体现在试卷上的知识结果。

具体说,STEAM 教育不仅仅是提倡学习这五个学科的知识,更提倡的是一种新的教学方式:让学生自己动手完成他们感兴趣并且和他们生活相关的项目,从过程中学习各种学科以及跨学科的知识。

STEAM 其实是对基于标准化考试的传统教育理念的转型,它代表着一种现代的教育哲学,更注重学习的过程,而不是结果。本质上来说,我们要敢于让学生们犯错,让他们尝试不同的想法,让他们听到不同的观点。我们希望孩子们创造能够应用于真实生活的知识,而不是疲于应付考试。所以,STEAM 教育的实施场所不是桌椅整齐的教室,而是充满木板、锉刀、画笔、电线、电路板、芯片、3D 打印机以及各种奇怪教育科技产品的工作坊。

因此,我认为 STEAM 教育不仅是中小学创客教育的一种样态,更是中小学教育的一种新样态。它所体现的是教育的本质、学习的本质、人的发展的本质，是未来基础教育发展的一个新方向。各个学校要以STEAM教育课程的实施为抓手，丰富课程结构，提升课程品质，转变教师教学模式，改变学生学习方式，还学生学习的本质，推进深度课改，让学生从被动学习走向主动学习，从浅层学习走向深度学习。

首先在学校层面，STEM、STEAM课程的实施，可以围绕着学校办学特色建设、综合实践活动课程领域建设、拓展探究性校本课程领域建设来开展，尝试将它们与数学、科学类和艺术类核心课程对接融合。

其次在教师层面，可以根据自己原有任教学科与STEM、STEAM的交集，寻求可能的突破方向，依托特色综合实践板块校本课程、特色拓展探究板块校本课程建设，实施相关的自我研发科目，更建议老师们根据兴趣相投的原则，组合成团队，共同研发实施相应的STEM、STEAM校本课程科目。我们建议老师们借助STEM、STEAM校本课程科目的研发实施，更新相关知识，发展相应的教育教学能力，在实践中发展，在发展中推动实践。

我一直认为，基于教育供给侧改革的层面去审视，学校的课程体系本身就是创客型的，STEAM课程只是创客型课程体系中培养学生科学素养的一个课程类别。核心素养型的课程体系中，应该有更多的类似于STEAM课程的创客型（STEM＋）课程。希望各学校能够以研究实施STEAM课程为切入点，研究开发出更多的培养学生核心素养的优秀课程，形成更多的优秀课程样态，从而培育优秀的学校教育样态。

三、创造性地推进学生审辩式思维能力培养

交流、合作、审辩思维、创造力，是21世纪所需人才四个最核心的技能。国际教育界已经形成共识：教育最重要的任务之一是发展学生的审辩式思维，审辩式思维是最值得期许的、最核心的教育成果。审辩式思维是教育的解放力量，是私人生活和公共生活的强大资源。几乎所有

对世界各国教育都有所了解的人的共同感受是,与发达国家相比,今日中国学校教育最缺乏的就是对审辩式思维的培养。

(一) 审辩式思维是人必备的思维能力

审辩式思维是英语"critical thinking"的汉语翻译,不过在使用上它没有"批判性思维"来得普遍。但许多人发现,"批判性思维"与英文原意之间存在距离,很容易倾向否定性、质疑地思考,以致对立、对抗,造成不必要的矛盾,而这并不是提倡"critical thinking"的初衷。《中庸》"博学之,审问之,慎思之,明辨之,笃行之"共五个环节,说的不只是思辨。其中"审问、慎思、明辨",就是所谓"critical thinking",要求敢于独立思考,提出疑问,但"思"要"慎","辨"要"明",不是乱加质疑一番。这要有基础,就是"博学",要有广阔的知识、广博的眼界。在思辨之后,还得有实践的延续,就是"笃行"。在"维基百科"的汉语版中"critical thinking"采用了"审辩式思维"的译法,我觉得比较好。

在"维基百科"英文版中对审辩式思维的介绍是:审辩式思维是一种判断命题是否为真或是否部分为真的方式。审辩式思维是我们学习、掌握和使用特定技能的过程。审辩式思维是一种我们通过理性获得合理结论的过程,在这个过程中,包含着基于原则、实践和常识之上的热情和创造。

审辩式思维,不仅包含"独立思考",还包含"包容异见",还包含"价值多元"。独立自主的思考与质疑,合乎理性与逻辑的辨析,审慎而周全的权衡与判断……在每个人的思维活动中,这些都是一种本能的追求,与同样天然存在的霸道、盲从盲信、迷信、冲动等一样,自然而然地存在着。审辩式思维的价值,就在于将普遍存在的这种追求合理与公正的思维诉求,"体系化"为一门具有知识保障的思维技能,让人们对合理与公正的追求明确化、自觉化和科学化。

二战以后，一些美国教育学者开始关注发展儿童的审辩式思维，到20世纪末，审辩式思维成为美国教育领域谈论最多的话题之一，"审辩"成为使用频率最高的教育词汇之一。审辩式思维教育运动是20世纪80年代到90年代美国教育改革运动的重要组成部分。如今，审辩式思维的观念已深入人心，融进美国文化价值之中，并产生了全球性影响。加拿大虽然不是一个"处于危险之中"的国家，但美国的警示启发了加拿大把公民教育理念和最终基于职业技能发展的教育结合起来的通识教育课程，开始研究标准化考试方案对教育实践、对如何评价或描述高阶认知发展的影响。欧洲也感受到了以北美为中心的审辩式思维运动的发展势头，一些国家的思维教学研究，就是受到美国审辩式思维研究的影响。更值得注意的是，许多国际组织也倡导审辩式思维，其中联合国教科文组织在全球推进审辩式思维最为持久。联合国儿童基金会、经合组织、人权理事会以及其他全球性组织等也在重要领域推动审辩式思维。诸多国家以及我国的台湾和香港地区，都已将审辩式思维纳入教育目标。

（二）审辩式思维是德育和智育的结合

我赞同国际知名审辩式思维研究专家、加拿大麦克马斯特大学博士、华中科技大学客座教授董毓老师的说法：审辩式思维，是以理性和开放性为核心的理智美德和思维能力的结合，是一种谨慎公正的分析、构造和发展的过程。就是说，审辩式思维是德育和智育的结合。

德育部分，是一组关于认知和行为的批判理性精神和品德。它包括谦虚、谨慎、客观、具体、公正、反省、开放等指标。习近平总书记2014年五四青年节在北京大学师生座谈会上的讲话中指出，青年要在"勤学、修德、明辨、笃实"四个方面下功夫，这里面其实就包括了诸多审辩式思维的精神和品德。

智育部分，是一组关于辨别、分析、判断和发展的高阶思维技能。习总书记在谈到"明辨"时指出，"要善于明辨是非，善于决断选择"，

"关键是要学会思考、善于分析、正确抉择，做到稳重自持、从容不迫、坚定自励"。说的正是审辩式思维技能和过程。

具有审辩式思维的人可以理解，复杂的科学问题和社会问题常常并不存在唯一正确的标准答案。对于一个理论、一个观点、一个命题的论证，不是一个可能立即得到答案的实验室研究，不是一场可以决出胜负的球赛就可以完成的。辛亥革命已经过去了百年，但今天，它对于中国现代化进程的影响仍然是激烈争论的话题；"五四"已经过去了近百年，它对于中华民族文化建设的正面和负面影响也仍然是学术界激烈争论的话题。

"审辩式思维"不同于"大批判思维"：后者力图用自己的"真理"去批判他人的"谬误"，前者却接受多种价值并存的可能性，在旗帜鲜明地、勇敢地、坚定地坚持自己的"真理"的同时，也包容别人的"真理"。

培养学生的审辩式思维能力被越来越多的国家作为教育的核心目标之一。审辩式思维教学的最大目的，就是让学生成为主体，激励学生主动、自主地思考和学习。这与当前中国教育改革的精神也是一致的。现代中国有一种奇特的现象：一方面许多学生固守书本和传统，不敢批判、不善创新；另一方面，他们又喜欢不分青红皂白地一味否定、反对、抨击，从盲从到"盲反"的转换不用一秒钟。这反映的就是批判性思维教学的缺乏。

学习审辩式思维，可以让学生认识到，任何断言和证据都是可以怀疑的。即使是第一手的观察资料和现有的知识，都有可能是错的。审辩式思维不是指挑毛病、批评别人，也不是同意或不同意的简单的线性思维，而是要求在掌握充分论据的基础上进行分析、判断和推理，尽可能使结论或判断客观公正。审辩式思维教学，可以让学生避免对主流观念一味盲从，综合各方信息，做出自己的判断。这对培养学生的独立思考能力非常有意义。另外，审辩式思维的反思性、多样性原则，还十分有助于创新思维的培养。

审辩式思维，对于实现民族复兴的中国梦，意义重大。实施创新驱动发展是我国五大发展理念中第一发展理念。要实现创新，离不开审辩式思维。只有敢于质疑现有理论，勇于开拓新的方向，才能不断在攻坚克难中追求卓越。然而，要实现这一战略，我们面临很大的挑战。美国《时代》周刊曾直言不讳地说，中国现在什么都可以制造，但什么都不能创造。如果这一点不能改变，中国经济永远追不上美国，即使GDP超过了美国。

（三）探索发展学生审辩式思维的有效路径

2011—2015年"绿色评价"和2016年的"小学升初中综合素质评价"的结果均显示，郑州市中小学生中具有高品质思维能力的比例，没有优势。这是一种十分令人揪心的状况。我们这些大人们、长辈们没有尽到责任，是大人们、长辈们对不起孩子们！

审辩式思维和创造性思维都是非常重要的。审辩式思维是一个主动的，经过审慎考虑的，利用知识、证据来评估和判断其假设的过程，它包括对自己以及他人的思维的分析和评估。具体包括问题的提出；收集信息；去分析、整合得出一个初步的方案；然后可能需要一个跟别人讨论不断改进自己想法，也就是比较和评价的过程；通过有效的交流，通过与人的讨论，最后得到解决方案。这就是一个审辩式思维的过程。

北京语言大学谢小庆教授认为，创新始于对成说的质疑。具有审辩式思维是创新型人才的重要特征。审辩式思维不仅是创造的源泉，更是理性和民主社会的基础。从小发展学生的审辩式思维是培养创新型人才的重要举措。

美国2014年"国家年度教师"强调审辩式思维，认为：当前社会日新月异，无论我们教会学生什么知识和技能，都会在二十年内过时；教育的根本使命并不是告诉学生确信的答案，而是教会他们如何审辩式地看待这个世界，以便在未来将世界改造得更好。

发展学生审辩式思维的有效路径在课堂教学。道德课堂的三大目标，一是低碳有效，二是促进学生思维发展，三是促进学生精神成长。学生的思维发展、思维品质提升，应该包含审辩式思维。学生的精神成长，就是情感、态度、价值观的协调发展，应该包含审辩式思维能力生成与生长。

审辩式思维教学，必须与具体学科内容的教和学紧密结合。尽管在围绕审辩式思维一般能力的独立课程教学与围绕学科领域具体审辩式思维能力的专业教学之间存在差异和争论，但养成审辩式思维必须与具体学科专业知识相结合是当今的一大共识。在美国等一些国家的中小学校，审辩式思维主要是作为一种教学法贯彻到各学科教学中。

"为什么教""教什么""怎样教"，是学科教学的三个根本性问题，只有知道了"教什么"，才能更好地掌握"怎样教"。那么，学科教师究竟教什么？在倡导核心素养的教育时代，对于这个问题的思考与追问，显得尤为必要和重要。

首先，学科教师教的基本内容是"学科知识"。在学科知识上的优势决定了学科教师的职业角色和工作要求，学科教师"教"学科知识是最基本的职业要求。但是，这里的"教"不是把学科知识"灌输"给学生，不是让学生"记得"或"学会"学科知识，而是借助学科知识"教化"学生"会学"和"乐学"，并发现学科知识中所蕴含的"丰富营养"，从而提高他们的能力、悟性和修为。

其次，学科教师教的重点内容是"学科思想"，尤其是学科思维和学科方法。思想是人的灵魂，人因思想而伟大。学科思想被认为是"学科教学的精髓和灵魂"。因此，学科教师最重要的工作之一是帮助学生形成学科思想，如生物学的进化思想、数学的数形转化思想、物理的模型思想等。

基于学科思想、学科方法的教学,郑州市的教师们称之为"有灵魂的教学"。学科思想是形成学生情感、态度与价值观的重要因素,是赋予学生"价值生命"的营养要素。有灵魂的教学,即教师在学科思想、学科方法的指导和统领下,突破过去以"双基"教学为单一目的的浅层教学,让学生在获得知识的过程中,领悟并掌握相应的学科方法和能力,促进人格健全与发展的深入学科本质与核心的教学。各个学科要梳理总结、生成提升本学科十年来"推进有灵魂的教学"的有形成果,基于促进学生的思维发展和精神成长,推动道德课堂建设再上新的台阶,为促进道德课堂三大目标的有效达成创造更多新鲜的成果与经验。

再次,学科教师教的对象都是"具有生命力的人"。无论是哪个学科的教师,所教的对象都是学生,都是散发生命力的人。顾明远教授曾说:"教育的本质是促进人的发展,是通过传承文化、创新知识的过程促进人的发展,把一个属于生物的人培养成社会的人。"所以学科教育指向的核心都是"育人",即"立德树人"。在这一点上,学科之间没有差别,学科教师之间的关系也不是竞争关系,而是合作关系。因此,学科教师要跨越学科的藩篱,共同为帮助学生的生命成长和个性发展提供适合的学科教育。

学科教师在教育教学中要从"学科知识本位"走向"学科思想本位",更要有转向"育人为本"的思想觉悟和专业觉醒,只有这样,教师才能肩负起"提高教育质量"和落实"核心素养"的重任。

四、创造性地推动育人模式的变革

9月20日,教育部印发的《关于进一步推进高中阶段学校考试招生制度改革的指导意见》指出,逐步建立一个"初中学业水平考试成绩+综合素质评价"的高中招生录取模式,重在改变目前高中招生将部分学科成绩简单相加作为录取唯一依据的做法，克服唯分数论。一是推广初中学业水平考试。将初中毕业和高中招生考试"两考合一"，合并为初中学业水平考试，实现"一考多用"，减轻学生多次备考负担。二是完善学生综合素质评价。明确要求试点地区将综合素质评价作为高中招生录取的依据或参考，让以往处在从属、参考地位的"综合素质评价"成为主角，在高中录取中真正发挥作用。三是改革招生录取办法。要改革录取计分科目的构成，从初中学业水平考试科目中选择部分科目作为录取计分科目，除语文、数学、外语、体育科目外，根据文理兼顾、负担适度的原则，确定其他具体科目及数量，防止群体性偏科和加重学生负担。我所理解的新的中招录取办法就是"必考＋选考"的录取模式，这与高考录取模式的改革是一致的，都是要从"招分"走向"招人"。

至此，从育人目标的明确，到中招、高招新的录取模式的确立，可以说以"人的发展"为核心、从"育分"走向"育人"的基础教育新的发展模式的整体架构已经形成。在这种背景下，基础教育变革的革命性时代就要到来：基础教育的价值观需要变革，基础教育的课程观、课程资源供给方式需要变革，学校的教学方式、学生的评价方式需要变革，学校的管理模式与发展模式以及教师的职业生活方式等都需要变革，我们必须积极地顺应、推动这场前所未有的变革。

河南省教育厅日前已经宣布2018年秋季入学的高中一年级新生实行新的高考模式，那么，2018年的高中招生录取模式需不需要对接，怎么对接？2016年进入初中的学生，2019年升高中考试怎么办？这都需要我们认真调研，慎重决策。虽然要积极地顺应、推动这场变革，我们要做的很多，但是，以下三个方面的行动必不可少，行动必须快，必须到位，不能走样。

（一）必须改变思维方式

应试思维、应考思维不是新中招、新高考的正确思维方式。适应新的改革，必须以"人"为学校的中心对学校进行"系统重构"，任何点状的、局部的、走一步看一步、拆东墙补西墙等的做法，不仅影响学校发展，还将制约学生的成长。

1. 新的改革是培育人、评价人、选拔人的全面改革。促进个性发展是基础教育改革与发展的方向，即个性化的学校以个性化的课程培养个性鲜明的学生。中小学校，尤其高中学校首先要考虑的问题是，如何为不同的学生提供适合的人生发展通道。定位于满足所有学生的发展需求，看似有担当，实则可能是不负责，因为每所学校的条件不同、资源不同，求全只能抹杀个性。学校定位要把握学生成长、时代发展、社会变化的规律和趋势，明确培养目标，建构课程体系，从满足一类学生的发展开始设计，再到满足不同学生的成长需要。应对改革带来的机遇和挑战，专业、规范、持续的学校课程规划是关键。

2. 教师育人观的转变必须内化于心、外显于行。新的课程逻辑、课程体系、评价方式对"人"的关注与关照，必须通过教师的教育教学行为落实，与此相适应的观念、方式的变革将成为影响学生发展的关键。一方面要帮助教师建构符合时代要求的人才观、课程观、评价观，深刻理解核心素养、新中招新高考改革背后的实质；另一方面要切实提升教师的课程能力，满足国家课程分层教学、学校课程自主开发对教师能力的基本要求。

3. 盘活资源、创造条件，让学校成为功能齐备的课程空间、学习空间、成长空间。对学校空间的设计、建设和使用，必须从物理空间观念走向成长空间观念，彰显空间的育人功能，满足学生主动获取知识的需求，满足学生讨论交流的需求，满足学生实践创造的需求，满足学生个性发展的需求。

（二）必须完善评价体系

在教育的改革与发展，走过了仅仅依靠分数指标、物质计量、工具价值来判断教育效益的阶段之后，我们及时地对学生全面发展、学校内涵建设、教育人本价值做了深度的审视，并力求在实践上进行突破。攻坚难题之一就是评价改革。郑州市评价改革的总体架构是：逐步建立政府层面（市、县区）的基础教育质量综合评价体系和以校为本的教育质量综合评价体系。

从 2011 年开始，在市、县（区）级的层面上，我们相继推进了义务教育的"绿色评价"、高中的"增值评价"、市区民办初中招生的"综合素质评价"和多年来一直有效推进的学生综合素质评价；其间，我们与华东师范大学课程与教学研究所联合实施了全国第一个"初中课堂教学情况调查项目"；今年 11 月，我们还要在教育部的指导下和上海市一起在全国率先启动"中小学课程实施情况监测"。可以说目前郑州市基本上架构起了政府层面（市、县区）的评价体系框架。我们的目标是：通过对小学五年级"绿色评价"、小升初"综合素质评价"、初中八年级"绿色评价"、高中招生考试评价、高中"增值评价"和全省学业水平考试评价、全国高校招生考试评价七组学业质量评价数据的跟踪分析，建构一个涵盖小学、初中、高中三个阶段的郑州学生的学业质量标准（模型），以更为有效地优化教育过程，提升育人质量。

在建立以校为本的教育质量综合评价体系方面，一是应该有促进教师发展的"评价体系"，评价体系必须有利于促进教师课程观、学习观、学生观、评价观的转变，有利于教师创新能力的提升。二是应该有促进班级建设、学习小组建设的"评价体系"，评价体系必须有利于促进班级文化建设和班级精神打造，有利于班级的共同发展与全面发展。三是应该有"学生综合素质评价方案"，评价方案必须切实可行，推进学生综合素质评价向常态化、科学化、智能化、可视化方向推进。四是应该有"学生创客成果评价方案"，评价方案必须体现"去精英化"评价指向，体现"面向全体，注重过程，注重分享"的评价理念，摒弃分数量化、等级评价等陈旧观念，采用赞美式评价、认同式评价、鼓励式评价等不同形式的评价方式，从科学、技术、工程、艺术、数学等多维度进行评价。

评价改革是这场革命性变革的关键环节，以校为本的教育质量综合评价体系和机制的建立与有效运行，又是这一关键环节中的关键。其中"数据驱动教学改进"与"综合素质评价"机制的有效运行，是这一变革成败的核心环节。学校必须能够有效利用"绿色评价报告"和"高中增值评价报告"改进教学，通过对影响学业质量提升的相关因素的分析、干预，在提升学生学业质量和促进全面发展方面释放出最大的效益。"学生综合素质评价"必须向常态化、科学化、智能化、可视化方向迈进。

希望"以校为本的教育质量综合评价体系和机制"还没有建立起来的县区和学校，最好能在今年、最迟在明年一定要建立完善（起来）并有效运行起来，以此来有效地推动这场革命性的变革。

（三）必须做实综合素质评价

评价即育人，这是郑州教育人的理念。综合素质评价重在育人，其核心在于诚信、公平、公正。这也是这场育人模式的革命性变革的关键环节。成败都寄于此！

评价的起点是客观记录，所记内容要真实、有据可查。教师要指导学生客观记录在成长过程中集中反映综合素质的具体活动，收集相关事实材料，及时填写活动记录单。教师要充分利用写实记录材料，对学生成长过程进行科学分析，引导学生发现自我、建立自信，指导学生发扬优点、克服不足、明确努力方向。

一是在评价内容上，将学生成长过程中的突出表现作为考查的重点，特别强调通过参与相关活动情况及其成果来考查学生的综合素质状况，使评价内容可考查、可比较、可分析。

二是在评价程序上，突出写实记录、公示审核等，要求如实记录学生成长过程中的具体活动，并以事实材料为佐证，做到有据可查。用于招生的活动记录和事实材料必须在学校显著位置公示，班主任及有关教师审核并签字，学校最后审核把关。

三是在组织管理上，要建立健全四项监督制度，即材料公示制度、抽查制度、申诉与复议制度、诚信责任追究制度，对于弄虚作假者，按国家有关规定给予严肃处理，确保综合素质材料的真实可靠。

无论是小学、初中学校，还是高中学校，都要努力在综合素质评价的常态化、科学化、智能化、可视化方面创造鲜活的经验，让综合素质评价的过程真正成为学生自主管理、自主教育、自主成长的过程，创造性地推动这场育人模式的变革。

五、创造性地走上智慧教育之路

教育本身就是一项智力型、智慧型劳动。一个时期以来，一些地方、一些学校、一些教师把智力型、智慧型劳动从事成了体力劳动，甚至是重体力劳动。究其原因，一是观念问题，二是技术问题。观念问题使我们的教育没有遵循其"道"，甚至大反其"道"，尤其拒绝、抗拒技术之"道"；技术改变生态、技术涵养生态的观念，并没有根植于我们一些人的思想深处。

（一）把握智慧教育发展的根本要求和总体趋势

众所周知，以蒸汽机为基础的第一次工业革命开创了18世纪以机器代替手工劳动的时代；以电气能源为基础的第二次工业革命在19世纪让人类进入了电气时代；以原子能、计算机、互联网、空间技术等为标志的信息技术革命被称为第三次工业革命；2016年1月，在瑞士达沃斯召开的世界经济论坛（WEF）上，将第四次工业革命定义为：集合物联网、3D打印、机器人、人工智能、大数据等融合技术发展的智能型信息物理系统所主导生产的社会结构性革命。一次次的工业革命，直接促发了一次次的教育革命。"技术"带来了教育变革的力量,再造了新的教育流程和范式。站在第四次工业革命的门口,新一轮基于信息化的教育创新和改革浪潮正在世界范围内掀起,智慧教育越来越成为各国教育竞争的重要领域,成为加快实现教育现代化的重要引擎。

从当前教育发展趋势看,以碎片化、交互性、嵌入式为特征的"云教育""移动学习""泛在学习""一对一数字化学习"等新型教和学的方式逐渐兴起,智慧教育已经成为"未来教育"的制高点与突破口,成为教育智能化与信息化的新境界。北京、上海、浙江、宁波等地区相继出台了"智慧教育发展计划",以智慧教育为导向的区域教育信息化正在进入高级发展阶段。利用云计算、大数据分析、物联网等第四次工业革命带来的新一代信息技术,构建以"智慧班级""智慧校园""区域智慧教育云(包括三通两平台建设)"为核心的区域智慧教育新生态,构建网络化、数字化、个性化、终身化的教育体系,建设"人人皆学、处处能学、时时可学"的学习型社会,成为当前智慧教育发展的根本要求和总体趋势。

(二)构建以"智慧教育"为核心的区域教育新生态

信息时代,瞬息万变,发展机遇,稍纵即逝。推进教育信息化,构建智慧教育生态环境,任务艰巨,责任重大。我希望各级教育行政部门、各中小学校,站在深入推进"有未来的教育"、加快教育现代化步伐的全局高度,充分认清我们所面临的新形势新任务,进一步提高思想认识,增强紧迫感、使命感,加快智慧教育云平台的建设与应用进程,推进全市教育信息化的科学发展。

第一,要创新思想认识。"技术革新教育"已经成为不可逆转的时代潮流,教育的"智慧"转型也迫在眉睫。但是,技术自身并不能让教育发生整体改变,关键还在于人,在于人的思想与认识!

《国家中长期教育改革和发展规划纲要》中提出:"信息技术对教育

发展具有革命性的影响，必须予以高度重视。"教育部《教育信息化十年发展规划（2011—2020 年）》《教育信息化"十三五"规划》提出了"三通两平台"的建设目标以及"信息技术与教育教学的深度融合、创新应用"这一应用理念，为我们推进教育信息化提供了有力的政策支持。但是，个别县区、学校的教育信息化进程却不尽如人意，有些地方出现了"雷声大、雨点小"现象。这些问题的出现，我觉得在思想和认识上存在误区是根本原因。一些所谓的教育专家和教育管理者、教育工作者看不到信息化的发展前景和对教育发展的革命性影响，认为教育信息化就是一片云一阵风，风过云散，涛声依旧。在这里，我想说，那片云，是倾全市之力打造的郑州教育云、智慧云！我希望在座的各位同仁，在这个教育信息化大潮中，不要被"浮"云遮目，要抢抓机遇，抢占先机，超前谋划，顺势而为，树立"大教育观"的理念，以区域为单位深入推进教育信息化，打造具有本区域特色的智慧教育，为区域教育的跨越式发展奠定基础，让我们的教育管理充满智慧，让我们的课堂教学充满智慧，让我们的教育生成智慧，永葆智慧！

作为在这场教育变革中的生力军，教师如何在自己的课堂教学中让教育和技术得以智能化"融合"，如何克服教育和技术之间的"两张皮"现象，也是我们在座的各位需要深入思考和解决的问题。为了适应智慧教育的发展，教师的教学理念必须进行相应的转变和创新，所有教师必须在思想上对教育范式的转型做好充分的准备，树立"大教育观"，并增强应对变革、主动将信息技术融合于教学实践的意识。这对促进技术与教育的无缝连接、促生未来新型学习形态与人才培养具有至关重要的意义。这一点，希望能引起所有教育管理者的高度重视。

第二，要提升创新能力。移动互联网时代智慧教育的课堂教学与传统课堂教学相比，有四个关键性的变化，黎加厚教授把它总结为"个性化、互动化、社群化、数据化"的"四化"变革。针对这些变革，我们该如何应对？目前，国际上通行的做法是，鼓励学生和家长自带设备。我们做好准备了吗？2015年《地平线报告》指出了基础教育领域技术应用的六大趋势，并遴选出六项具体可应用的技术。其中，在未来一年内采用的近期技术为"自带设备"和"创客空间"。创客教育，我们已经全面启动；自带设备，部分学校已经开始试行，二中的移动自主课堂、三十四中的翻转课堂等模式在这方面已经做了大量有益的尝试。"自带设备（BYOD）"就是师生携带自己的笔记本、平板电脑、智能手机或其他移动设备，在课堂上与校园网连接进行学习。现在的一线教师要想组织好学生自带设备的课堂，二维码、App、微课，这些智慧课堂所需要的教学技能需要熟练掌握，这些你会应用吗？你会组织管理自带设备的课堂教学吗？如果不会，你就只能"禁止学生自带设备"了。在这里，我希望我们在组织教师培训的时候，要针对教师能力水平差异和个性化需求，设置分层级的立体式培训体系，创新培训方式，重视学用结合，开展以教学实践能力为导向的教师培训。要在过去已经开展的提升教师教育技术能力培训的基础上，继续下大力气研究提高教师培训效率和质量的新路径、新内容、新策略、新模式，要让我们每一位教师为学生自带设备进课堂等新时代下的课堂教学模式做好教学技能的准备。

第三，要创新资源应用。一是要切实以"一师一优课、一课一名师"活动为抓手，充分利用数字教育资源开展教学，并在教学过程中发现、汇聚、形成优质数字教育资源。要充分发挥各级名师的作用，以"一课一名师"活动为契机，利用优教通智慧教育资源云平台和教育电视台等资源共享和媒体传播平台，组织名师开展"同步课堂"等活动，使我市的优质教育资源得到充分的运用和传播。二是将信息化环境下的教学、教研、管理活动创新作为课改的重要内容，要组织教科研队伍、专家、名师等开展信息化教学新模式、新方法的研究与应用。鼓励具备信息化条件的地区和部分优质学校，大胆创新，形成可示范、可复制的教育教学模式和案例，发挥示范引领作用，让翻转课堂、移动学习、慕课、微课、"一对一"数字化学习等模式逐渐深入人心，并在中小学课堂中得到广泛应用。三是要切实加强网络空间"人人通"的应用，充分利用网络交互功能，采用网络学习、面授学习、线上线下相结合的混合式学习方式，推动"优教通"优质教学资源开放共享，拓展学生学习空间，促进学生自主学习，提高学生的实践能力和创新精神。

教育是最需要智慧的。让教育充满智慧，创建智慧的学校，培养智慧的学生、智慧的教师、智慧的家长，才是智慧教育的最终目的。智慧教育是教育的一种过程，一种境界。发展的过程中会遇到一些问题，会面临一些挑战，但毋庸置疑的是，智慧教育为教育的创新与变革提供了动力。让孩子们去发现自己的智慧，发展自己的智慧，运用自己的智慧，智慧地创造自己的未来，是推进智慧教育的共同目标。

圆周率与钢琴，一个数字，一个乐器，两个结合在一起居然毫无违和感。把圆周率写成乐谱，居然能用钢琴弹奏出美妙的旋律，冥冥之中好像一切都是准备好的。

世界著名的"纯影派""直接摄影"风格的摄影师中唯一在世的美国摄影师保罗·卡普尼格罗说："音乐在我的照片里，不是指在一张真实的照片里，我拍摄静物、自然，它更多的是在颜色和对比以及总体的感受中。因此，我的音乐在我的照片里。"李镇西是这样评价的：他在创造另一种可能，一种用眼睛去"倾听"的可能，去倾听带来的新生事物，去唤醒实物背后的实质。他用他的相机去表现自然里最真实、最朴实的实物的一种奇妙的可能。

创造的力量是无穷的、伟大的、奇妙的，充满智慧的创造，更是一切皆有可能。如果郑州市的校长们、教师们都能够在落实学生发展核心素养要求方面发挥出自己的力量，创造性地培育出学校教育多姿多彩的新样态，推动育人模式的革命性变革，走上智慧教育之路，让我们的每一个学生都具备适应终身发展和社会发展需要的必备品格和关键能力，让每一个学生都能够发现自己的智慧，发展自己的智慧，运用自己的智慧，智慧地创造自己的未来，那么，我们也就创造出了一种可能：用眼睛去"倾听"学生生长声音的可能……

谢谢大家！

（本文系笔者在2016年全市课程与教学工作会上的讲话）

附录

郑州市道德课堂的构建与区域推进成果报告

问题的提出

郑州市的新课程改革启动于2001年，金水区作为国家改革实验区承担着先行先试的使命，到2008年，全市小学、初中、高中全面实施新课程。为了推进课程改革，郑州市以《基础教育课程改革纲要》为指导，坚持区域整体推进的思路，在制度建设、学科建设、课堂建设以及教师专业发展方面进行了深入探索，取得了一定的成效，工作思路和具体措施也得到了省教育厅的肯定。

在看到成绩的同时，也遇到一些问题和困惑，总体来看，课程资源、专业支持力量较为薄弱；与课程改革相适应的考试评价、管理制度还不配套；作为课程改革的最基本单元，学校引领课改的主体性和主动性不强；教师对改革的实践更多体现在教学形式的变化，没有领会改革的实质。课堂作为学校教育的主阵地，仍存在着许多不尽如人意的地方，比如，长期以来受传统评价方式及应试教学观念的影响，课堂教学中存在着许多违背教育教学规律和青少年身心发展规律的现象，知识本位、应试本位和分数本位的课堂教学在一些学校仍然盛行。由于应试教育根深蒂固，新课程理念在实践中甚至还有被扭曲被异化的情况，典型的表现可概括为"四个满堂"和"四个虚假"。所谓"四个满堂"，是指满堂问、满堂动、满堂放与满堂夸；所谓"四个虚假"，是指虚假自主、虚假合作、虚假探究与虚假渗透。学生的主体地位很难真正地在课堂上体现，缺少真正的积极、愉悦、兴奋、发现和成功的体验，新课改的许多理念没有真正得到落实。尤其是无道德、伪道德和不道德的课堂依然大行其道。正是道德缺失的课堂导致教学沦为一种机械的、单调的知识传授和技能训练模式，学习过程成为充斥枯燥、疲惫、厌烦、焦虑等感受的精神折磨。长此以往，这必将扼杀师生的思维与精神，恶化他们的生存状态。

面对课堂"缺道失德"的种种乱象，作为区域课程改革的责任人，在进一步推进课程改革之前，必须回答好这些问题：课程改革如何实现区域推进？改革的目标如何落实在学校、显现在课堂上？如何将课程改革的新理念和中国优秀教育思想相结合，以教育价值观的反思和重建，引导广大教师理解和认同课程改革的目标、任务，从而自觉成为改革的实践者？

基于上述思考，在对课程改革进行系统总结、梳理的基础上，我们提出了三个追问：

——我们要把学生带到哪里？

——我们怎样把学生带到那里？

——我们如何知道学生到了那里？

推进课程改革所引发的对教育目的和教育价值的深入思考，使郑州课改的实践开始走上理性探索之路，由此开始了以教育价值为核心的文化重建，聚焦课堂教学存在的"缺道失德""重负低效"等问题，启动了"构建道德课堂"研究与实践探索。

解决问题的过程与方法

课程改革在郑州市的探索可以分为三个阶段：2001—2005年为四年的起步摸索阶段，2006—2009年为四年的深化探索阶段，2010—2013年为四年的成果显现阶段。本成果研究的过程与课改三阶段相伴相生。

【反思实践，聚焦问题（2005.06—2006.06）】

在课程改革的四年起步阶段，郑州市以强化培训、加强教研为手段，旨在更新理念、转变观念，但教学实践和改革理念存在明显的脱节现象，形式化倾向严重，课程改革想要破解的难题并未得到解决。从2005年开始，建立了学期教学诊断交流制度和年度校本教研推进会工作机制，对照改革要求检查教学实践，系统梳理教学中存在的问题，共探解决之道。梳理的主要问题有：教学目标与课程标准脱节；教师主体、知识灌输的教学近乎常态；假合作、假探究、满堂夸使教学走向异化；课堂效率低下，学生负担较重；课堂教学"育分"为主，忽视育人。这一切的根源，就在于课堂道德的缺失。

【深化研究，系统建构（2006.06—2009.12）】

针对存在的问题，以新课程改革"以人为本"的核心理念为指导，以中国优秀文化为依据，提出"构建道德课堂，提升师生生命质量"，并在研究中系统建构了道德课堂的理论体系，确立了道德课堂四项"教学主张"、教师必备的八大基本素养和十大行动策略，形成了新课程理念下新教学的基本框架和支持系统，并制定了道德课堂区域推进的实施方案。

1. 在价值体系层面，以思辨研究为主。一是每学期各层面分别举行一次研讨交流活动，包括县区主管领导层面、校长层面、教学主任层面、教研组长层面，研讨聚焦区域和学校推进课程改革中遇到的问题，在交流中分享和生成解决问题的智慧。二是在全市开展了道德课堂评价标准大讨论活动,通过反思教育思想和教学行为,梳理教育教学中有悖课改理念的"反教育""不道德"现象,引领广大教育工作者树立正确的教育价值观,自觉矫正育人行为。

通过自下而上的思考与讨论,在课程改革目标、任务等的要求下,系统梳理了我国优秀教育思想,同时借鉴国际先进的教育理念,结合郑州教育的现实情境,以"逻辑思辨"的方式逐步建构和完善了道德课堂文化内核:新课程所倡导的新课堂是回归规律、合乎规律、遵循规律的课堂,是回归人性、关爱学生生命、关爱教师生命的课堂,也就是我们所倡导的"道德课堂"。由此,我们明确了课程改革的方向和目标:构建道德课堂,改善学校育人生态,改善课堂教学生态,改善学生学习生态,全面落实课程改革的目标和任务,提升教师和学生的生命质量。

2. 在实践路径层面,以项目推动为主。通过与教育部课程与教材发展中心、华东师大课程与教学研究所、北京师大基础教育质量监测协同创新中心、大连现代学习科学研究院的合作,借助专业力量,实施国家课程校本化开发、基于课程标准的有效教学、义务教育学业质量绿色评价、高中教学质量增值评价、区域教育质量健康体检与改进提升等项目,以课程、课堂、评价整体性改革落实道德课堂理念和教学主张,系统回答了道德课堂的"三个追问"。

【实践应用,区域推进(2010.01—2013)】

在区域推广过程中,以中国教育学会批准立项的"十二五"重点课题为统领,建立各区域学校的子课题研究系统。确定了常规交流机制,每学期举行一次全市层面的道德课堂教育教学诊断交流活动,每年举行一次校长、教学校长、教务主任、班主任等各层面的道德课堂主题论坛,聚焦课题研究和项目实施过程中的问题,实现成果分享。

"道德课堂"的主要研究内容包括:

1. 对"道德课堂"的策略和规律的研究。此项研究是在"道德课堂"理念的指引下,对课堂的基本要素,如教学目标、教学内容、教学策略、教学关系、教学检测与教学反思等,进行整体研究,在行动中探寻"道德课堂"的实践策略和规律,实现教育教学理念的根本转变。

2. 对"道德课堂"实施模式的研究。各学校和各学科教师结合实际,积极探索"道德课堂"实施的途径和策略,呈现出丰富多彩的"道德课堂"模式和文化。在"道德课堂"实践中,通过课堂观察、教学回顾、访谈与调查等,总结并积累成功的教学案例,并通过对案例材料的分析和研究,促进成果物化和推广。

3. 对"道德课堂"中师生关系的研究。在教学结构诸要素中,师生关系是最重要、最灵动的一组关系。"道德课堂"强调教学是师生交流和沟通的过程,倡导在和谐的师生关系下,师生思维碰撞、情感交融,使不同层次和个性的学生都能得到发展。因此,师生关系、生生关系是"道德课堂"研究的重要范畴。

4. 对"道德课堂"教学评价体系和保障制度的研究。构建"道德课堂"离不开教学评价体系的改进和完善。在对传统课堂教学评价的扬弃中,研究和探寻符合"道德课堂"要求的评价标准和办法,通过评价促进教师全面地诊断教学过程,调节矫正教学行为,实现"道德课堂"的目标。构建"道德课堂"也离不开制度的保障,所以研究和建立"道德课堂"的保障机制,改进现行的学校管理制度和教学管理制度,才能促进"道德课堂"建设的顺利实施。

5. 开展"道德课堂"相关理论与实践研究。建设"道德课堂"必须以扎实的理论为基础,构建有特色的课堂文化也必须提升到理论层面。目前,"道德课堂"除了最核心的范围与理念要素清晰外,还有诸多不清楚的领域,我们鼓励一线教师从事与"道德课堂"相关的理论与实践问题研究。

为了促进交流与分享,我们搭建了市级校本教研平台,每年选择一个区县召开全市校本教研会议，根据道德课堂建设目标，确定会议主题，总结、展示、分享阶段实践成果；举办专题分论坛，聘请专家答疑解惑，引领大家深入探讨道德课堂实践过程中遇到的新问题。不同层面的校本教研活动均遵循"个人反思、同伴互助、专业引领"的基本原则，保证了活动的实效性。校本教研长效机制的建立，一方面促进了每一个区县践行道德课堂的探索，另一方面有效总结了前一阶段的工作，并为后续的探索明确了方向。

此外，我们建立了专家督导制度。郑州市聘请了31位全国知名的教育专家担任市政府兼职督学，目的就是"借脑"解决教育教学管理中的重大决策问题，增强督导工作的权威性和实效性，切实提高郑州市教育督导的专业水平。包括中国教育学会常务副会长、原国家督导团副总督学郭振有，教育部中学校长培训中心前主任、华东师范大学终身教授陈玉琨等在内的专家亲自参与了学校三年发展规划督导评估工作。实践证明，外聘督学从理念和文化层面提升了郑州市的教育督导水平，通过透视各县（市、区）教育工作和市教育主管部门直属学校教育教学工作，提出了他们的基本判断，并对各县（市、区）和市教育行政主管部门直属学校的教育改革、发展、创新中出现的问题进行了理性分析，提出了应对的策略，有效推进了道德课堂建设。

成果的主要内容

本成果聚焦系统探索区域推进课程改革的关键问题，全面探究影响教育质量的关键要素改进与完善方案，创造了惠及郑州、带动河南、影响全国的"以道德课堂理念建构新课堂生态和新教学框架，区域推进课程改革"的有效模式。成果主要体现在以下方面：

1. 在理论创新方面，建构了"道德课堂"的概念和实践框架

教育即道德：合乎道，至于德；以合乎"道"的途径，至于"德"

之目标。所谓"道",即规律,具体到教育领域是指教育教学规律、学生的认知规律和成长规律;所谓"德",即德性、人性,教学的最终目的是增进人的幸福。

道德课堂是以"以人为本"为核心价值取向的课堂形态;是以学生为主体,呈现尊重、关爱、民主、和谐学习生态的课堂;是有效实现三维教学目标的课堂;是德性化、人性化、生命化的课堂。

明确了道德课堂新教学的四项教学主张:(1)以学生为主体,课堂呈现尊重、关爱、民主、和谐的学习生态;(2)以发展为导向,使学科知识增长的过程成为学生精神成长和德性发展的过程;(3)以育人为宗旨,教学组织形式要对学生形成合作、包容、平等的人文素养起到潜移默化的作用;(4)以有效为底线,遵循基于课程标准的"教—学—评"一致性原则,减负增效。

学科教师践行道德课堂的八项基本教学素养:(1)回答好三个问题——你把学生带到哪里去?你怎样把学生带到那里?你如何确信把学生带到了那里?(2)提高三种基本能力——设计教学的能力、实施教学的能力、评价教学的能力;(3)把握三个前提——把握学科思想、掌握学科知识体系、明确学科课程目标;(4)做到三个读懂——读懂课标和学材、读懂学生、读懂课堂;(5)实现六个转变——教师变学长、讲堂变学堂、教室变学室、教材变学材、教案变学案、教学目标变学习目标;(6)明确课堂方向;(7)解读课程标准;(8)构建道德课堂生态。

制定了十项道德课堂行动策略:(1)让教学"回家",即变"先教后学"为"先学后教",实现"少教多学";(2)编制导学案(教学指导书、学案、调节教学案、学习卷),制定学生学习的路线图和导航仪;(3)实施分组合作学习,打造小组学习的动车组;(4)采用"独学、对学、群学"三种学习方式;(5)抓好"课前、课中、课后"课堂三段,关注学生学习的全过程;(6)建构"先学、展示、反馈"的课堂流程;(7)重视"先学";(8)突出"展示";(9)强调"反馈";(10)制定"以学评教"的评课标准。

2. 在实践突破层面,建构了道德课堂实践模型,在一定程度上解决了课程改革理念不落地的现实问题

本成果以"基于标准的专业化方案设计—基于标准的有效性教学实施—基于标准的发展性学生评价"为操作策略,找到了国家课程校本化的实践办法,构建了道德课堂的实践模型:以课程改革的顶层设计为指导,围绕学校教育的核心要素,从全面落实课程改革的目标、任务出发,以负责的态度和专业的方式,从建构课堂文化生态、加强课程建设、实施基于标准的有效教学、开展教育质量综合评价等层面系统推进课程改革,借助影响教育教学质量的关键要素的有效互动,整体优化育人生态,提升育人质量。

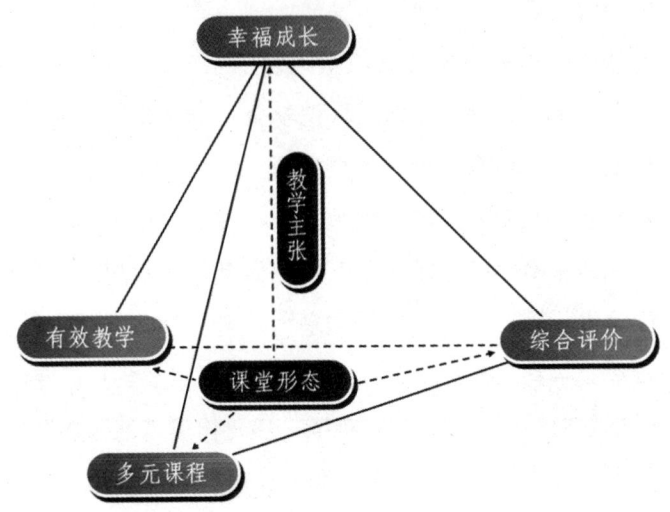

道德课堂实践模型

3. 创造了区域推进课程改革的有效路径

道德课堂实践遍及郑州市1351所中小学,成为郑州市区域推进课程改革的有力抓手。全市教育工作者改革立场坚定,认识明确,方向清晰,

课程改革提出的各项目标和任务在各层面均能得到积极的探索，以人为本、立德树人的总目标有了清晰的实践路径，形成了"以道德课堂理念建构新教学框架，区域推进课程改革"的郑州模式。

（1）建构了区域推进的有效模式。以道德课堂文化内核引导教师明确价值取向，增强改革的主动性；通过具体项目的实施，引导道德课堂各层面的实践走向深入；紧扣学校教育的核心要素，以调研视导、问卷访谈、学业测评、课题研究为手段，对发现的问题、经验及积累的数据进行深入分析，强化问题解决指向，不断完善符合道德课堂价值取向的实践策略，做到文化引领探索，理论指导实践，评价校准方向，专业保证实效，从而使认识、目标、行为、结果实现有机统一。

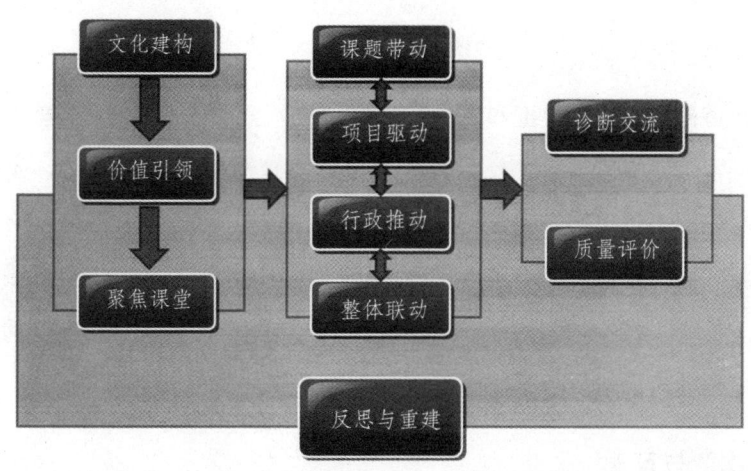

（2）催生了各具特色的学校实践样本。在构建道德课堂的过程中，始终坚持只给理念、各自探索的原则，激励学校的主动性和创造性，让构建的过程成为理念认同的过程、方法生成的过程、问题解决的过程。通过开展道德课堂教学诊断交流活动、道德课堂评价标准大讨论活动，形成了"道德课堂三级累进评价标准"。

```
                 ↑
学   15.学生能够正确看待现实并树立作为未来建设者的责任感
得   14.学生能够享受到生命得以充实、饱满的幸福和快乐
幸   13.学生的人格得到充分尊重并得以培养、健全
福   12.终生学习的良好习惯、兴趣得以持续养成、提高
     11.学生掌握、运用、创造等高层次能力得到逐步培养
    ────────────────────────────────────────────
学   10.在平等中学，学习气氛轻松、和谐、民主、团结
得   9.在对话中学，师生、生生、学生自己展开多元、深入对话
愉   8.在情境中学，情境贴近学生生活实际，学习资源丰富
快   7.在思考中学，能够围绕主问题展开自主、合作、探究式学习
     6.在做中学，学习在多样的学习活动中逐步展开
    ────────────────────────────────────────────
学   5.主要问题在课堂解决，基本不留或少留课后作业
得   4.利用课堂评价促进学习，达标率在70%以上
有   3.目标—教学—评价，教学设计、实施具有内在一致性
效   2.学习目标具体、清晰，注重三维目标的有机整合
     1.以学定教，教学建立在课标、学情、学材分析的基础上
    ────────────────────────────────────────────→
         教无定法，教有优法：教师课程能力决定学生学习质量
```

道德课堂三级累进评价标准

在道德课堂实践模型和评价标准框架下，全市1351所中小学进行了深入探索，许多区域、学校形成了道德课堂理念下的课堂形态，如基于学生主体的郑州市第一中学"主体课堂"，基于目标建构的郑州市第一零二中学"网络环境下的自主课堂"，基于教师风格的二七区"多彩课堂"。截至2013年，全市共认定32所学校的课堂形态为道德课堂有效形态。课堂形态的构建过程使教学生态明显改善，学业质量显著提升。

效果与反思

成果在郑州市得到全面应用，并在全国产生很大影响，在区域范围内确立了课堂教学落实"以人为本""立德树人"的路径。课程改革区域推进经验得到教育部、省厅和权威媒体肯定，并对兄弟省市的课程改革产生积极影响。在网上检索"田保华道德课堂"，共有117000个网页条目。

(一) 成果有力推进了郑州市的基础教育课程改革

1. 道德课堂的建构使得课程改革在郑州市认同度高,教师践行课改的自觉性强。从全国聘请的专家督学经过深入调研,认为郑州市教师理念新、变革意愿强,并得出"与坚持推进道德课堂建设密不可分"的结论。

2. 各区县在道德课堂理念下,建构区域教育特色,提升了课程改革的质量。如二七区的多彩教育、中原区的生本教育,发挥了很好的示范带动作用。各学校从学校文化的层面寻求改革发展的突破口,涌现出一大批有效实践范式。

3. 学校课程规划与开发成效显著。通过与华东师大的项目合作,学校领导和教师课程领导力显著提升,自主开发了学校课程规划方案、校本课程、国家课程课程纲要等课程产品,许多学校建立了校本课程体系。

4. 改善了中小学课堂教学生态和教学实践,促进了学生的健康成长。教育质量综合评价数据显示,作为课堂生态的重要指标,郑州市中小学的师生关系指数呈逐年向好态势。国家课程校本化形成了有效教学的专业实施路径,学校领导和教师课程领导力显著提升,"基于标准的教学"逐渐成为教师课程实施的常态。25名教师在全国教学评比中获一等奖,汇集教师教学专业方案成果的《基于标准的课程纲要和教案》一书由华东师范大学出版社出版,为全国基于标准的教学研究增加了实践范例。数据显示,全市中小学教师教学方法呈现逐年向好态势;郑州市的学生在各学科领域的达标状况均显著好于全国常模,一些学科各层级的达标状况处于全国前列。指向诊断与改进的评价促进了学校评价观的转变和学生的全面、健康发展。

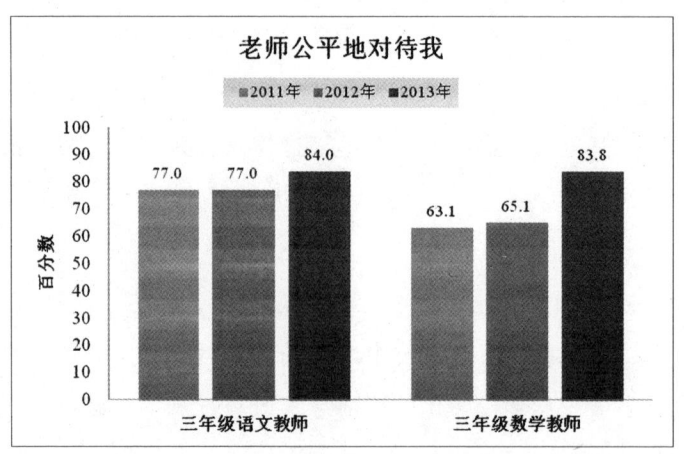

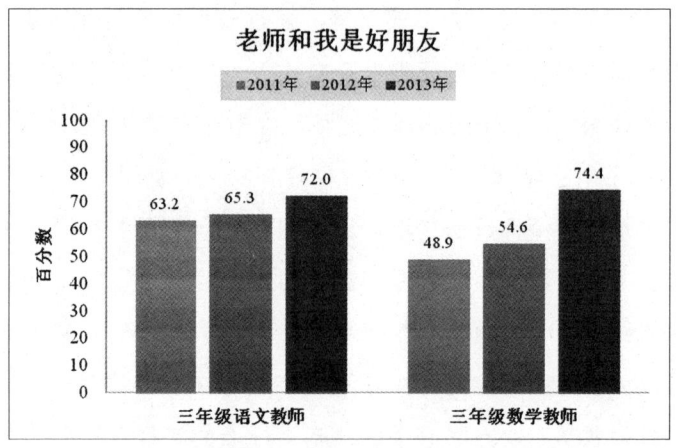

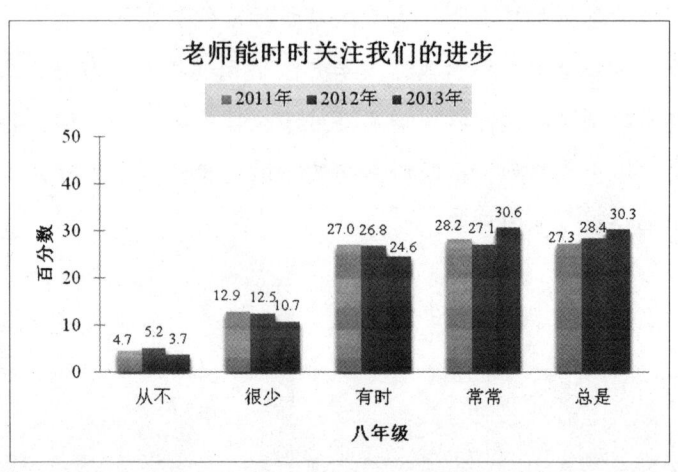

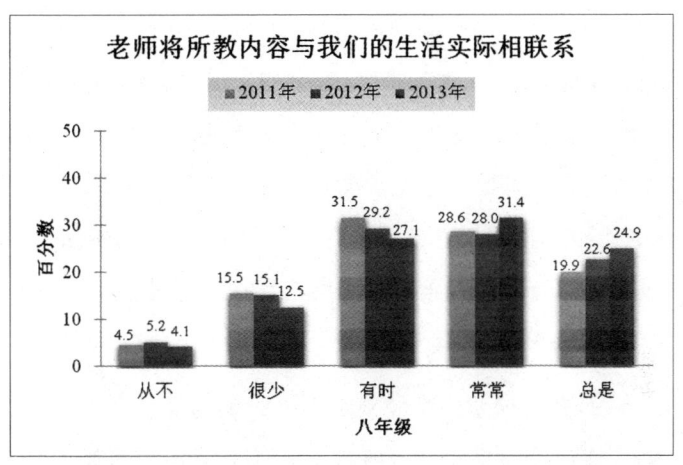

（二）成果对中国基础教育课程改革产生重大影响

作为成果主持人，田保华发表了近百篇关于道德课堂的论文，刊载于《中国教育学刊》《课程·教材·教法》《基础教育课程》《中国教师报》等刊物，为引导教育实践工作中转变观念、厘清思路、提高能力发挥了重要作用。

应中国教育科学研究院、中国教育报刊社、中国教育学会、人民教育出版社等邀请，田保华先后在北京、上海、广东、新疆、重庆、安徽、山东、沈阳、福州、合肥等地做专题报告，传播、推广了道德课堂的实践成果。郑州市第一中学、郑州外国语学校、郑州市二七区陇海西路小学、郑州市第一零二中学等学校应邀到新疆、江苏、河北等地介绍道德课堂实践情况。

在中央人民广播电台·中国广播网教育频道主办的评选中，田保华因为"道德课堂"的理念建构和区域课改的实践效果获得"十大教育改革杰出人物奖"和"十大区域课程改革推动人物"。

道德课堂实践得到了河南省教育厅、中华人民共和国教育部的肯定，教育部主管的报纸期刊先后报道了郑州市以构建道德课堂推进课程改革的情况。2010年8月，《中国教师报》以"郑州变法"为题，使用八个版面报道道德课堂区域推进实践探索；2011年5月，《基础教育课程》以"聚焦郑州道德课堂"为专题，对郑州市道德课堂实践探索进行了全方位报道，并配发卷首语《道德，课堂上空的一面旗帜》；2013年4月5日，《中国教育报》把郑州道德课堂建设情况在"'学习贯彻十八大精神，办好人民满意的教育'典型报道"专题栏目作了大篇幅深入报道。

（三）进一步完善成果的思考

1. 作为践行道德课堂的学校领军者，校长的课程领导力需要进一步提升。计划实施校长课程领导力项目，以任务驱动的研修方式培养以校长为首的学校课程领导团队，帮助学校由行政管理向课程领导过渡。

2. 加强综合评价结果的使用研究，健全改进教学的机制。以第三方专业评价的结果数据为依据，深入寻找问题症结，通过机制推进研究，推进问题解决，从而不断优化学校和课堂育人生态，持续提升教育教学质量。

河南省郑州市德育文化生态纪实

在北京,采访郑州市教育局副局长田保华时,记者对这句话印象深刻:"德育,需要营造一种生态,一种学生能够健康成长的学校文化生态。"这种文化生态涵盖面极广,环境文化、教师文化、课堂文化、活动文化……皆可列于其中。田保华说:"不同的文化氛围、不同的教育生态,教育出来的人是不一样的。南方人与北方人相貌不同,就是因为南方与北方生态不同。"

郑州市各中小学自2008年掀起的"找魂运动",即源自营造学校文化生态的初衷。在郑州,田保华每走到一所学校,就戏谑地问校长:"你的魂呢?"在他看来,校长的灵魂,就是学校的灵魂;而灵魂,就是一个人(校长)的价值观。如果校长答不上来,他就让校长把校史拿出来,研究学校的历史沿革和文化变迁,寻找既符合学校发展史和文化命脉,又符合现代教育发展方向的精髓,与校长一同提炼出来。例如,二七区淮河东路小学的校魂是"多彩",意味着"生活是多彩的,世界是多彩的,学生应该接受多彩的教育,拥有一个多彩的人生";外来务工子女占全校80%—90%的二七区大学路小学,校魂定为"仁爱"二字——同一片蓝天,同一个校长,同怀热爱之心。学校的"魂"究竟能发挥什么作用?面对记者的疑问,田保华解释,这个灵魂不是口号,而是有文化内涵和深刻哲理的办学目标，学校找到"灵魂"后，校长根本不需要监工，再不用做"包工头"了。

初冬，记者来到郑州，和郑州的师生一起感受德育文化生态的力量。这种力量生发于教师、环境、活动、课堂等每一个元素，在一个个细节中，自然而然地浸润每一位师生的心灵。

用善良为学生打上生命底色

学校无小事，事事是教育；教师无小节，处处是楷模。关心学生的教师必然关注细节，关注自己日常生活中的一言一行，使最自然的细节成为教育契机，让校园的空气洋溢着激情与温暖。

今年初中毕业的张亦楚同学，在郑州市第二十六中学2011届（9）班这个充满温情的大家庭中度过了快乐的三年。张亦楚因从小患先天性疾病，身材矮小，双腿弯曲，行动不便。三年前，七（9）班班主任毛华知道了张亦楚的情况后，主动请缨要求将张亦楚分到自己的班级，并表示在这中学的三年里一定让这个班级群体关心、帮助她。张亦楚进入七（9）班，全班同学便开始了悉心照料。55位同学分成几个帮扶小组，天天轮流接送张亦楚上学、放学。101级台阶的教学楼，同学每天背着她上下数趟。无论严寒酷暑，始终如一。

在校园内，经常会见到一群女生簇拥着一个被抱着的小女孩，紧随其后的是一群抱着专用椅子的男生。每次体育课，同学们会将张亦楚抱到操场上一起享受温暖的阳光；每当观看元旦会演，张亦楚不能同去，同学们就会拍下照片，录下全程回来给她看。任丽媛同学觉得一切都很自然："每天帮助张亦楚已经成为我们生活中的一部分，一种习惯。"张亦楚的父亲张帅旗非常感激："三年里很少看到不开心的张亦楚，每次看到女儿回到家时的微笑，我就感觉到了这个团体给她的鼓励与支持。"

一个人做好事不难，难的是一个群体一起践行承诺；一时做好事不难，难的是长期坚持。二十六中校长张松晨脑中一直存放着一个令他感动的画面：那天下了大雪，操场上白茫茫一片，同学们兴高采烈地打雪仗，张亦楚背靠操场的栏杆，坐在一张小板凳上，怀抱着一个大雪球，脸上洋溢着花朵般的微笑。在优秀班级群体表彰会上，校长张松晨动情地说："三年的坚守，这个群体只有一个约定，这是一种大成，这是一种大信。一个承诺不难，难的是信守承诺；守信不难，难的是长久守信。这56名可亲可敬的学生在毛华老师的带领下，用金子般的诚信在全体师生心中树立了公民道德的价值标杆。"

学校面积不大，周边都是林立的高楼。尽管如此，整个校园总是被浓浓的爱包围着，学校抓住一切机会，将善良根植学生心底，让爱融入校园各个角落。

有一天，七（2）班的班牌摔坏在地上。到底是谁干的？过去的常规处理方法是由班主任出面查明真相，揪出"元凶"，批评教育，以示警诫。这次，政教处主任、年级长、七（2）班班主任凑到一起，经过商量，大家决定换一种形式，他们在黑板报和校园网上发布了一条公告《寻找一颗勇敢而诚实的心》。公告上先写了"列宁打碎花瓶后勇敢承认错误"的故事，接着还原本次事件，"昨天下午，七（2）班的班牌被一个小同学不小心碰掉了，希望这个小同学像列宁一样，做一个勇敢的人，主动找回心灵的宁静"。公告引起全校轰动，学生们都开始反思自己的日常行为，肇事学生主动去政教处承认了错误，老师们也认识到，德育方式的转变往往能收到事半功倍的效果。

去年，学校来了一位不受欢迎的"客人"——小鸟，小鸟衔来树枝，在一楼和二楼的拐角处搭起了窝，把这儿当成自己家了。可这里是班级承包的清洁区，如果小鸟的粪便不及时清扫，会影响到班级的荣誉。怎么办呢？同学们赶紧去找班主任高宣，高老师想了想，提出个新点子：在全校发起"我与小鸟同成长共飞翔"的倡议。从倡议同学们爱护鸟类、爱护自然，延伸到爱护学校、爱护祖国。倡议发出后，小鸟成了重点保护对象，打扫卫生的同学再也不叫累了，还有同学专门去给小鸟拍照。

张松晨校长说："这样的教育，比开展三个活动所收到的效果都要好，我非常推崇。"教育的效果，不在于活动本身，而在于活动的过程。张校长坚信，只要有一个孩子受到教育，就是有用的。

借社会力量规范学校行为

郑州市第二中学是一所没有"围墙"的学校。任何一个校外人士，经过身份证登记、存包、阅读来宾须知后，都可以穿上学校特制的贵宾服，重温校园生活，感受课堂气氛，品尝食堂餐点，去教师办公室翻看学生作业，去考场做义务监督员，还可以直接走进校长办公室，与校长王瑞面对面交谈。这样一来，校长、老师和学生都处于社会的整体监督和管理之下。

记者到访当天，在接待室碰见一位正在穿贵宾服的来宾——郑州大学研究生张新彤，这是他第二次来二中。一年前，他在报纸上看到二中启动开门办学的消息后，就来体验了一把。跨过二中门前的马路，就是郑州大学，有位热心的教授已经来访11次了，每一次都有新的感受和提议。学校把最近的一张统计表拿出来，记者看到，从10月8日至10月28日，共21天，学校接待来宾113人，汇总意见18条，上面还详细记录了各班来宾人数，来宾意见被细分后分别汇总到"教学""学生管理""后勤配备"等条目下。

黑色绸缎坎肩，没有扣子，前襟上两条酒红色的飘带，远远看去，像是一条红色的哈达。简单大气的贵宾服向来宾传递着讯号：二中欢迎您！在学校开门办学一个月之际，中国教育学会会长顾明远来到二中，感慨道，这是他在中国看到的第一所敢于全部开放的学校，希望学校能持之以恒，他还把贵宾服带到国际教育大会上去展示。

"学校的所有工作高度透明,这是借社会的道德力量来规范学校的道德行为。"王瑞校长说,"大门开了,社会的资源进来了,大家的观念更新了,校园干净了,班级有文化了,嘉宾请来了,学校更受关注了,教育的合力作用明显了,学生的文明程度提高了,自我管理、自我发展出现端倪了,孩子们的信心树立了,我们的信心更强了。"

二中"自主化、国际化"的开放思维吸引了同行的支持。担任班主任48年、今年67岁的周士良是二中从上海市第二中学引进的优质教师,他曾被评为"上海市普教系统十佳班主任"。因为他对学生"像爸爸一样亲切,像爸爸一样严厉",学生们称呼他为"周爸"。二中开门办学后,周士良来到学校担任首席班主任导师,带了两个班和11个班主任徒弟。他是一个用心的人,主张"原生态"家访(不提前告知家长),每天批改家校联系本,下课后要求学生把椅子放到桌下,还抽空教学生炒菜。他说,学生不仅要学会生存,学会学习,还要学会生活,学会关心别人。

"教师的工作就是要把学生的内在潜能充分地挖掘出来""我们的目标不应该只是培养精英,而应该更多地为社会三百六十行提供具有不同特长的人才""每一个孩子都是祖国的希望"……与二中教师和慕名前来"取经"的兄弟学校的教师交流时,周老师经常谈到这些话题。爱与责任的师德追求,面向全体学生、充分发扬民主的管理理念正悄然地浸润每一位教师的心灵,指引每一位教师的行动方向。

周老师向记者介绍了他的"筷子"理念:一根筷子是教师,一根筷子是家长,教师和家长紧紧捆绑在一起,才能把孩子"夹"稳、教好。他非常重视家访,由于对郑州路况不熟悉,在好几次家访途中迷了路,最后不得不主动破坏"原生态",打电话向学生家长问路。工作了近半个世纪,周老师把这些经验一点一滴地传授给二中的徒弟们,毫无保留。他说:"我总有一天要离开这里,希望能给二中留下些东西。"

开门办学将学校与社会拧成一股绳,成效显著。家庭教育呢?怎样才能更好地发挥家长的作用？家长会成了突破口。目前，郑州市已将推进"家长会建设"提升到课程建设的层面。

有一位学生家长，本来就因为孩子成绩较差而有些自卑，再加上每次开家长会都被叫到学校去，听到的都是一些刺激性很强的话，因此对学校产生了一种强烈的畏惧感，这位家长感叹：林黛玉进贾府是"一年三百六十日，风霜刀剑严相逼"，一步不敢多走，一句话不敢多说，自己又何尝不是？二中副校长任建民在《如何开好家长会》一文中举的这个实例，很多家长都有同感。以前的家长会，只关注学业成绩，不关注学生成长，只放大学生的问题，不研究解决办法，让家长和学生更隔阂，让家庭和学校更疏远，田保华对此非常反感："这种违背教育宗旨、恶化教育生态的家长会，我们把它称作道德缺失的家长会。"

为了打开家校互动的窗口，让家长会充满道德的关怀和人性的光辉，让学生和家长都愿意开家长会，郑州的家长会正在转变中：在观念上，从以学校、教师、分数为中心，转变为尊重学生和家长的主体地位；在内容上，从只关注考试分数转变为关注学生全面发展；在形式上，从单一的说教式、告状式转变为学生、家长、教师互动交流式。

用活动让学生体悟社会

郑州市第十一中学阶梯教室里，一场学生辩论会正在激烈进行。大黑板上写着辩题——"社会安定主要靠法律维持"和"社会安定主要靠道德维持"。双方针锋相向，毫不退让。

"在中国这个社会主义社会，是道德的人多，还是不道德的人多？"一句反问抛出后，辩手果断坐下，教室里掌声震耳。

"社会的不安定，正是少数不道德的人造成的！"对方应答干脆利落，仿佛足球场上的守门员，把"球"轻轻接住，重重踢出。

"当今社会，多数人道德，少数人不道德，是不影响社会正常运行的。毕竟，一个人代表不了13亿人，但13亿人代表了一个国家，一个集体。"话音刚落，叫好声四起。

旁边一间教室里，高二（7）班和（15）班的辩手也是唇枪舌剑——高分是高能的体现？正方和反方旁征博引，观众席也分为两大阵营，为各自的辩手鼓劲。

这样的辩论赛是十一中的常规活动，每年在高二年级18个班举行。先由学生会同学与老师一起商定辩题，然后将辩题写在纸条上，各班随机抽取。接下来，推选辩手、收集资料、进行比赛，就由班内同学自主管理了。在整个过程中，班级凝聚力得到了提高，学生收集资料的能力和思辨能力也得到了训练。

教育本身是生活的需要，它源于生活又以生活为归宿。学校也是一个社会，学生们在这里感受、感悟、欣赏、品味生活。郑州市很多学校已经将活动做成校本课程，学生在活动中不仅动脑动手，还能体会到收获的艰辛与快乐。

在美国，一些学校设有"职业日"。当天，校方会邀请各行各业的人到学校来给孩子们介绍各自的工作，让孩子们看到多姿多彩的职业世界。学校除了请一些高端人才做讲座，更多的是请一些平凡的基层工作者，比如消防员、环卫工人等，让孩子们在交流中了解职业，认识到任何一个岗位都是社会必需的，都值得尊重。美国中学里，"职业兴趣分析"十分流行，学校帮助孩子分析"想干什么"和"能干什么"。此外，每年的4月22日是"带孩子上班日"，这一天，父母可以带6岁至16岁的孩子去上班，让孩子了解父母的职业……2010年上海世博会上，除中国儿童职业体验馆亮相外，比利时、瑞典、丹麦、荷兰、瑞士等国家也都以不同的主题反映了对孩子展开职业启蒙教育的内容，通过互动游戏带来童趣体验，通过创意启蒙激发孩子灵感。

2011年春，二七区兴华小学把"儿童职业体验馆"搬进学校，结合学校实际，将体验馆分为消防队、爱心医院、魔幻厨房、《精彩童年》报社、实验室、超市、手工DIY和开心农场等场馆，让学生走进体验馆就仿佛进入了一个小社会。结合学校职业角色体验馆的建设，学校设置了7门课程：健康小讲堂、小鬼学理财、小记者、安全小卫士、小小科学家、环境与我、营养小专家。每个体验馆配两名辅导教师，每周五下午第一节课开展体验课活动。于是，学校里出现了这些精彩的画面：

镜头一："喂，请问是119消防队吗？××路××家属院四号楼三单元四楼着火了，你们赶紧来吧。"接到电话后，消防队员立即整装待发，进入待命阶段。这是体验课程中，营造消防报警和消防队员出警的场景，学生们和真正的消防员叔叔共同参与，展开竞赛。

镜头二：一股甜美的果香把人们吸引到了"魔幻厨房"。这里比消防队安静了许多，但是每个孩子都没闲着，有的在给水果削皮，有的在将水果装盘，还有的在往水果上浇酸奶。原来大家在做水果沙拉。同学们都说在家里没有做过这样的东西，更没有做过饭，这都是第一次啊。大家非常高兴，做东西也很认真，一阵忙碌后，美味诱人的水果沙拉拼盘就做好了，同学们纷纷端着水果盘到各个场馆与老师、同学分享劳动果实。

镜头三：进入报社，怎么没见到人呢？再往外看看，原来报社的小记者们都出去采访了。"叔叔，您教给我们同学哪些消防技巧啊？""同学，你在这个场馆都体验了什么内容呢？"……小记者们认真地提问，并做好记录。

在这里，孩子爱玩的天性得到充分发挥，德育活动成为一种自然、愉快的教育过程。让孩子从小就了解到社会上的人到底是怎样生存和发展的，体验到父母工作的辛苦和劳动成果的来之不易，有助于培养孩子的生活自立能力与团队协作精神，养成健康的劳动价值观和理财观念，从小拥有一颗感恩的心。

让学习真正发生在学生身上

课堂上学生不瞌睡、不厌学、不逃学，是郑州市教育局对全市中小学教师的要求底线。副局长田保华经常说："学生是来学习的，不是来听老师说天书的；学生是来学习的，不是来看老师唱戏的；学生是来学习的，不是来看老师放电影的。"他认为，课堂上促进学生的思维成长和精神成长就是最大的课堂道德。所以，郑州市中小学的课堂，一直遵循"让教学回家"的规律——先学后教、依学论教、少教多学，让教师从独角戏的角色转变成导演，让课堂成为学生思维的操练场。

在郑州市回民中学，课堂是学生展示交流的舞台，学生是自信快乐的求知者，老师是高屋建瓴的引路人。高一（1）班的政治课堂开始了，"导演"唐永海老师"报幕"后，就退到角落，观看学生的"表演"，适时登台"串场"。一名学生走上讲台，播报本周时政热点，然后开始本节课的学习——储蓄存款和商业银行。每个学生手中都有一本导学案，用几个生活案例将知识点串起来，有层次地问题前置，让学生在自主预习的基础上牢固掌握知识，生成能力，这是本校教研组老师经过反复探索演练、自主研发的。每节课推选一位学生做"主持人"，把导学案中的案例挨个抛出，引导大家小组讨论后自行解答，在解答过程中，其他同学可以质疑，或者提出新问题。有个学生问："农村信用合作社和邮政储蓄是银行吗？"这可把大家都难住了。此时，唐老师参与进来，点拨指导。就这样，老师精心导演，学生尽心表现，加之生生互动，辅之老师点化，共同演绎了一场既活跃又高效的课堂"影视剧"。语文综合性活动课将"参与、体验、共鸣"的理念贯穿课堂；数学课上学生是主体，互学是亮点……回民中学将课堂交给了学生，让学习真正发生在学生身上。

金水区纬五路第二小学五（3）班，小学生们正在开展校本课程——对课。

"这节课我们要学习'妙趣横生嵌字联'。老师逛街时发现了这副对子——室内清新进空气,人间冷暖可调和。你知道这家店卖什么商品吗?"

马上有学生举手回答:"空调!"

"'泽色绘成新世界,东风吹遍旧山河。'里面嵌了一个人名,猜猜他是谁呢?"

学生一眼就看了出来:"泽东,应该是毛泽东!"

语文课上,学生们会用"唇枪舌剑斗秦王,深明大义让廉颇""将请罪虚心纠错,相礼让不计前嫌"这种对子的形式来概括人物的特点和文章内容;运动会上,学生们会打出"圆圆篮球传递纯真友谊,方方场地燃烧火热激情""赛场上选手们生龙活虎,场地下啦啦队呐喊助威"的条幅加油鼓劲;节日中,学生们会用独创的"中天一轮满,秋野万里香""水清鱼读月,山翠林沐光"来抒发自己的中秋情怀……课程让学生的语言变得凝练,思想变得深刻,思维变得敏捷。

郑州市基础教育课程改革已经走过了十个年头,在课改实践中,各个学校根据校情,积极探索构建高效课堂的路径,有的学校形成了自己的模式,而有的学校还没有找准方向。这条路有迹可循吗?田保华总结道:"要打造高效的课堂,每一位教师必须回答三个问题:一是你把学生带到哪里(教学目标或学习目标)?二是你怎样把学生带到那里(教学过程与方法)?三是如何确信你已经把学生带到了那里(学习结果评估)?这就是教师的三种基本能力(设计教学的能力、实施教学的能力、评价教学的能力)问题。要回答好这三个问题,打造高效的课堂,必须实现五个转变:把教室变学室,把教材变学材,把教案变学案,把教学目标变学习目标,把课堂变学堂。"

一次听评课,田保华的精彩点评让人难忘:"道德课堂的理想境界是'师亦生,生亦师,师生相长;兵教兵,兵练兵,兵兵互动'。这样的课堂，学生还会瞌睡吗？这样的课堂，学生还会厌学吗？这样的课堂，学生还会逃学吗？"

"春眠不觉晓，处处闻啼鸟。夜来风雨声，花落知多少。"大课间，金水区纬五路第二小学响起儿歌音乐，学生们齐聚操场，习练少林拳，跳起彩绸舞。飘荡的彩绸把校园舞成了一片彩色的海洋，每个学生都像一颗纯净的水珠，在海洋中汇集、流淌，老师们在身边引路、导航。

目睹此情此景，记者不由想起："教育之道，道在心灵。"一个人的快乐与幸福，决定于他感受到了多少，而不是获得了多少。教育就是"以心灵感应心灵"的过程，让教育回归心灵深处，才能润泽孩子的一生。郑州市经过十多年探索，找到了"构建道德课堂，提升生命质量"这条教育生态文明之路，田保华告诉记者："这条路只有起点，没有终点，每一次成功的喜悦都是我们再次前行的动力。"

（刊于《中国德育》2011年第12期）

访谈录：教育就是使人向善、向上

他睿智机敏，在会议上的每一次讲话，都能让听众为之振奋、频频赞叹；他幽默善思，在课堂上的诸多点评，如流行语一般在郑州教育界口口相传。他对教育有深刻的思考，对德育有独特的理解。本期访谈嘉宾为郑州市教育局副局长田保华。

教育是什么？田保华说，教育即道德，合乎道，至于德，以合乎规律的途径来达到目标。目标是什么？他说，就是使人为善，使人向上。基于这个理念，他开始研究"道德课堂"，试图找到契合现实的路径，使得教育目的、教育行为和教育效果和谐一致。

中国德育：田局长，您好！郑州市中小学"德育工作会议"在您的倡议下，已更名为"德育建设会议"，您更加强调"德育不是工作，而是目的"，为什么会有这样的思考？

田保华：使人为善，使人向上，是教育的根本目的。《说文解字》对此做过非常精辟的解释："教，上所施下所效也；育，养子使作善也。"教育必定包含使人为善、教人做人、使人向上的意图和努力。因此我们说，德育不是"工作"，而是"目的"。德育，也就是育德。使人向善、向上，是教育的道德目的，也是判断一种活动或影响是否属于"教育"

的道德标准。满足了这种标准的活动或影响,才堪称"教育"。淡化"工作"意识,强化"目的"意识,应该是当前中小学重建全员德育机制需要解决的首要观念问题。

中国德育:有人认为,教育包括教书和育人两部分,德育则专指育人,您怎么看?

田保华:我们常说的"教书育人",既要教书又要育人,我认为这个词本身是错误的,应该是"育人教书",为了育人才教书。学生学习和掌握的知识,实际上是育人的载体。就学校来说,德育不单单是班主任、政教处、少先队和团委的事情,学校的每一位教职工,包括门卫,都应树立"教育学生,人人有责"的思想。任课教师认为德育跟自己没关系,这是很糟糕的。教育质量,首先是学生的做人质量,其次才是学业质量。

过去一直有一种说法是"抓德育要抓学科渗透,抓课堂渗透"。我认为这种说法不符合新课程的要求,是不正确的。学科德育不是外部渗透的问题,而是本身固有的东西如何自然而然呈现的问题。每一个学科都有自己的学科思想,都有"情感、态度、价值观"的因素。教材就是育人的素材,如果是渗透的话,我们的教材就成专用于学知识的了。教师应该做的,是把教材中隐含的、固有的育人内容和因素挖掘出来,自然而然地呈现出来,让学生体验到、感受到,从而获得价值认同。它是教师的课堂能力、课堂艺术、人格魅力的集中体现问题,是课堂文化氛围的营造问题,是体验与感悟问题,不是那种肤浅的、贴标签式直白的罗列与告知问题。比如,孔融让梨故事的目的,是教会学生向善,而不仅仅是记住这一段文字;看完关于旧中国百年屈辱史的电影,学生产生了爱国情绪,这是自然而然的,并不是渗透。

中国德育:在您看来,教育过程中应该如何自然而然地对学生施加影响,使其向善、向上?

田保华:我认为有三种途径。

一是学生获得知识过程中的情感体验和心灵感悟。学生是天生的学习者。学生不愿意学习，是学校工作最大的失败。学校教育最基本的道德底线和道德要求，是让学生不恨同学、不恨教师、不恨学校。

有的人认为，学生的学业成绩和全面发展不可以同时获得。还有一部分人非常固执地认为，要想考上北大清华，就别想拥有幸福的学校生活。这种观念是对教育本质的理解和认识产生了偏差。它认为，目标的达到是不惜一切代价的，甚至要牺牲一个人一辈子的幸福。这绝对是不可取的。新课程三维目标提出，让学生在获得知识、获得能力的过程中掌握学习的方法，同时在情感、态度和价值观方面得到协调发展。这句话说到了教育的本质问题。有老师问我，什么是情感、态度和价值观？我说举个例子您别生气，课堂上只要你一上课，就有学生睡觉，那么，这些学生对你的课堂的情感、态度和价值判断就是"很适合睡觉"。课堂上，让学生在获得知识和能力的过程中同时获得向善、向上的情感体验和心灵感悟，在学习过程中产生精神满足，促进思维发展和精神成长，这才是需要我们做的。

每个学科都有自己的思想。学生学习知识，不是目的，而是一种手段和载体，学生通过知识的学习来获得学科能力，同时掌握这个学科的思维方式，这是最主要的。我们开设的所有课程，组成了学生学习成长的营养套餐，如果不开齐课程、不开足课时，就会造成学生"营养不良"。课堂应该是绿色的，学生的学业质量也应该是绿色的，是不以牺牲学生的生命质量为代价的。让课堂生活成为学生高尚的道德生活和丰富的人生体验，让学生学科知识增长的过程同时成为人格健全和发展的过程，这是新课程三维目标，也是道德课堂的目标。

二是教师群体的言传身教。优秀的教师不仅能将书本知识中蕴含的德育内容传授给学生，而且能以其美好理想和人格魅力感染学生。公平地对待每一个学生，是教师的底线。学生自进入校门，便无时无刻不在观察、思考和判断。我们可以管住学生的手，管住学生的腿，经过努力还可以管住学生的嘴，但是永远管不住学生的思维。学生佩服还是厌烦老师，都是他的思维活动。我们无时无刻不对学生的心理产生影响。所以，言传身教一定要注意各种细节。

举两个例子。有个读初中的男孩，英语口语学不好，英语老师让男孩把家长叫来，当着男孩的面训斥家长："看你咋生的孩子，嘴笨成这样。"男孩当场就说："妈，回家吧，我永远不学英语了。"老师的一句话，断送了一个孩子的前途。18年前，"童话大王"郑渊洁到郑州签名售书，一个正在读小学四年级的女孩，排了三个小时队，终于轮到她了，女孩问："我长大能到你身边工作吗？"郑渊洁说："可以呀，我不会英语，我需要懂英语的助理。"12年后，当年的小女孩已成为一名大学生，她从广东外语外贸大学的英语专业毕业，成功应聘为郑渊洁的助理，并且表现非常出色。一个承诺，影响了一个孩子的一生。

教师应该是一本值得学生阅读的圣贤之书，教师群体应该是值得学生博览的群书。课堂上让学生如痴如醉，平时再注意一下细节，这样的教师能不受学生爱戴吗？

三是学校文化氛围的情操陶冶。环境是课程。人，创造环境；同样，环境也创造人。有目的、有计划地建设校园环境，努力营造出和谐的育人氛围，应该是校长的不懈追求。学校是有思想、有内涵、有底蕴的教育场所。一所学校向他人、向社会展示的不应该仅仅是外在的物质条件，更应该是它的思想和文化。"一墙一角皆文化，一草一木蕴教育。"让每一块墙壁都"说话"，让每一个角落能启智，让每一分气息会传情，真正实现"美在校园，乐在校园"，应该成为校园环境文化建设的意图与主旨。

完善校园制度文化，要坚持"依法治校"的制度导向，努力提升学校领导的执政兴校能力；赋予师生参与学校管理的权力；引导学校以健全的制度来规范和调节校园中的各种关系,确保师生在公正、有序的校园环境里潜心学习、提升素质和健康成长。

活动是课程。没有活动,就没有教育。校园活动是对学生进行教育的有效形式。学校要以活动为依托,按照实践育人的要求,以体验教育为基本途径,坚持贴近学生生活、贴近学生个人实际、贴近学生群体,精心设计和组织开展内容鲜活、形式新颖、吸引力强的道德实践活动,在实践活动中要突出思想内涵,强化道德要求,并与丰富多彩的兴趣活动、文体活动、节日活动等结合起来,形成一批"品牌活动",寓教于乐,满足学生的兴趣爱好,使学生在自觉参与中思想情感得到熏陶,精神生活得到充实,道德境界得到升华。

中国德育:您所讲的"绿色、高效"的学习理念确实值得我们深思,更需要创新行动来实践。请您介绍一下,郑州市的德育建设"工程"实施情况如何?

田保华:郑州市站在文化变革的高度,通过审视自己的实践行为,把握学校发展的文化命脉,已经形成了"以校园文化建设为核心,强化内涵建设,不断提升学校文化品位"的德育建设基本思路,坚持不懈地抓好书香校园活动、师生的心理调适、良好行为习惯的培养三项基础性常规工作,让我们的教师和学生在读书中丰盈自己的内心世界,把心理逐步调节到合适的工作和学习状态,提升了师生的日常教学生活质量,促进了良好行为习惯的养成,促进了师生的共同成长,更促进了学校的发展。

中国德育:能否详细说一说,这三项常规工作具体是怎样开展的?

田保华:好的。

开展好书香校园活动。决定一个人品位和境界的,是他的胸怀和内涵,而影响一个人胸怀和内涵的,则是他阅读的数量和质量。阅读是一项贯穿人生始终的生命化实践活动,它的价值不仅在于增进知识,还在于提升精神境界和生活品质。2007年,郑州市教育局下发了《关于开展营造书香校园活动的意见》,将书香校园活动逐渐确立为学校教育的一项基础性、常规性工作。《意见》要求校长既要自己读书以提高修养,也要带领师生共同阅读,营造书香校园,让师生在书香校园中快乐成长,从而让阅读成为师生工作、学习中不可或缺的部分,甚至成为一种生活方式;并让学校结合单位实际,与师德建设、课程改革、校园文化建设等相结合,不断丰富活动形式,加强经验交流,这已成为学校的自觉行为。

做好教师和学生的心理调适工作。中小学心理健康教育是学校整个教育工作的基础,促进学生心理健康发展,应该成为学校教育工作的一个基本出发点。从2006年开始,我们首先把如何做好毕业年级学生的心理调适问题列为教务处和政教处合作研讨的一个专题。通过实践、探讨,取得了明显的成效,并达成了共识:其一,学生的心理健康教育应贯穿于学生的整个学习阶段,不应该只重视毕业年级,其他年级也应该抓;其二,搞好学生的心理健康教育,关键是教师的心理健康。因此,我们在2007年提出,中小学校必须转换心理健康教育的视角,更加关注教师群体的心理健康水平。要提高教师群体的心理健康水平,首要问题是保证心理环境的和谐:干群和谐、教师同伴和谐、师生和谐的前提在于有一种和谐向上的学校精神。校长的常规任务,就是要把教师和学生的心理调节到最适合工作和学习的状态。提高生命质量,就要提高他的专业化水平,让教师从职业倦怠和痛苦,走向职业幸福和快乐,让学习困难的学生看到成功的希望,让容易骄傲的学生看到更远的前方。这就是心理调适。

抓好学生良好习惯的培养。这些习惯包括学生的生活习惯、学习习惯和平常的行为习惯。"教育就是帮助人养成好习惯","行为养成习惯,习惯形成品质,品质决定命运",这是魏书生三十多年教育教学经验的总结。从2002年开始,我们一直致力于"行为规范示范校"的创建活动。

2006年以来，我们把养成教育作为学校德育的一项重点工作来抓，不少学校都取得了显著效果。今后，我们将把良好行为习惯的养成教育和训练持之以恒地开展下去。尤其要以培养学生的学习习惯为重点，着力培养学生12个习惯：记忆习惯，演讲习惯，读的习惯，写的习惯，制订计划的习惯，预习习惯，适应老师的习惯，大事做不来、小事赶紧做的习惯，自己留作业的习惯，整理错题集的习惯，出考试题的习惯，筛选资料、进行总结的习惯。

中国德育：感谢您接受我们的采访！我们期待，郑州市德育建设在"向善、向上"的理念引领下能为学生开拓出一片快乐的成长天地。

（刊于《中国德育》2011年第12期）

图书在版编目（CIP）数据

教育有道/田保华著.—济南：山东文艺出版社,2018.7
ISBN 978-7-5329-5628-9

Ⅰ.①教… Ⅱ.①田… Ⅲ.①德育—研究 Ⅳ.①G41

中国版本图书馆 CIP 数据核字（2018）第 098249 号

教育有道

田保华 著

主管单位	山东出版传媒股份有限公司
出版发行	山东文艺出版社
社　　址	山东省济南市英雄山路189号
邮　　编	250002
网　　址	www.sdwypress.com
读者服务	0531-82098776（总编室）
	0531-82098775（市场营销部）
电子邮箱	sdwy@sdpress.com.cn
印　　刷	山东德州新华印务有限责任公司
开　　本	710毫米×1000毫米　1/16
印　　张	18　插页/2
字　　数	210千
版　　次	2018年7月第1版
印　　次	2018年7月第1次印刷
书　　号	ISBN 978-7-5329-5628-9
定　　价	36.00元

版权专有，侵权必究。如有图书质量问题，请与出版社联系调换。

教育发现

教育发现